D i s r u p t i n g C l a s s

著◆
クレイトン・クリステンセン
マイケル・ホーン、カーティス・ジョンソン
Clayton M. Christensen,
Michael B.Horn & Curtis W.Johnson
訳◆
櫻井祐子
解説◆
早稲田大学IT戦略研究所所長
ビジネススクール教授
根来龍之

教育×破壊的イノベーション

教育現場を抜本的に改革する

SE
SHOEISHA

Disrupting Class:
How Disruptive Innovation Will Change the Way the World Learns

by Clayton M. Christensen, Curtis W. Johnson, Michael B. Horn

教育×破壊的イノベーション◆◆◆目次

日本語版刊行にあたって

わたしが学問の世界に足を踏み入れた一九八〇年代末は、日本の天下だった。日本経済は絶頂期にあり、日本企業は羨望の的だった。鉄鋼から自動車まで、家庭用電化製品から時計にいたるまで、日本企業はあらゆる分野で欧米の競合企業を蹴散らしていた。

イノベーションを専門とする研究者を目指していたわたしにとって、これはまさに目を見張るような現象だった。西洋の教授たちは日本政府の綿密な経済計画や、三井、三菱、松下、住友といった日本の系列の主眼が長期的な競争優位の構築に置かれていることを賞賛した。労働者の生産性向上への無私の献身や、消費者の並はずれて高い貯蓄率なども、日本経済の勢いの秘訣とされた。

しかしこの二〇年というもの日本経済は停滞に陥っており、しかもいっこうに出口が見えないように思われる。賞賛された慣行や方針は、そのまま残っているというのに、一体どうしたことだろう？　その答は主に経営やミクロ経済のレベルに、そして「破壊的イノベーション」と呼ばれる現象の中にある。わたしが過去二〇年間にわたって学術活動の中心的テーマとして取り組んできたのが、この現象なのである。

破壊とは、それまで決められた不便な場所にいる金のかかる専門家にしかできなかったことを、技能や資力のない人たちにもできるようにすることで、産業に大きな新しい成長をもたらす力である。一言で言えば、破壊は単純で、便利で、利用しやすく、手頃な製品やサービスを市場にもたらすことによって、業界の構図を一変させる。破壊は産業内に行き渡るうちに、昔からの既存企業を陥落させるのだ。

破壊は一九六〇年代、七〇年代、八〇年代の日本の急成長の主たる原動力だった。キヤノンがゼロックスを、トヨタをはじめとする日本の自動車メーカーがデトロイトに本拠を置くアメリカの自動車メーカーを、ソニーがRCAを、新日本製鐵、日本鋼管、神戸製鋼が欧米の鉄鋼メーカーをそれぞれ破壊した。いずれの場合にも、日本企業はまず市場の底辺層で、要求の厳しくない顧客には十分良いと感じられる、比較的安価な製品を提供することから始めた。その後上位市場に移行して主要企業の弱体化をもたらし、とうとう支配的な既存企業の座に就いた。だがその日本企業も、いまや足下から破壊されつつあるのだ。

日本の成功はアメリカにひとかたならぬ波紋を投げかけた。日本企業が一九七〇年代と八〇年代にアメリカの競合企業を追い抜いていた理由として決まって挙げられたのが、日本の人口はアメリカの四割でしかないのに、数学、科学、工学を学ぶ生徒がアメリカの四倍もいるという説だった。その含意は、アメリカが日本の生産高に太刀打ちするには、学校を改善する必要があるということだった。

しかし日本が繁栄を遂げると興味深いことが起こった。理工系志望の学生や、理工系の学位を取得する学生の割合が、この二〇年にわたって低下しているのだ。なぜこんなことが起こったのだろうか?その答は、日本の学校自体とはほとんど関係がない。学校が大きく変わったわけではなかった。原因は繁栄にあったのだ。第二次世界大戦の荒廃から立ち直ろうとしていた頃の日本の学生は、貧困から抜け出し、手厚い賃金を得る手だてとして、理工系の科目を学びたいという明らかな外発的動機づけを持っていた。しかし国や家庭が豊かになるにつれて、外からの圧力は小さくなっていった。もちろん自発的動機づけや、それ以外の外発的動機づけを持つ人は、いまも理工学を学んでいる。だが多くの人は、楽しいと思えない科目を我慢して学ぶ必要がなくなった。

日本はいま、アメリカが直面している問題と多くの面でよく似た問題を抱えている。技術者の減少が、これからの日本の競争力を脅かしているのだ。

日本で理工系学生が減少しているのは、日本の教育制度のせいではない。だがこの傾向に歯止めをかけるには、教育制度が解決の一翼を担わなければならない。厳しいが取り組みがいのある科目を学ぶ外発的動機づけが大幅に失われたいま、重要な科目を自発的動機づけが持てるような方法で教えることが、日本が講じることのできる唯一の手段なのではないだろうか。

これを変えるのはたやすいことではない。しかし何十年もの間日本の成長の大きな推進力だった破壊的イノベーションが、いまひとたび助けとなって道を切り拓いてくれるだろう。本書の目的は、なぜ学校が生徒に自発的動機づけを与えるような方法で科目を教えることができないのか、どうすればこの状況を変えることができるのかを説明することにある。ここで紹介する事例研究や分析のほとんどがアメリカでの経験をふまえたものだが、教訓は日本にも通じるはずだ。もちろん事例や解決策が、そっくりそのまま日本の事情にあてはまるというわけではない。それでも本書の理論が日本のすべての関係者に、問題に取り組むための共通の枠組を与えることを、そしてそれによって日本の教育制度の改善と、ひいては日本の構造自体の強化を図るための、常識に反するようにも思われる措置について、関係者が一丸となって共通の結論に到達できることを、われわれは何にも増して願っている。

クレイトン・M・クリステンセン
Clayton M. Christensen

謝辞

「〝クラスを破壊する（Disrupting Class）〟という題名は、学校教育のプロセスに関する本の題名にしてはちょっと物騒なんじゃないかね？」友人の一人に最近こう言われた。この題名はいろいろな意味に取ることができ、まさにその理由からわれわれはこの題名を選んだのだった。本書で伝えたい一番大事なメッセージは、破壊的イノベーションの理論を通して見れば、わが国の学校がなかなか改善できない理由と、こうした問題を解決する方法を効果的にとらえることができる、ということだ。この理論は、人々がどのようにして影響を与え合い反応し合うか、人々の行動がどのようにして形成されるか、組織文化がどのように形成され、意思決定にどのような影響を与えるかを説明する、強力な理論体系なのである。わが国の学校にとって、破壊的イノベーションが必要な、かつ久しく待望された一章であることを、本書で展開する議論を通して読者の皆さんにわかっていただければと願っている。

またわれわれは「クラスを破壊する」という題名に、ほかの意図も込めている。「クラス」を社会階級の意味に取る人もいるだろう。そんな人たちに対しては、こう言いたい。わが国の学校教育制度は、あまりにも長い間、あまりにも多くの点で、教育環境に恵まれた親の手で、適切な資源と経験をもってサポートされた子どもたちの利益に最も貢献してきたのである。またクラスとは、教育に関する取り組みのほとんどが行なわれる場でもある。教室で起こることは、多くの点で社会階級に良くも悪くも大きな影響を及ぼす。わが国は、すべての子どもたちに教育を提供するという公約を果たそうとしている。このような目標を掲げた国はほかに見あたらない。学校の改善には大きな社会的利害が絡んでいるのである。

これまでわたしは、イノベーションを成功に導く方法を主なテーマとして、ハーバードで研究と執筆活動を行なってきた。わたしは教師であり、夫であり、教師を両親に持つが、教育の「専門家」ではない。もちろん教育を実践してはいるが、本書を執筆するまでは、教育について研究したことはなかった。だが今から一〇年ほど前に、エジュケーション・イボルビングという名の学校改革者たちの全米ネットワークの代表を務め、またチャーター・スクール運動で先駆的な役割を果たした、テッド・コルデリー、ジョー・グラバ、ロン・ウォルク、カーティス・ジョンソンといった人たちが、ある提案を持ってわたしのもとにやって来てくれた。「クレイ、もしあなたが公教育の世界の傍らに立って、イノベーション研究というレンズでこの世界を検証してくれさえすれば、学校を改善する方法をきっと解明できるに違いない」。学校には変化を遂げる組織的対応能力があるというコルデリーの持論と、グラバの繰り返した「既存の学校を改善するだけでは、必要とされるタイプの学校をすべて得ることはできない」という言葉に惹かれて、わたしはかれらの誘いを受け入れずにはいられなかった。わが国の学校に人生を捧げた四人の先駆者たちには、この運動に参加するようわたしを説得してくれたことに感謝している。

ハーバード・ビジネス・スクール（HBS）は、教師が学習するには絶好の環境だ。ケース・メソッドの指導法では、教師が質問を提起し、学生が教える側にまわるからだ。才気あふれる学生たち、たとえばアイリス・チェン、トレント・カウフマン、ダン・デレンバック、エレノア・ローランズ、ガンナー・カウンセルマン、アリソン・サンズ、ジョシュ・フリードマン、エミリー・ソーテル、イーサン・バーンスタインは、イノベーションについて知っていることを公教育に当てはめ、そのことを通して教師であるわたしを見事に教えてくれた。サリー・アーロン、ウィル・クラーク、スコット・アンソニー、マイケル・ホーンは、卒業後のビジネスキャリアを一年あと回しにしてまで、わたしと共同研究を行なうために、無私無欲でHBSに残ってくれた。そしてこれほど多くの学校管理者や教師が戦いに才能と精力を注いでいるのに、学校がせいぜい消極的な改善しか見せていない根本原因を、たまねぎの皮を一枚一枚むくように解明するのを手伝ってくれた。

人を説得する目的で何かを文章にすると、改めて自分の知らなさ加減に気づかされる。また単純な（単純化したではなく）方法で本質を見抜き、それを誰かに教えようとすると、その問題がどれだけ複雑であるかを知らされる。わたしはこのプロジェクトを通じて、自分がこの非常に複雑な問題についてほとんど何も知らないことを痛感した。だが一つ一つの断片を抱え込むようにしてじっくり検討するうちに、忍耐強く寛容な友人たちが、われわれの研究成果の妥当性と有効性を検証するために、セミナーや会議で講演してみないかと声をかけてくれた。また最終的に本書という形で完成した数多くの論文の原稿に、進んで批評を加えてくれた友人たちもいた。

こうした友人たちの名を挙げれば、デニス・ハンター（アプライド・マテリアルズ）、アヌープ・ガプタとスティーブン・コラー（マイクロソフト）、ダスティ・ヒューストン（ウォーターフォード・インスティテュート）、トム・ヴァンダー・アーク（Xプライズ財団）、ジゼル・ハフ（ジャクリーヌ・ヒューム財団）、スティーブ・セレズナウ（ゲイツ財団）、グレッグ・ピーターズマイヤー（アメリカズ・プロミス）、クリストファー・ケレットとトーマス・ペイザント（ボストン州の公立学校）、ユタ州上院議員ハワード・スティーブンソンとマサチューセッツ州代表ウィル・ブラウンズバーガー、ドン・デシュラー（カンザス大学）、ポール・ヒル（ワシントン大学）、オイスティン・フラグスタード（ノルウェー経営大学院）の各教授、ハーバード教育大学院の学部長キャスリーン・マッカートニー、同教授陣のクリス・ディード、ボブ・シュワルツ、カレン・マップ、そして学生のリーランド・アンダーソン、ハーバードの行政学教授ポール・ピーターソン、それからダッチ・レナード、ステーシー・チルドレス、アレン・グロスマン（ハーバード・ビジネス・スクール）、そして友人のトレーシー・キム、スティグ・レスリー、マシュー・マテーラ、マーク・プレンスキーがいる。一人ひとりが、われわれのアイデアを改良し精緻化するために、持てる時間と才能と経験を惜しみなく捧げてくれた。

練達の著述家スギ・ガネスハナンサンは、各章の導入部のミニドラマを執筆することで、公教育に関するわれわれの考え方をまとめ上げ、生き生きと描き出してくれた。経験豊かな教師であるリサ・ストーンとジャニース・サッカーの二人は、このプロジェクトの細々とした事務面を冷静沈着に取り仕切ってくれた。ダニー・スターンは、われわれが本書を通じて影響を及ぼすことを願っている多様な関係者に向けて、研究結果をどのように枠づけ、位置づければよいか、知恵を貸してくれた。アンジェリーン・バーローは芸術的センスで表紙デザインを引き立ててくれ、マグロー・ヒルのメアリー・グレンと編集スタッフは、われわれが書いたものに見事に磨きをかけてくれた。仲間たちの尽力に感謝してやまない。

わたしが処女作『イノベーションのジレンマ』を一人で執筆した主な理由は、主に大学の終身地位保証を争うプロセスでは、単独研究が要求されるからだった。だがその後執筆した何百の論文と著作のすべてについて、共著者をスカウトしてきた。それは、自分と違うものの見方をする同僚の力が、わたしにはどうしても必要だからだ。マイケル・ホーンとカーティス・ジョンソンの二人と共に研究を行い、本書を執筆できたことは、わたしにとって紛れもない天の恵みだった。マイケルは、わたしがハーバード・ビジネス・スクールのクラスを通じて知った、数千人の優秀な学生の中でも、選りすぐりの一人だ。かれはこのプロジェクトに、執筆と政府政策における自身の経験を、謙虚かつ明快かつ厳格なやり方でもたらしてくれた。カーティス・ジョンソンはある大学の学長として、学校改革の政治的闘いを乗り越えてきた経験を活かして、本書の提言を絵空事ではなく、実行可能なものにするために、まったくの無私無欲で手を貸してくれた。この立派なお二人と一緒に仕事ができたことを光栄に思い、また言葉に表せないほど感謝している。

最後になるが、心からの感謝をわたしの家族に捧げたい。両親のロバートとベルダ・メイは素晴らしい教師だっただけでなく、神の栄光が知性であり、真理には計り知れないほどの永遠の価値があるという深い信仰をわたしに授けてくれた。この信仰が、わたしに学びへの飽くなき欲求と、偏見や恐れを感じずにどこでも大胆に知識を追求するモチベーションを与えてくれている。妻のクリスティンは、わたしがこれまで出会った誰よりも聡明な人だ。三二年前に高校の英文学教師を休職して、五人の素晴らしい子どもたち——マシュー、アン、マイケル、スペンサー、ケイティ（一六歳にして本書の目次を作成してくれた）——の母親業に専念してくれた。クリスティンは、学びを愛し、互いを愛し、善行を愛する気持ちを、自ら手本となって五人に教えてくれた。彼女こそ本当に優れた第一級の教師だ。本書のアイデアの一つひとつを、混乱した不完全な状態で家に持ち帰り、クリスティンや子どもたちとの会話を通して検証し、精緻化したうえで、翌朝ハーバードに持ち帰ることができた。深い称賛と感謝の気持ちと愛情を込めて、本書を妻と子どもたちに捧げたい。

クレイトン・M・クリステンセン
ハーバード・ビジネス・スクール
マサチューセッツ州ボストン

◆◆◆

わたしは本を執筆するためにハーバード・ビジネス・スクールに行ったわけではない。ハーバードに入学したのは、むしろ著述の世界から離れるためだった。だがわたしはビジネス・スクールで自分の持っていた世界観を覆すような講座を取り、そこで最良の教師と出会ったのだった。その教師とはクレイトン・クリステンセンであり、その講座とはもちろん、破壊的イノベーションの理論——ビジネスを超えた現実世界の仕組みを解き明かす理論——に関する講座だった。幼稚園から高校までの公教育という、きわめて重要なテーマについて、クレイと本を共同執筆するという素晴らしいチャンスがめぐってきたとき、執筆の世界に戻る決断をするのは簡単なことだった。その後の二年間で、わたしは想像をはるかに超える多くのことを教えられ、与えられた。教育に関する本を書いて、非凡な教師から学んだだけではなかった。良き師を得たのだ。国家的必要性が高く、変革の機が熟している分野に、理に適った理論を適応する機会を得、そしてクレイの示してくれた友情と模範を通じて成長することができた。かれには永遠の感謝を捧げたい。

もう一人の共著者、カーティス・ジョンソンからも、非常に多くを学ばせていただいた。かれの励まし、見識、そして尽力がなければ、本書を完成にこぎ着けることはできなかった。かれと一緒に仕事をさせていただく機会を得て光栄だった。エデュケーション・イボルビングのカーティスの同僚たちにも、このプロジェクトの実現に力を貸していただいた。かれらの洞察と支援に感謝申し上げる。

公教育に関する本を執筆しながら、自分の公立学校時代の恩師やクラスメイトに感謝しないのは、手落ちというものだろう。ウッド・エーカーズ・パイルとウォルト・ホイットマン・ハイスクールの恩師と同級生のみんな、特にブレッビア先生、チズム先生、スチュアート・シフリン、クリス・アレン、ジョー・バウマンに感謝したい。

わたしはこれまでの人生で、クレイの他に二人もの恩師を持つ幸運に恵まれた。チャーリー・エリスとデイビッド・ジャーゲンは思いやりのある良き師で、今なおわたしのよりどころとなってくれている。二人はいつでもわたしに時間を割いてくれた。チャーリー、あなたの言うことは正しかった。誰もが書くべき本を一冊ずつ持っているのだ。

このプロジェクトの一年目は、ハーバードの研究員としてクレイのもとで働いた。ハーバードの職員、教授陣、学生のみなさんに感謝したい。特にステイシー・チルドレス、トニー・メイヨー、そして仕事と生活を楽しいものにしてくれたガラティン・RAの仲間たち——クリス・ヴァン・キューレン、テリー・ハインマン、トレーシー・マンティ、レニー・キムに感謝する。

執筆二年目にわたしはジェイソン・ホワンとともに、イノサイト・インスティテュートを創設した。イノサイトは、破壊的イノベーションの理論を社会セクターに適用することで、諸問題の解決を目指すシンクタンクである。ジェイソンは、素晴らしい友人であると同時に、いつも素晴らしい助言を与えてくれる。またイノサイトLLCの友人たちよ、いつでもアイデアを与えてくれ、インスティテュートに場所を提供してくれ、折に触れては食料を供給してくれてありがとう。

クレイの助手でありわたしの友人でもあるリサ・ストーンには、クレイのためにやってくれていることに、また本書を世に出すために与えてくれた支援に、感謝の言葉を贈りたい。

中学時代からの親友スギ・ガネスハナンサンに感謝する。彼女はミニドラマを手伝ってくれただけでなく、最近本を出版した著者として心構えを教えてくれた。

ほかにも数え切れないほどの人たちや友人たちから、大きな力添えを本書にいただいた。なかでも、本プロジェクトを導く光になってくれたジゼル・ハフに、特別な感謝を伝えたい。

そして愛する一族のみんなに最大の感謝を捧げたい。みんなを家族に持てたことを本当に幸せに思っている。グラミー、パーパ、ありがとう。今日のわたしがあるのは、お二人の与えてくれる機会と無条件の愛のおかげだ。アンディ、バーバラ、ジェフリー、スーザン、エリック、いつもそばにいてくれてありがとう。

そして家族のみんなに、愛してるよと言いたい。弟たちよ、きみたちはわたしの一番の味方だ。スティーブン、その微笑みでわたしの心を太陽のように照らしてくれた赤ん坊の弟だったきみが、いつの間にかわたしを追い越し、微笑みでわたしを力づけてくれるようになったね。ジョナサン、きみが小さかった頃、わたしはきみの「学校教師」になろうとしたが、きみはすぐに僕を追い抜いて、今度はわたしがきみから学ぶ光栄に浴するようになった。最後になるがわたしのインスピレーションの泉であり、英雄であり、模範である母さんと父さんに、この本を捧げたい。

マイケル・B・ホーン
イノサイト・インスティテュート
マサチューセッツ州ウォータータウン

◆◆◆

本書の内容について色々な方たちと意見を交換させていただく中で、わたしはありがたい助言をたくさん賜ると同時に、二つの疑念を繰り返し耳にした。まず、この本が理論をベースにしていると聞いただけで、驚いて警戒する人がいた。ぶ厚くて退屈な本になるのだろう、と言われた。だがクレイ・クリステンセンの理論は、研究に生涯を捧げた学者だけにしか通り抜けることのできない、乾ききった砂漠などではなく、数々の企業や産業をめぐる長く精力的な旅から生まれ出たものだ。この理論は、なぜ学校は少しずつしか改善できないのか、またどうすれば学校教育のプロセス、つまり学びの品質と成果を飛躍的に高めることができるかを、鮮やかに説明してくれる。

二つめの懸念は、公教育は異質で、他の産業とはまったく違う、というものだ。確かにそうだろう。公立学校は法的制約でがんじがらめになっている。また州の政策立案者が、地元の特権階級に多くの点で屈しながら、基準や、基本規則、資源、評価指標などを決定するという、本質的に政治的な体制の中で運営されている。だが本書で説明するように、それでもこの理論は当てはまるのだ。理論は今日の状況を説明し、明日の展望を示してくれる。

わが国の政府が学力基準と説明責任の徹底を図り、過去一〇年間にわたってチャーター条例を通じて供給サイドの解放に取り組んできたことに対しては、敬意を表する。だが新しい学校の創設許可や基準の徹底を学びと混同するのは間違っている。大切なのは、物理的な教室であれ、仮想的な教室であれ、教室の中で実際に生徒が体験することなのだ。

クレイトン・クリステンセンがわたしをこのプロジェクトに誘い込んでくれた恩は決して忘れない。かつて教師として教壇に立ち、その後ミネソタ州の政策研究組織の長として、いくつかの教育改革をもたらした経験のあるわたしは、この探求に初めから思い入れを持ち、何としても取り組みたいと感じた。だがクレイはこの経験を忘れられない知の旅にしてくれた。まったく何気ない会話がとたんにセミナーになり、そこでは単純に思われたものが複雑になり、そして驚くほどすんなり理解できるようになった。またかれが学生に本当に細やかに目を配っていることは、かれを見ていれば誰しも気づくだろう。かれがこれ以上の関心を寄せるのは、家族と信仰へのたゆまぬ献身だけである。かれは誰もが求めるが、滅多に得られない教師であり、同僚であり、友人である。

またすべてをまとめてくれた同僚がいた。マイケル・ホーンは初期の原稿を読んでアイデアを秩序立ててくれ、章の順序が大きく変わったときには対処し、すべての参考文献と詳細を確認し、われわれのうちの二人が落とす雪崩のような編集を受け止めて、各ページの最終稿を調節してくれた。かれの着実でねばり強い努力がなければ、この本は決して生まれることはなかった。かれと一緒に仕事ができたことを非常に光栄に思っている。

すでにクレイが謝辞の中で、全国ネットワークのエデュケーション・イボルビングについて紹介してくれた。創設者のテッド・コールダリーとジョー・グラバ、そして理事のジョン・シュローダーの研究は、本書に大きなインスピレーションを与えた。コールダリーが二〇〇四年に発表した、変化を起こす組織的能力に関する著作『変化の能力を生み出す』（*Creating the Capacity for Change*）［注を参照のこと］は、アメリカの学校の現状を理解する土台となった。キム・フェリスバーグは、今日の学生の考えや発言に関する新鮮な洞察を、定期的に送ってくれた。マーク・ヴァン・リジンは、学校の分類に関する草分け的研究をわれわれと共有してくれた。『エデュケーション・ウィーク』誌の引退した元創刊者兼編集者ロン・ウォルクは、アイデアと情報と励ましを絶えず与えてくれた。著述家であり、さまざまな政府のコンサルタントを務めるピーター・ハッチンソンは、大都市の学校の指導監督官としての経験をふまえ、本書の現実性チェックを行なってくれた。

またシティステイツ・グループでのわたしのパートナー、ニール・パースとファーリー・ピーターズにも感謝を捧げたい。わたしが本書に取り組むことが、われわれの通常スケジュールにどのような影響を及ぼすかを理解し、幾度となく融通を利かせてくれた。

そしてもちろん最大の感謝を、わたしの家族、妻のキャロルと六人の子どもたちに捧げたい。かれらは研究と執筆が普通の生活にどれほどの影響をおよぼすかを理解してくれたばかりか、つねに変わらぬ無条件の愛と支えを受けるという贅沢をわたしに許してくれたのである。

カーティス・W・ジョンソン
シティステイツ・グループ
ミネソタ州ミネアポリス

序章

われわれは皆、学校に大きな期待をかけている。人によって言い表し方はさまざまだが、多くの人が共通して抱いている期待が四つあるように思われる。本書では学校への期待を次のようにまとめた。

1◆人間の持つ潜在能力を最大限に高めること
2◆自己の利益のみに関心のある指導者によって「操られる」ことのない、見聞の広い有権者による、活気に満ちた参加型の民主主義を促すこと
3◆わが国の経済の繁栄と競争力を維持する上で役立つ技能や能力、意識を高めること
4◆人はそれぞれ違う考え方を持っており、その違いは迫害されるのではなく、尊重されるべきものだという理解を育むこと[注1]

しかしこのような期待に応えようとする取り組みは、成功しているとは言い難い。後戻りや空回りの責任の一端は、弱体化した教会や家庭にもある。だが社会をこのような目標に向かって動かそうとする取り組みの中で、学校がもっと積極的な役割を担ってくれたらと、ほとんどの人が望んでいる。

なぜ学校は改善が一向に進まないのだろうか？　その理由については、誰もが一家言持っている。たとえば、**学校の予算不足**が原因だと考える人がいる。もしこれが問題なら、州支出の増額や、学校の運営をまかなう地方固定資産税の増税、家庭からの授業料の追加徴収などが解決策になる。州が学校に十分な財政的支援を与えないのは憲法上の義務を怠っているとして、訴訟を起こしている市民権団体もある。また二〇〇六年のギャラップ世論調査によると、国民は教員給与の増額を望んでいるようだ。

だが、金は本当に原因や解決策なのだろうか？　アメリカの公教育制度の生徒一人あたりの支出は世界的に見てもかなり高い方だが、わが国の生徒の平均的な学力水準は他の多くの経済先進国の生徒を下回ることが多い。過去三〇年間で生徒一人あたりの実質支出は倍増しているが、学力はそれに見合った伸びを示していない。学校区別の比較でも、生徒一人あたりの支出額は必ずしも教育成果の高さと関係がない。ケンタッキー州の二つの学校を比べてみるといい。ジェファーソン郡ポートランド小学校の二〇〇四年度の生徒一人あたり支出額は、カーライル郡小学校の三倍だった。だがカーライル郡は、ポートランドと同じような人口構成でありながら［注2］、州の説明責任指数［訳注◆運営の良好度を数値化したもの］ではポートランドを二六パーセントも上回っていたのだ。もちろん、金は重要ではないとは言わない。だがもし金、つまり資金不足だけが学校が相も変わらず改善に苦慮していることの原因なら、世界全体にわたって、またはケンタッキー州全体で、あるいは全米の学校区にわたって、例外的事例が存在するのはおかしい。他の要因も働いているに違いない。

もしかしたら**教室に十分な数のコンピュータが設置されていない**［注3］ことが、問題の一因なのかもしれない。教室のコンピュータ設置台数を増やそうとする動きが始まった一九八〇年代半ばは、いまや仕事や遊びに欠かせない道具になったコンピュータが社会に浸透し始めた頃だった。多くの人がコンピュータが世界に革命を起こすと予測し、学校にコンピュータがないのは不当だと考えた。

学校にコンピュータを導入するための支出も、学校教育への全体的な支出と同様、劇的に増加している。一九九五年にアメリカの平均的な公立学校に設置されていた教育支援用コンピュータの台数は七二台だったが、二〇〇三年にはほぼ二倍の一三六台が設置されていた。また一九九八年にはインターネットに接続したコンピュータが一二人の生徒に一台の割合で設置されていたのに対し、二〇〇三年には約四人に一台の割合に達した。もし教室のコンピュータを増やすことが解決策になるなら、もうその兆候が現れてもいい頃だ。だがそんな様子はまるでない。学力テストの得点は微動だにしていない。コンピュータや技術の導入の他に、もっと良い説明があるはずだ。

また**生徒や親に非がある**と考える陣営もいる。生徒が無関心で学ぶ準備ができていない、親が宿題を見てやらず集まりにも顔を出さない、といった不満の声が教育関係者から聞かれる。この考え方は多くの人の共感を呼ぶ。帽子を逆さにかぶり、ずり落ちそうなズボンを引きずった若者が、街角にたむろしているではないか。実際、アメリカの学校で歴史的に最も学力水準が低いマイノリティの生徒が近年急増していることが、学校の抱える問題をさらに深刻にしている。マイノリティの生徒の占める割合は七〇年代には二〇パーセント強に過ぎなかったが、現在は三五パーセント程度にまで増加している。また家庭で英語を話さない生徒の占める割合も、八〇年代以前は一〇パーセントに満たなかったが、今では約二〇パーセントに上昇している［注4］。

こうした要因は確かに学校の仕事を難しくしている。だがこの一般的な説明にも例外的事例が存在することから、学校の陥っている苦境の根本原因ではないことがうかがえる。こうした「最も見込みのない」子どもたちが大半を占める学校の多くが、裕福な人口を抱える地域の学校に匹敵する教育成果を挙げているのだ。たとえばメリーランド州モンゴメリー郡の公立学校の例がある。この郡では学校を、貧困の影響を色濃く受けたレッド・ゾーンの学校と、それ以外のグリーン・ゾーンの学校の二種類に分類している。学校区が一部の学校をレッド・ゾーンに指定し、グリーン・ゾーンの学校とは違う方法で運営するようになってからというもの、レッド・ゾーンのマイノリティ生徒の学力は急激に上昇し、今では白人が大半を占めるグリーン・ゾーンの学校にほぼ匹敵する水準に達している［注5］。

それに学校に入学する生徒の質は、生徒が教室に入ってしまった後、学校自体がどのように運営されるかについて、何も教えてはくれない。生徒のせいにするよりもっと良い説明ができるはずだ。

では、**アメリカの教育モデルが他国の方式に比べて破綻している**という説はどうだろうか？　まず、こんな教室をイメージしてほしい。教師は教室の前に立って、日がな一日講義する。生徒は一度も発言せず、概念が理解できなくても、自分から教わろうとはしない。教師はひたすら講義を続け、試験では丸暗記が試される。これを別の教室と比べてみよう。教育方法はバラエティに富み、教室は活気に満ちている。もちろん教師は講義するが、生徒はしょっちゅう手を挙げて議論に参加する。生徒が課題に取り組む間、教師が教室を歩き回って手を貸してやる。生徒がグループに分かれて、楽しい計画に取り組むこともある。

どちらの学校が優れているだろうか？　ほとんどの人が後者だと言う。だが興味深いことに、前者がアジア圏の大部分でよく見られる伝統的な教室モデルであるのに対し、後者はアメリカ方式の典型なのだ［注6］。これを考えれば、アジアの教室で学んだ生徒はアメリカの生徒より学力が劣るように思われるかもしれない。だがアジア人の生徒は平均的に言って、数学の成績査定がアメリカ人生徒よりもはるかに高い。また矛盾しているようだが、最近ではアジアの学校の多くで、アメリカの学校の教育実践が盛んに取り入れられている。したがって、教育モデルの破綻よりもっと良い説明があるはずだ。

それなら、**教員組合が問題に違いない**。学校区は組合の圧力のせいで、生徒のニーズよりも、組織で働く教職員のニーズを優先させざるを得ないという意見が多く聞かれる。つまり組合の締めつけから学校を解放することができれば、学校は生徒のニーズにより良く応えられるという論法だ。

あらゆる説明と同じで、これもある程度は正しいかもしれないが、決定的な説明としては説得力に欠ける。たとえばモンゴメリー郡の公立学校区には強力な教員組合があるのに対し、サウスカロライナ州チャールストン郡の学校区には教員組合がない。それなのに、モンゴメリー郡の公立学校の生徒は、チャールストン郡よりも良い成績を挙げているのだ[注7]。実際、教員組合の制約を受けない、アメリカの一部のチャータード・スクール[*]の成績は、組合化された学校と差はなく、むしろ下回るケースさえある。したがって、組合の問題を解決しても、学校の問題を解決することにはならないだろう。

では予算不足やコンピュータ不足、無関心で学ぶ準備ができていない生徒（と親）、教育パラダイムの破綻、強力な組合といった要因の一つひとつが、アメリカの公立学校の苦境の根本原因でないのなら、**これらの要因が複合的に重なって、アメリカの足かせとなっているという説はどうだろうか?** 確かに

[*]一般的に用いられる「チャーター・スクール」（特別認可学校）という用語の代わりに、「チャータード・スクール」という呼称を用いる。どちらも同じ現象を指しているが、本書ではこの一般用語の誤用に反発して、違う呼び方を用いることにする。その誤用とは、本来形容詞プラス名詞であるものを複合名詞として表すことだ。学校を「チャーター・スクール」と呼べば、実在しない類型を示唆することになる。チャーター（特別認可）という概念は、新しい学校が設立された方法を指しているに過ぎない。実際、チャーターを通じて設立された学校は、最近では多種多様な類型に及ぶ。従来型の教育実践を踏襲する学校もあれば、生徒のプロジェクトを中心として組織化された学校や、物理的構造を持たないバーチャル・スクールさえある。そこで、違和感を持たれる方もおられるだろうが、あえて「チャータード」という言葉を使わせていただく。こちらの方が、九〇年代初めに始まった公共政策の変化をより正確に特徴づけているからだ。

その通りだ。だがこうした問題のすべてが、諸外国の学校にも同じように作用しているというのに、多くの国がアメリカよりも良い教育成果を挙げていることを、証拠は示している。

教育問題に対する一般的な説明を否定する証拠が、一つまた一つと上がるなか、最近ではまた別の説が浮上している。それは、学校の教育成果を評価する方法に根本的な欠陥があるとするものだ。もちろんこれも正しい。どんなに優れた指標も、根底にある現実の近似値でしかない。だがこれも、どの国の学校にも言えることだ[注8]。

ここで、テストの得点が指標として妥当がどうかという白熱した議論はさておいて、次の見解について考えてみてほしい。本書の著者の一人、クレイトン・クリステンセンは、職業人生のほとんどをかけて、シリコンバレーの企業の隅々にまで足を運んでいる。三〇年前こうした職場を占有していたのは、アメリカで生まれ、教育を受けた人たちだったが、今日ではイスラエル人、インド人、中国人が驚くほどの割合を占めている。アメリカの学校で学んだ人たちはシェアを奪われているが、その理由は、アメリカだけが真の学力を測定できないからではない。アメリカが技術的優位を維持してこられたのは、アメリカの公立学校がアメリカの大学に優秀な科学技術者の卵を送り込んでいるからではない。アメリカが何とか優位を維持しているのは、昔から世界中の最高の才能を惹きつける磁石であったからだ。だがこの点に関しても事情は変わりつつある[注9]。

もし一般的な説明ではこの問題を説明できないのであれば、教育問題の原因とは一体何なのだろうか?

教育沈滞の原因

本書の目的は、ここまで簡単に見てきた表面的な説明を掘り下げて、学校が改善に苦慮する根本原因を明らかにすることにある。この基本的な土台をもとにして、次に問題を解決するための一連の提案を組み立てる。われわれは結論を導き出すために、独特の手法を用いた。学校を改善するというテーマで書かれた本のほとんどが、学校の研究から結論を導いている。これに対し、われわれの学術研究分野はイノベーションだ。われわれが調査を行ない、本書を執筆するにあたってとった方法は、公教育という産業の**外に**身を置き、イノベーション研究をあたかもレンズのように使って、公教育産業の問題を違った観点から検討する、というものだ。このレンズに複雑な問題に新しい光を当てる力があることは、国防から半導体、医療、小売、自動車、金融サービス、情報通信に至るまで、さまざまな文脈で証明されてきた。公教育の問題にこの斬新な手法を当てはめることによって、同じように革新的な洞察がもたらされたと言えるようになることがわれわれの望みである。

ではこの根本的な問題を分析してみよう。諸外国の学校にも同じ要素が作用しているのに、なぜ外国ではアメリカの生徒より良い成績を収める生徒が多いのだろうか?

成功したイノベーションでは、動機づけ(モチベーション)が必ず触媒として働いている。学習についても同じだ。偉大なアスリートやピアニストになるためには、並外れた努力をたゆみなく続けなくてはならないことは誰でも知っている。脳を鍛えてシナプスを正しい方法で活性化させ、必要な筋肉記憶や思考を磨き上げるのにかかる時間は、情報を読み取り処理する方法を学んだり、数学や科学の問題を考え抜いたりするのに必要な時間と変わりはない。モチベーションがない生徒（ついでに言えば教師）は、学習課題の厳しさに耐えられずに途中であきらめてしまい、成功を収めるには至らないだろう。

動機づけには外発的なものと自発的なものがある。**外発的動機づけ**は、課題の外側から与えられる。たとえば誰かが何かを学ぶのは、その課題自体に興味を感じているからではなく、それを学ぶことで他に欲しいものを手に入れる機会が得られるからかもしれない。これに対して**自発的動機づけ**とは、課題そのものが本質的に興味深く、楽しめるために、課題から刺激を受け、最後までやり通したくなるような場合をいう。この場合、自発的動機づけを持つ人は、外から圧力をかけられなくても、課題に取り組もうとするだろう［注10］。

生徒が何かを学びたいという強い外発的動機づけを持っているとき、学校の仕事は楽になる。自発的動機づけを持たせるようなやり方で教材を教えなくても、ただ教材を提供するだけで十分だ。生徒は外からの圧力に動機づけられて、教材を習得しようとする。だが厄介なのは、外発的動機づけが存在しないときだ。このとき学校は、本質的に興味をそそるような学習指導方法を作り上げなければならない。

また次の例について考えてみてほしい。日本企業が世界最高水準の製造力を培い、アメリカ企業を追い抜いていた七〇年代と八〇年代に、その理由として囁かれていたのは、日本の人口はアメリカの四割でしかないのに、数学、科学、工学を学ぶ大学生がアメリカの四倍もいるという説だった。当時アメリカ経済への脅威と広く見なされていた日本の経済力向上は、こうした科学者や技術者によってもたらされたのだと考える人が多かった［注11］。

しかし日本が繁栄を遂げると興味深いことが起こった。理工系の学位を取得する学生の割合が低下したのだ。なぜこんなことが起こったのだろうか？　その答は、学校自体とはほとんど関係がない。学校が大きく変わったわけではなかった。原因は繁栄にあったのだ。第二次世界大戦の荒廃から立ち直ろうとしていた頃の日本の学生には、貧困から抜け出し、手厚い賃金を得る手だてとして、理工系の科目を学びたいという明らかな外発的動機づけを持っていた。だが国や家庭が豊かになるにつれて、外からの圧力は小さくなっていった。学校がこれまで教えてきた方法でも理工学を楽しめるようにできている人、つまり自発的動機を持つ人や、それ以外の外発的動機づけを持つ人たちは、いまも理工学を学んでいる。だが多くの人は、楽しいと思えない科目を我慢して学ぶ必要がなくなった。同じ減少傾向が、いまやシンガポールと韓国にも見られる。経済的繁栄とともに外発的動機づけが失われるため、理系離れが進むのだ。それに、こうした科目の教えられ方を考えれば、自発的動機づけはほとんど存在しないと言ってもいいだろう。

また別の例について考えてみよう。前にも述べたとおり、本書の著書の一人クレイトン・クリステンセンには、シリコンバレーの「創設者」に知り合いが多い。かれらは、世界級の技術者、数学者、科学者だ。だがこういった大物の子どもたちはと言えば、ほとんどが理工系科目を学ばずに、人文科学や社会科学の分野を選んでいる。家庭が豊かになったために、理工系科目を学ぶ外発的動機の一つがなくなったのだ。アメリカ大統領ジョン・アダムズは、有名な言葉を残している。

いま、政治と軍事を学ばなくてはならない。
子どもたちの世代に、数学や哲学を学ぶ自由を残すために。
わたしの息子たちは、
数学、哲学、地理、自然史、造船工学、商業、農業を学ばなくてはならない。

そのまた子どもたちに、絵画、詩、音楽、建築、彫像術、織物、磁器を学ぶ権利を与えるために。

アダムズは見抜いていたのだ。途上国が製造業を基盤とする経済を発展させるとき、生徒は科学、数学、工学を学ぶことで、貧困からの脱出を保証する大きな見返りを得ることができる。だが同じ国が安定と繁栄を実現すれば、生徒は自分が楽しいと感じ、自発的動機づけの持てる科目を、より自由に学べるようになる。

そんなことから、奇妙な話だが、自発的動機づけを持てるような方法で教えられていない科目にとって、繁栄は敵になることがある［注12］。これが、技術的優位がまず日本に移り、続いて中国とインドに移っている主な理由なのだ。アメリカの学校は、文化的、経済的、社会的なさまざまな要因から、社会にずっと多くの外発的動機づけが存在する諸外国の多くの学校に比べて、もともと不利な立場にある。他方、多くの途上国では、学校で理工学を一生懸命学び修得することが、必ずしも——少なくとも今はまだ——繁栄をもたらさないことも確かだ。こうした諸国では、学校に耐え忍ぶ外発的理由はほとんどない［注13］。

もちろん繁栄が唯一の原因というわけではない。繁栄している社会であっても、低所得者層には、複雑な文化的、家庭的な問題が絡んでいるために、モチベーションの低い生徒が多い。この議論を展開したのが、有名なコールマン報告（一九六六年）だ。この報告書は、アメリカの生徒の学業成績を決定する最重要要因は家庭環境だと断定し、本章の冒頭で挙げたような目標に向かって社会を導く役割を、学校に期待することはできないと結論づけた。だがそれでも学校は、この方向へと向かう有力で建設的な勢力でなければならない。学校は今より確実に良くなることができる［注14］。

学校教育は、自発的動機づけを持てる経験であり得るし、そうあるべきだ。問題は、なぜそうでないことが多いのか、そしてどのようにすればこうした問題を解決できるのかだ。「なぜ」、そして「どのように」を説明するのが、本書の目的である。

◆◆◆学校の苦境の原因

これからの章で、われわれが公教育産業の外側に身を置いて、破壊的イノベーション理論というレンズを通して、この産業を考察して得た発見をかいつまんで説明する。これらの理論は、二〇年間の研究のすえに生まれたもので、その適用性は特定の産業や営利目的の企業だけに限定されない。これから見ていくように、この理論は、一人ひとりの生徒に自発的動機を持てるような学びを提供するという難問に少なからぬ光を投じる。この根本原因の分析が、すべての生徒の学びを確保する方法を世界中の教育関係者に提供する、有望な道筋を開く可能性があるのだ。

本書で紹介するのはほとんどがアメリカの事例だが、その教訓は世界中の多様な文脈にも通じるはずだ。実際、われわれの提言のいくつかは、すでに多くの途上国に導入され始めている。

またイノベーション理論の多くは、われわれ自身の研究から生まれたものだが、本書でこれから展開する議論の大半は、数々の研究者や実務家に負っている。各章のあらましをここに紹介しよう。

第1章◆生徒は一人ひとり学び方が違う。「生徒によって学習ニーズが異なる」という考え方が、本書の土台の一つである。学校を生徒が自発的動機づけを持てるような場にするための重要な一歩は、一人ひとりの子どもが最も学びやすい方法に合わせて、教育を個別化することだ。第一章で説明するように、学校は相互依存的なアーキテクチャ（基本設計概念、構造）を持っているために、指導やテストを行なう方法が否応なしに標準化されてしまう。標準化は学習における個別化の必要性と相反する。学校が個別化に取りかかるには、大勢の生徒を一括して杓子定規に指導することから脱皮し、目標を達成するための重要な手段としてソフトウェアを活用しながら、モジュール方式の、「生徒中心のアプローチ」に移行しなければならない。

第2章◈学校が生徒中心のアプローチに移行できる、という確信の根拠は何だろうか？　この章では破壊的イノベーション理論の手引きを通して、アメリカの学校が実はたゆみない改善を続けていることを明らかにする。社会は「教育の質」の定義を変え、学校に新しい仕事を引き受けるよう要請することによって、学校が目指すべきゴールポストを絶えず変更している。だが最も成功した組織でさえ失敗する新しい状況の中にあっても、学校は見事に適応してきた。

破壊的イノベーション理論をよく知らない人でも、第二章を読んでいただければ、それ以降の章が理解できるようになっている。破壊とは、建設的な力だ。破壊は複雑で高価な製品やサービスを提供していた市場を、単純明快、利便性、利用しやすさ、手頃な価格を特徴とする産業の市場に変換するプロセスなのだ。

第3章◈ほとんどの学校のカリキュラムが、相互依存的なアーキテクチャを持っているという現状で、学校がモジュール方式の、生徒中心のアプローチに移行するには何が必要だろうか？　技術が有望な道筋を与えてくれる。本書では技術を、「組織が労働力や資本、原材料、情報を、より価値の高い製品やサービスに転換するプロセス」と大まかに定義する。つまり学校を含むどんな事業体も、さまざまな技術を用いている。こうした技術の中に、学校が指導やテストを行なう方法を標準化する必要性と、生徒の学習方法を個別化する必要性によって引き起こされる衝突を仲裁する力を持った、「生徒中心の技術」がある。生徒中心の技術の最もよく見られる例が、生徒の知能のタイプや学習スタイルに対応できるソフトウェアを搭載したコンピュータだ。個人指導教官も生徒中心の技術のもう一つの例だ。これに対して「一枚岩的な技術」は、すべての生徒に対して一つの教授方式を用いる。同じ教科書を使う教室中の生徒に向かって教師が講義するというのが、教育での最も一般的な一枚岩的技術だ。だがソフトウェアを搭載したコンピュータであっても、そのソフトがすべての生徒を同じ方法で教えようとするならば、やはり一枚岩的な技術と言える。

問題は、なぜ学校がこの方向に向かって邁進できないのか、ということだ。何と言っても学校は、この二〇年間でコンピュータの導入に六〇〇億ドルを超える金額を費やしてきたのだから。その理由は、新しい技術を導入するときに、どんな組織もついついやってしまうことを、学校もやっているからだ。学校は新しい技術を、既存の構造に「押し込んで」きたのだ。破壊的技術を新しいモデルの中で根づかせれば、やがて技術は成長して、従来のやり方を一変させるだろう。これが取るべき方法である。

第4章◈では学校は、どうすればコンピュータベースの学習を導入できるのだろうか？　その鍵は、最初にまったく消費の存在しない状況、つまり「無消費」にぶつけることにある。コンピュータを通して授業を取る以外には、その課程を履修する方法がまったく存在しないような環境に、まずは導入するということだ。この考え方については、この章で詳しく説明する。そのほか、これをすでに実行している学校の例を紹介し、さらに成功させるにはどうすればよいかを説明する。

第5章◆破壊は二段階のプロセスである。第四章で、学校がすでにコンピュータベースの学習を導入していることを示した。だが生徒中心の学習に完全に移行するには、幼稚園から一二年生（高校三年生）まで（「K―12」）の公教育制度の外側で、こうした技術の多くを育成する必要がある。破壊と生徒中心の技術を通して、伝統的な教室での授業指導のあり方を変えていくには、まずその外側にある重要な問題を解決することから始めなければならない。そうすることで、やがてまったく新しい教育の「商業システム」が形成されるだろう。このシステムの未来予想図について、根拠のある推測をいくつか挙げる。

第6章◆最初の五つの章は、幼稚園から高校までの学年で、一枚岩的な教授方式から生徒中心の技術に移行するにはどうしたらよいかという問題についての、相互依存的な議論だった。幼稚園から高校までの期間は、子どもたちの潜在的能力を最大限に引き出す上で、非常に重要な時期だとわれわれは考えている。だが幼稚園に通う五歳から始めるのでは遅すぎることを示す、圧倒的な証拠がそろっている。実際、生後一八カ月間の経験が、人間の知的能力の大部分を形成する。またその後の人生を通じてわれわれを鼓舞したり落ち込ませたりする、自己信頼感の大部分が、基本的に五歳までに形成される。このような問題に対処するのは、一冊の本に相当する研究課題だが、義務教育を幼稚園前にまで拡大しようとする動きが活発化している現状を考えれば、ここで取り上げる価値のある重要な問題と言えるだろう。第六章ではこうした問題を高度一万フィートの上空から俯瞰して、これまでに提案されている解決策の有効性を評価する。

第7章◈この章では教育の分野で標準的な研究手法が、なぜ教育関係者に明確な指針を与えることができないのかについて考える。そして教育における予測可能性を高めるには、教育現場における研究をどのように進めるべきかを提案する。

第8章◈生徒中心の技術に向かうまでの道のりには、運営や組織に関わるその他多くの問題が山積する。こうした問題の多くは、今日の教育関係者にとって差し迫った関心事だ。この章と次の第九章では、われわれが研究から得た理論を適用して、学校の指導者や政策立案担当者がこうした変革を導入するのに役立つ、「管理のツールキット」について説明する。

教育の世界には、目的についてはもちろん、ましてやそれを実現するのに最適な手法については、ほとんど合意が見られない。このような状況では、変革の導入に有効なツールは限られる。問題は状況に応じた方法で取り組まれなければならない。この章では、利用可能なツールについて説明する。学校の指導者は「権力ツール」と「分離ツール」を今よりずっと有効に活用しなければならない。なぜそうなのか、それが何を意味するかについて説明する。

第9章◈学校の指導者が有効に利用できるツールは限られており、そのことは指導者が変革を導入する方法にも影響を与える。アメリカの学校は、アーキテクチャレベルでの変革を、その種類の変革に適さないチームを通じて導入しようとしている。この章では、どのような種類の変化にどのような種のチームが適しているかを説明し、アメリカの教育制度の中でチャーター・スクールが担うべき新たな役割をイメージするための、新しい手法を提案する。

われわれが学校にかける大きな期待は、簡単に実現できるようなものではない。だが子どもたちの学び方や知的能力の形成に関する理解が日々深まっていることを考えると、学校がこれほどまでの困難にあえいでいる根本原因を理解した上で取り組めば、大いなる前進が期待できる。学校が本書で示す有望な道筋に沿って歩み始めれば、子どもたちが自発的動機づけを持てるような学校教育を提供し、どんなに大胆な夢でも実現できるように、潜在能力を最大限に引き出す手伝いをしてやれるだろう。

この道筋に沿って歩み始めるために、まずはカリフォルニア州のある成績不振校を舞台とした架空の物語から始めよう。次のミニドラマで、各章の冒頭で展開するドラマの主な登場人物を紹介する。

ランドールサークル・ハイスクール

ロバート・ジェームズ（ロブ）は、二〇〇〇余名の生徒の一人として、南カリフォルニアのランドールサークル・ハイスクールで学んでいる。始業の鐘が午前七時一五分に鳴り、授業開始一〇分前を知らせても、このやせっぽちの白人の二年生は、駐車場でたむろしていた。ロブはサッカー仲間と喋りながら、この後の化学の授業のことを頭から追い出そうとしていた。かれは砂利を一蹴りする。練習だけしていたかった。もともと時間に几帳面で、理科も好きだったはずのロブなのに、近頃ではアルベーラ先生の化学の授業のことを考えるだけで、目のさめるような青色に塗った学校の玄関口から逃げ出したくなってしまうのだ。

実際、それはロブに限ったことではない。サッカー部員のほとんどが、日差しを浴びながらたむろしている。それでもロブが良心の呵責を感じて玄関に向かうと、いかめしい顔をした新しい学校長のステファニー・オールストン博士がこちらを見ていた。ロブはボストン・レッドソックスの帽子のつばで顔を隠し、目を合わせないようにうつむいて通り過ぎる。アルベーラ先生がかれを成績不良で校長に報告しようとしているのは知っていたが、かれにはどうすればいいのかわからなかった。エンジニアの父さんの耳に入ったら、カッとなるかもしれない。自習時間に近所のよしみでマリアにまた教えてもらえるといいんだが。マリアは何だかんだ言っても、アルベーラの二倍は親切だ。とはいえ、今朝は彼女も遅れているようだ。

ロブはステファニー・オールストンに見つめられていると思いこんでいたが、灰色のスーツに身を包んで青い壁に寄りかかっているこの女性は、それより深刻な問題で頭が一杯だった。オールストンは、州標準テストの成績が思わしくないために、失敗校と認定されかかっている学校を改善する仕事人として、迎えられたのだった。近隣の中学校で成功して名を挙げた彼女には、途方に暮れていたロブなど目に入ってもいない。彼女自身、途方に暮れていたのだから。彼女は化学教師のカルロス・アルベーラに、初対面でこう言われたときのことを思い出すたびにうんざりする。「教えるのはわたしです。予算不足で今以上のことをやるのは難しいですがね、このやり方で二五年もうまく行っていたんです」。生徒が全員、博学競技大会優勝者のマリア・ソロモンのようだったら、どんなにいいだろう。その小柄な黒人の二年生は、始業ぎりぎりに駆け込みながら、オールストンに微笑みかけてきた。三つ編みのポニーテールの下で、赤いバックパックが弾んでいる。鐘が鳴り響き、オールストンも微笑みを返す。マリアは別として、学校には二〇〇〇人の問題児がオールストンを待ち受けている。やはり弁護士の道を歩むべきだったのだろうか。

第1章

人によって学び方が違うのに、なぜ学校は教え方を変えられないのか

Why Schools Struggle to Teach Differently When Each Student Learns Differently

マリアは始業ベルが鳴る二秒前に席に滑り込み、目覚まし時計をののしった。彼女はすでに遅れを取っていた。授業は実際にはベルが鳴る前に始まる。それというのも、アルベーラ先生が授業時間内に少しでも多くの情報を詰め込もうとするからだ。マリアは机の上に置かれていたプリントに目を通した。ちょうど昨夜予習したところを箇条書きにまとめたものだったので、すんなり理解できた。彼女はロブの方をちらっと見て、帽子を取りなさいよと身振りで合図する。目が合ったロブは、先生に注意されては大変と、あわてて取った。

ロブはぼさぼさの暗赤色の髪に手を突っ込み、化学教師が気体の熱力学特性を表す公式を説明するのを聞きながらノートを取り出した。「pV=nRT」というチョークの走り書きに集中しようとして真面目にノートに写すが、相変わらず何のことだかさっぱりわからない。先生はロブのために少し時間を割いて説明してくれたが、あまり時間をかけてくれなかったし、それにゆっくりと大きな声で説明してくれただけで、同じことを同じ方法で説明するしかできないようだった。ロブの成績がこのまま下降を続ければ、先生は成績不良を校長に報告しなければならなくなる。もしそれがサッカーの試合が予定されている明日の夜よりも前に起これば、ベンチを温めることになりそうだった。だが目下ロブの頭には、サッカーのことはない。ゆうべ一晩中教科書と格闘していただけに、まだ概念が理解できないのが一層腹立たしかった。

通路を挟んで座っているマリアが背筋を伸ばし、手を挙げて質問する。「pV=nRTを使って、標準状態の気体の密度を出すにはどうすればいいんですか?」

彼女の隣では、サッカーのチームメイトで控え選手のダグ・キムが、熱心にノートを取っているように見える。ロブの気持ちは沈んだ。ダグもフォワードなのだ。ロブは今まで自分を馬鹿だと思ったことなどなかった。だが近頃では、ランドールサークルのほとんどの生徒に、あいつはスポーツ馬鹿だと思われているような気がしていた。

前から三列目で肩を落としたロブの姿は、もちろんアルベーラの目に留まったが、授業中は一人の生徒のことをゆっくり考えてなどいられない。教師としての経験から、かれは限られた時間を選別的に配分する方法を学んだ。時間をかけてもらえる生徒がいれば、そうでない生徒もいる。これほど大きな学校で、かれに何ができるというのだ？　ロブにはすでに放課後何度か補習をして精一杯教えた。かれ自身、高校時代の英語の成績はお粗末なものだった。今でも文章には自信がない。昨日もロブの学業成績に関するメモの原稿を、同僚教師に見てもらったところだ。新しい校長に悪い印象を与えたくない。それに、学校のサッカーチームのフォワードとして活躍するスター選手のことで、校長と話し合うのは気が重かった。だがアルベーラには、ロブに特別な関心を払う余裕はない。ロブは好青年だし、学習意欲もたいしたものだが、何しろ五クラスの一二〇人もの生徒を抱えているのだ。かれにやれることといえば、せいぜい理論をできるだけうまく教えて、時間内にできるだけ先に進むことくらいのものだった。アルベーラはほんのつかの間、残念な思いに駆られる。何時間も補習をしたのに、どうしてもわからせることができなかった。それでもロブが馬鹿ではないことをかれは知っていた。

ロブ自身も自分が馬鹿ではないことを知っている。その日かれは暑い秋の午後のサッカーの練習で短距離を走り込み、気持ちよく汗をかいて帰宅した。だが今日は珍しく、練習をしたのに少しも気分が晴れなかった。マリアは自習時間中ずっと忙しそうにしていたし、アルベーラ先生は放課後別の会議が入っていた。どこから手をつけてよいかもわからない問題に、これから一人で取り組まなければならないのだ。

父親が帰宅したときも、ロブはまだキッチンのテーブルで頭を抱えていた。ドアを開け閉めする音にも顔を上げず、教科書のページを繰って練習問題の答え合わせをしていたロブはうめいた。

「何の勉強だい？」父は尋ね、ブリーフケースを置いて郵便物の束を調べにかかる。

ロブは父の顔を見上げた。このまま問題を間違え続けるか、それとも父さんに聞くか？「この熱力学の気体とかっていうのがわからないんだよ」長い沈黙の後にかれは言った。「いつも助けてくれるマリアもいなかったし」

「どれ、見せてみろ」と父が言うと、ロブは教科書をぐいと押しやった。父は意外にも怒らなかった。

「オーケイ、ロブ。そう難しくないぞ」と父は言う。「いいか、あのヘリウム風船を売ってる店に行って、いくつか買っておいで」

ロブの胸の重みは少し軽くなった。明日の夜はサッカーの試合だ！ 角の店から風船をいくつか抱えて戻ってきた頃には日が暮れて涼しくなりかけていたが、気温はまだ三〇度を超えていた。父はガレージでロブを待っていた。

「じゃあ風船を一個車に入れて、ドアを閉めてごらん」と父は言う。しかめっ面のロブは、言われた通りにする。暮れゆく光の中で二人がぶらぶらしていると、突然バンという音がしてロブは飛び上がった。父は笑っていた。

「さっきの風船さ！ それじゃ、温度が圧力にどんな影響を与えるか考えてみよう」と父は言う。「なぜゴムが破裂するほど風船の体積が膨張したのか考えてごらん」

ロブはにやっと笑った。わかりかけてきたのだ。

ロブが化学の授業で四苦八苦していたのは、かれの脳が化学教師やマリアの脳のような方法で「配線」されていないからだ。ロブの頭が良くないということではない。かれは自分の学び方に合った方法で教えられたとき、化学の概念を習得した。ではなぜ学校は、一人ひとりに合った教え方ができないのだろうか？　これから見ていくように、学校は非常に相互依存性の高いアーキテクチャを持っており、そのために標準化せざるを得ないのだ。ではどうすればそれぞれの生徒の学びを個別化することができるのだろうか？　モジュール方式は個別化を容易にする。つまり解決策は、学校のアーキテクチャをモジュール方式に変えることにある。これが実現するまで、ロブが自分の学び方に合った学習プログラムを手に入れることはないだろう。

人によって学び方が違うということ、つまり人によって学ぶ方法も、スタイルも、ペースも違うことを、ほとんどの人が本能的に知っている。誰かが直感的に理解したことが、自分にはどうしてものみ込めなかったという経験は、誰にでもあるだろう。また教師や親や他の生徒が違うやり方で説明してくれたとき突然パッとわかったり、あるいはかえってわかりづらくなったという経験もあるだろう。クラスメイトより早く理解できた時もあったはずだ。なかなか理解できない生徒が繰り返し概念を教え込まれる間、暇をもてあましたこともあるだろう。また特定の科目ではずば抜けているのに、それ以外の科目では四苦八苦していた友人がいたはずだ。一人ひとりの学び方が違うことを誰もが経験的に知っている。

ここ三〇年の間に、ますます多くの認知心理学者や神経科学者がこのことを認めるようになった。一人ひとりの学び方が違うという単純な考えを説明するために、数多くの理論体系が打ち立てられ、さまざまな標題のもとに次々と研究が生み出されている。人によって学び方が違うということはかなり確実だが、その違いが何であるかということは、まだかなり不確実だ。現時点で唯一確実に言えるのは、知性や学習スタイルの具体的な類型に関してコンセンサスが存在するほど、違いを明確に定義した人が誰もいないということだけだ。教育系大学院では、意味のある違いが何であるかをめぐって、周期的に論争が繰り広げられている。脳に関する理解が進めば、脳が情報を処理する方法——神経伝達物質がシナプス間隙にどのように放出されるか、脳のどの部位がどのような働きをし、どのようにして発達するかなど——に関する理解が深まり、学び方の違いをよりよく理解できるようになるだろう。根底にある因果関係を、神経科学者の助けを借りながら理解することができれば、人間が学習する仕組みや、また環境や経験が学習能力に与える影響の謎が、一部解き明かされるだろう。だが今の時点では、まだ不確実性が残っている。

本書では、「人によって**学び方が違う**」と単純に断定してしまうことで、何をもって違いとするかという、定義の問題をめぐる論争を意識的に避けた。学び方の違いには、生まれた時点で脳に埋め込まれているものもあれば、特に生後間もない頃の経験をもとにして現れ出るものもある。

本書では、この「違い」という言葉でわれわれが言わんとしていることを説明するために、数多くの標題のなかでもよく知られているものを便宜上使うことにする。われわれが選んだ図式にあなたが同意するかどうかはこの際問題ではない。これからのページでは、人が多様な知能を持っているという言い回しをするが、これを多様な適性を持つと読み替えてもらっても構わない。多元的知能の理論を紹介するのは、数学であれ、音楽、語学、科学であれ、**分野や領域**を問わず、生徒の学び方が違うことを読者にイメージしてもらうために過ぎない［注1］。

◆◆◆知能と学び方について再考する

基礎心理学分野の研究が、知能に関する新たな理解への扉を開くきっかけとなった。かつて研究者は知能を数値に変換し、それを単位としてとらえ、名称をつけた。知能指数、略してＩＱである。それから、この指標を使って、同じ年齢層の人たちを比較した。だが知能がこれよりはるかに幅広いものであることを示す研究がある。多くの研究者が、多様な分野での能力を表すものとして知能という用語を使い、そのことが知能の定義の乱立を招いている[注2]。

ハーバード大学の心理学者ハワード・ガードナーは、多元的知能の分野の先駆的存在である。ガードナーが「多元的知能理論」を初めて紹介し、多様な知能という考え方を提唱したのは、一九八〇年代初めのことだった[注3]。ガードナーによる知能の定義と分類方法を簡単に見ていこう。かれは人によってなぜ得意分野が違うのか、どうすればその違いに合わせて学習経験を調整できるかを示した。ガードナーは知能を次のように定義している。

◆実生活で遭遇する問題を解決する能力
◆解決すべき新たな問題を考え出す能力
◆自らの文化の中で尊重される物やサービスを生み出す能力[注4]

この定義は、ＩＱ値という狭い定義を逃れる。ガードナーは知的能力を研究するうちに、観察可能な知能が、かれの分類方法の中で独自の地位を与えられてしかるべき重要な知能かどうかを判定するための判断基準を確立した。かれの基準は、「それぞれの知能は発達的特徴を持ち、特定の母集団、たとえば神童や〝サヴァン〟に認められ、脳の特定の部位に存在するという何らかの証拠を示し、象徴システムまたは表記システムを裏づけるものでなくてはならない」というものだ［注5］。この考え方を基に、ガードナーは当初七つのタイプの知能を提唱した。その後このリストに第八の知能を加え、さらに二つの知能を検討した。

ガードナーの八つの知能の簡単な説明と、それぞれの知能に優れた典型的な人物を挙げる。

言語的知能◈言葉で考え、言語を使って複雑な意味を表現する能力。ウォルト・ホイットマン（詩人、随筆家）

論理・数学的知能◈計算や数値化を行ない、定理や過程を考察し、複雑な数学的操作を行なう能力。アルバート・アインシュタイン

空間的知能◈三次元で考え、内的・外的イメージを認識し、さまざまなイメージを再現、変換、修正し、自らまたはものを使って空間を航行し、図形情報を生み出す、または解読する能力。フランク・ロイド・ライト

運動感覚的知能◈物体を操作し、身体的能力を微調整する能力。マイケル・ジョーダン

音楽的知能◈調子や和声、音律、音色を聞き分け、生み出す能力。ウォルフガング・アマデウス・モーツァルト

対人的知能◈他者を理解し、人間関係を巧みに築く能力。マザー・テレサ

内省的知能◆正確な自己認識を確立し、その認識を基に自分の人生を計画し、方向づける能力。ジークムント・フロイト

博物学的知能◆自然におけるパターンを観察し、観察対象を特定、分類して、自然体系や人工の体系を理解する能力。レイチェル・カールソン[注6]

これが指導や学習とどのような関係があるのだろうか？　教育方法が生徒の知能や適性とよく調和しているとき、生徒はより簡単により意欲的に理解することができる。言い換えれば、自発的動機づけを持って学習することができる。本章の冒頭のミニドラマで言えば、教師が論理的、数学的な方法で教材を教えたとき、ロブはなかなか理解することができなかった。このタイプの知能をかれが得意としていないことは、ほぼ間違いない。かれの同級生のマリアは、論理・数学的知能に優れているため、即座に理解した。だがロブの父親が同じ概念を、かれの学び方と調和した空間的な方法で実演してみせたところ、かれはそれを理解したばかりか面白いとさえ感じたのだ[注7]。

ガードナーをはじめとする研究者は、それぞれの知能と調和するやり方で教材を教える方法について研究している。リンダ・キャンベル、ブルース・キャンベル、ディー・ディキンソンは、著書『多元的知能による指導と学習』（"Teaching and Learning through Multiple Intelligences"）の中で、学力が本来の学年レベルよりも数学年分遅れていたある少女の例を引いて、このことを立証している。少女は頑張れば頑張るほどますます学校が嫌いになり、自尊感情も低下していった。だが六年生に進級したとき、彼女のとても優雅なものごしに気がついた担任が、動きを通してなら学ぶことができるのではないかと考えた。教師は知能の分類学の専門家ではなかったが、この生徒が運動感覚的知能に恵まれている

ことを見抜いた。彼女はそれまで読み書きや綴りの練習を拒んでいた。だが教師は自分の直感に従って、「アルファベットの二六文字の一つひとつを、体を使って動きのアルファベットとして表現」してごらんと提案した。翌日、少女は始業前に教室に飛び込んできて、アルファベットの一文字一文字を踊って見せ、それから二六文字をつなげて、一連の踊りにして見せた。次に踊りで自分の苗字と名前を綴った。その夜、彼女は綴りを覚えなくてはならない単語をすべて踊って練習し、翌日クラスメイトにその踊りを披露した。やがて彼女は、ますます多くの単語を書くようになった。最初に踊り、それから書き留めた。彼女の作文の点数はますます上がり、それに応じて自己信頼感も高まった。数カ月後には、もう単語を綴るために踊る必要はなくなっていた。優れた運動感覚的知能を通して学んだことが、彼女に読み書きの世界を永遠に開いたのだ。これは、彼女が人生でどんな道を歩もうとも必要な能力である［注8］。

ガードナーの研究によれば、ほとんどの人が八つの知能をいくらかずつ持っているが、優れているのは二つか三つだけである。かれの研究は、各人の強みと調和の取れた学習機会の必要性を示唆する一方で、人を型にはめて一部の知性だけを伸ばそうとしないよう警告する。

さらに、知能の違いは、認知能力の一つの側面に過ぎない。それぞれのタイプの知能の中には、さまざまな**学習スタイル**がある。視覚的な手段を使って理解するのが最も得意な生徒もいれば、内容について徹底的に話し合ったり、書き留めたり、発表したりしなくては理解できない生徒もいる。またあるタイプの知能を駆使しているときは、視覚的な学習スタイルを通じて――つまりイメージを見たりテキストを読んだりして――覚えるのが最も得意だからといって、他のタイプの知能を駆使しているときにも、同じ学習スタイルを使えば同じように効果が上がるとは限らない。最後に、それぞれの学習スタイルには、三つ目の違いの側面が入れ子状に収まっている。それは、学習のペースが人によって異なるということだ。

ゆっくり学ぶ人がいれば、普通の速さで、あるいは速く学ぶ人もいる。ペースはさまざまに変化し得る。

学び方が人によって違うことから、教え方も人によって違うのではないかと考える読者もいるだろう。だが学生時代を思い出してほしい。学校では、生徒は集団に分けられた。そのため、クラスが新しい概念に移るべき時期が来れば、前の概念をどれだけの人が習得したかとは関係なく（それが次に学ぶことを理解するために押さえておかねばならない概念だったとしても）、全員が次の概念に移ったはずだ。代数Ⅱを履修すべき時期が来れば、代数Ⅰの重要概念をすべて習得していない生徒がいても、全員が代数Ⅱを取った。必修科目の単位を取れなかったのに、進級した生徒さえいた。逆に、ある学期に世界史の履修範囲をすべて網羅できない生徒が何人かいても、問題にならなかった。全員が一年を通して同じクラスに詰め込まれていた。またたとえば四年時の担任が、一番覚えやすくわかりやすいと信じる方法でわり算の筆算を教えてくれたとき、それがピンと来た人もいれば、来なかった人もいただろう。だがすぐに理解して、何度も繰り返される説明にうんざりした人も、理屈がまるで理解できずにかえって混乱してしまった人も、授業が終わるまでは教室に座っていたはずだ［注9］。

なぜ学校はこんな仕組みになっているのだろう？　人によって学び方が違い、学習の経路とペースを一人ひとりの生徒に合わせる必要があるという共通認識があるのに、なぜ学校は指導やテストを行なう方法を標準化するのだろうか？

相互依存性とモジュール性

指導方法を標準化する学校と、指導方法の個別化を必要とする生徒の衝突を理解するために、まずは学校から少し離れて、製品設計の世界の相互依存性とモジュール性という概念を理解してほしい。

どんな製品やサービスにも〔注10〕、その製品またはサービスをどのような方法で構成部品に分割し、それらをどのような方法で整合するかを決定する、アーキテクチャ、つまり設計思想がある。任意の二つの部品が組み合わさる箇所は、インターフェースと呼ばれる。インターフェースは製品内にも存在するし、互いに連携する必要のある組織内の部署や集団の間にも存在する。

ある部品の設計や製造方法が、他の部品の設計、製造方法に依存し、またその逆もいえる場合、その製品の設計は相互依存的であるという。部品間のインターフェース全体にわたって、予測できない相互依存性が存在するとき――つまり両方の部品を一緒に作るまでは、ある部品をどのように作る必要があるかを前もって知ることができない場合――どちらかの部品を作るためには、同じ組織が両方の部品を作らなくてはならない。このようなアーキテクチャは、ほぼ必ず独自仕様（プロプライエタリ）である。なぜならそれぞれの組織が、性能を最適化するために、独自の相互依存的な設計を開発するからだ。

これに対してモジュール方式の製品設計では、製品の部品の設計や、バリューチェーンの各段階に、予測できない相互依存性は存在しない。モジュール部品は、よく理解され明快に体系化された方法でかみ合って連携する。モジュール式アーキテクチャでは、あらゆる要素のかみ合いと機能が徹底的に指定されるため、定義された仕様を満たしている限り、誰が部品やサブシステムを作るかは問題ではない。モジュール部品は、独立した作業集団や、別の場所で作業する別の組織にも開発することができる。

この一例として、電灯の「アーキテクチャ」について考えてみよう。電球と電灯には、電球の柄と電球ソケットの間にインターフェースがある。これはモジュール式インターフェースだ。エンジニアは、電球ソケットの確立された仕様を満たす柄を作りさえすれば、電球**内部**の設計については、自分の好きなやり方で改良を加えることができる。新しい小型の蛍光電球が、手持ちの古い電灯にもぴったり合うことに気づいた人もいるだろう。このような場合、同じ企業が電球、電灯、壁コンセント、発電・配電システムを設計、製造する必要はない。標準インターフェースが存在するおかげで、システムの一つひとつの部分のためにさまざまな企業が製品を供給することができるのだ。

これに対し、相互依存的インターフェースが存在するときは、そのインターフェース全体にわたって垂直統合することが絶対的に必要となる。たとえばヘンリー・フォードは、ミシガン州ディアボーンに大量生産のT型フォードの組立ラインを構築したとき、辛い経験を通してこの事実を学んだ。工場の労働者が平鋼板を金型に入れて、車体部品の形に成形しようとしたとき、鋼板は金型（金属加工職人にとってのモールドにあたる）にぴったり合わなかった。鋼板は金型に完全に押し当てられた後で、わずかに跳ね返った。フォードの金型メーカーは、この跳ね返りを考慮に入れて金型を深めに彫ることもできた。だがもしフォードの取引先から月曜日に届けられた一束の鋼板が二パーセント跳ね返り、火曜日に届けられた鋼板が六パーセント跳ね返ったとしたら、部品の大きさは一日で最大四パーセントポイントも変動し、車の部品がまるでかみ合わなくなってしまう。鉄鋼会社は単独で作業を進めており、フォードの社内環境で鋼板を打ち抜いていたわけではなかったため、問題を解決することはできなかった。フォードとて、鉄鋼を製造していなかったために、問題を解決できなかった。そこでフォードは垂直統合した。フォードまずデトロイト西部のリバールージュに巨大な製鉄所を建造し、フォードの技術者が鉄鋼の金属学的特性の制御に取り組むことで、金型やプレス機の設計、使用方法を、相互依存的に変更できるようにした。

相互依存的なアーキテクチャを持つ製品では、その一部分でも変更されれば、必然的にその他の部品にも相補的な変更が必要となる。その結果、製品やサービスのカスタマイズ（個別化）は、複雑で高価なものになる。こうした相互依存性の多くが予測不可能なため、すべての部分を双方向的に設計する必要がある。相互依存的アーキテクチャを持つ製品をカスタマイズするには、製品やサービスをそのつど、一から設計し直さなくてはならない。

他方、モジュール式アーキテクチャは柔軟性を最大限に高めるため、カスタマイズが容易だ。いくつかの部分を変更しても、他のすべての部分を一から設計し直さなくてすむため、さまざまなニーズに合わせて、本格的なカスタマイズを比較的容易に行なうことができる。モジュール式アーキテクチャのおかげで、組織はこうしたニーズに応えることができる。またモジュール性のおかげで、システムを公開して、それぞれのモジュールに性能改善とコスト削減の競争を導入することができる。

製品内に存在する相互依存性の度合いは、基となる技術の成熟度によって決まる。新しい製品やサービスが生まれて間もない頃は、顧客のニーズにまだ十分に応えられない未熟な技術の機能性を最大限に引き出すために、部品が緊密に関連づけられなくてはならない場合がほとんどだ。部品が相互依存的であるために製品がやむを得ず標準化されてしまっても、顧客はそれを容認する。なぜならカスタマイズは、とんでもなく高くつくからだ。一般に言って、顧客は標準化された製品を使うためなら、自分の期待や行動を調整することをいとわない。利用パターンの違い――ひいては顧客ごとのニーズの違い――は、産業の進化過程におけるこの段階では、まだはっきりしていない。

この一例として、パーソナル・コンピュータ革命が起こり始めた頃のアップルは、コンピュータ全体、つまりハードウェアからオペレーティング・システム（OS）、ソフトウェア・アプリケーションのすべてを事実上支配することによって、業界を先導していた。このシステムのアーキテクチャは、独自仕様で相互依存的だった。だがアップルにとって不幸なマイナス面は、カスタマイズが法外に高くついたことだった。

製品とその市場が成熟するうちに、技術はますます高度になり顧客も洗練されていく。顧客は自分のニーズを認識し、カスタマイズされた製品を要求するようになる。そして技術が成熟して、カスタマイズが可能になる。このような環境で、製品とサービスのアーキテクチャのモジュール化が進む。パソコンが出現した当初、モジュール型の製品を提供することは不可能だった。だが技術が成熟すると、顧客一人ひとりの異なるニーズを、デル方式で満たすことが現実的な選択肢となった。デル製品のふたを外してみれば、デルがすべての部品を製造しているのではないことがわかる。それぞれを違う企業が製造しているのだ。だからこそデルは、顧客に希望の特性や機能を指定してもらい、それから四八時間以内にカスタマイズされたコンピュータを組み立てて届けるという芸当ができるのだ。

パソコンのOSが現在同じ進化の道をたどっている。マイクロソフトのウィンドウズOSは相互依存的だ。たった一〇行のコードを変更するために、それ以外の何百万行ものコードの書き換えが必要になる。ウィンドウズを自分のニーズ通りにカスタマイズするには、何百万ドルもかかるだろう。相互依存性の経済学が標準化を要求し、誰もがそれに甘んじている。自分の思うままに簡単に設定できるOSがあれば、パソコンライフがどれほど向上するかということに、ほとんどの人が気づかずにいる。それは絶対に実現不可能な贅沢だったのだから。だがUNIX技術が十分成熟したことで、リナックスのようなオープンソースのOSが実現した。リナックスのアーキテクチャは、モジュール式でカスタマイズが可能である。オープンソースのプログラム開発コミュニティが、このアーキテクチャをカーネル一つひとつに至るまで絶えず更新し、改良している様子には驚くべきものがある。

◆◆◆ 学校教育のジレンマ 指導の標準化vs学習の個別化

このことが、アメリカの公立学校とどう関係するのだろうか？　まず学校教育のアーキテクチャについて考えてみよう。今日の学校教育の支配的モデルは、非常に相互依存度が高く、四種類もの相互依存性が織り込まれている。第一が、一時的な相互依存性だ。たとえば、ある科目を七年生で履修しなければ、その科目を九年生で学ぶことはできないといったものだ。第二が水平的な相互依存性。ある外国語をもっと効果的に教えたいと思っても、それにはまず英文法の指導方法を変えなくてはならない。だが文法の指導方法を変えるには、英語のカリキュラムのそこかしこを変える必要がある。第三が物理的な相互依存性だ。たとえばプロジェクトベースの学習方式（ＰＢＬ）は、学習内容を統合し、補うべき不足を特定することを通じて、多くの生徒の学習意欲を大いに高める方法であることを示す強力な証拠がある。だが校舎の配置上の問題から、大がかりなＰＢＬを導入できずにいる学校が多い。第四が階層的な相互依存性である。これは学校内で行なわれることに影響を与える、地方や州、連邦政府の政策立案担当者の命令といった、互いに矛盾することも多い善意の命令から、組合との交渉で決まった就業規則が契約や州・地方レベルの政策として定着したものまで多岐にわたる。学校区の本部によるカリキュラムや教科書の決定も、教師が特にカリキュラム横断的な変革を起こす能力を制限する。たとえば創造性あふれる教師が、化学の枠組の中で代数を教える方法を考案したとしても、それを実行に移すことはできない。教室で教えることのできる指導内容の骨格は、学校区本部がどのようにカリキュラムを切り分け、範囲を規定するかによって決まるからだ。それに、カリキュラムを変更すれば、標準化されたテストや入学基準にも変更を加えなくてはならなくなる。さらに厄介なことに、従来の慣行を変更すれば、理数系科目の教師を養成し、認定する方法まで変更する必要が生じる。

このように、公立学校制度には相互依存的な部分があまりにも多いために、生徒によって学び方が違うという認識があるにもかかわらず、指導方法と評価方法の両方に、標準化を促す強力な力が作用している。問題は、相互依存的な制度の中で個別化を行なおうとすると、高くつくことだ。階層的な相互依存性が個別化を制約する仕組みについては、第五章で「商業システム」の概念を紹介する際に詳しく取り上げるが、これをよく表す例を一つ紹介しよう。一九六〇年代と七〇年代になると、特別な支援を必要とする子どもたち向けの、個別的な教育サービスの提供を学校に求める動きが出てきた。七〇年代にはアメリカの子どもの一〇パーセントが、連邦政府が資金を提供する特別な支援が必要な子どもたち向けプログラムの適用を受けていた[注11]。認定対象となる生徒は、典型的には「個別教育計画」(ＩＥＰ)に規定された個別的対応を必要とする。また特別支援の別の例として、英語を母国語としない移民家庭に育った生徒が個別設計の英語語学習得（ＥＬＬ）クラスに入れられるケースがある。個別化はどちらの分類の生徒にもほぼ間違いなく大きな利点をもたらすが、恐ろしいほど金がかかることもまた事実だ。たとえばロードアイランド州では、特別支援教育の生徒には一人あたり平均で年間二万二八九三ドルの教育費がかかるのに対し、通常教育の生徒は九二六九ドルである[注12]。特別支援教育の生徒に対する支出の増加は、通常教育への支出増を過去四〇年にわたって大幅に上回り、今では多くの学校区で支出の三分の一を占めるほどになっている[注13]。

その結果、誰が「特別の」配慮を受ける資格があるかをめぐって争いが絶えない。またこのための費用が多くの資源を吸い上げることから(低いスタッフ比率、特別な空間、個別的な教授方式などが求められるため）、学校はそれ以外の生徒の教育をますます標準化するようになっている[注14]。だがここにジレンマがある。生徒によって知能のタイプ、学習スタイル、学習のペース、出発点が違うということは、つまりどの生徒も特別な支援を必要としているということなのだ[注15]。障害を有すると分類された生徒だけではない。あるいはシンガーソングライターのダニー・ディアドーフが歌うように、われわれはみな「能力のあり方が異なる」のだ[注16]。学校で成功する生徒の大部分は、特定の教室における支配的なパラダイムに合った知能をたまたま持っているか、それに適応する方法をどうにかして見つけたかのどちらかだ[注17]。

現在の工場モデル型の学校で、経済的に個別化を行なうことはできないだろうか？

一八〇〇年代のほとんどを通じて公教育を特徴づけていた「ひと部屋学校」では、教育指導は、少なくともペースと水準に関しては、必然的に個別化されていた。教室には年令も能力も異なる子どもたちが詰め込まれていたため、教師は生徒を一人ひとりを回って個別的な指導を行ない、個別の課題を与え、それぞれに合った方法で補習指導を行なうことに一日のほとんどの時間を費やしていた。だが一八〇〇年代後半に教室が一杯になると、学校は生徒数の増加から標準化を余儀なくされ、指導方法は一変した。アメリカ人は教育の標準化を容認し、昔の世代の進歩的な思想家たちがこれを促した。他の産業史の初期段階にも見られたように、標準化に合わせて社会の期待や行動が変化した。つまりアメリカ人は、もはや個別化された学習を期待しなくなったのだ。この標準化――生徒を年令別の学年に分け、大勢の生徒をまとめて大量の教材で一括して教えること――の支持者の大半が、産業国家アメリカに出現した効率的な工場システムから着想を得ていた。学年を設け、教師が同じ学習能力を持つ生徒に集中すれば、教室の全生徒に「同じ科目を、同じ方法で、同じペースで」教えることができるという理屈だった[注18]。

いま学校の直面する問題はこうだ。生徒集団を一枚岩的な教授方式を通して標準化された手順で扱うように設計されている学校教育制度は、一人ひとりの脳の「学習回路」の違いに対応し得るだろうか？[注19]

学習の個別化に取り組む学校区も一部にあり、ガードナーの枠組を用いて教室内で多元的な知能を伸ばそうとしている学校もたくさんある。だが教室内での活動は相互依存性が非常に高いため、これを大がかりな形で成功させるのは容易なことではない。たとえばメリーランド州モンゴメリー郡公立学校は、多様な学習スタイルに配慮した、さまざまな形態の個別学習を導入し始めた。教育評価のモバイル・ソリューションを提供する会社、ワイヤレス・ジェネレーション[注20]などのリアルタイム評価を利用することで、教師は生徒の学習到達度を把握して、一人ひとりに合わせた指導を行なうことができる。

メリーランド州の取り組みは立派なものだ。しかし一枚岩的方式の中で多元的な知能を伸ばそうとするには、いろいろな問題がついて回る。ほとんどの生徒が八つの知能をいくらかずつ持っているが、本当に優れているのは二つか三つだけだ。もちろん教師もまったく同じで、得意とする指導方式はいくつかに限られている。われわれと同じように、教師も自分の強みに合った方法で指導する傾向にあるのだ。

このとき典型的な教室では、「逆磁力」とも言うべきものが生じる。ご存知の通り、どの磁石にもプラス極とマイナス極があって、同じ極同士は反発し合い、違う極は引き合う。だが典型的な教室では、「同じ極」、つまり同じタイプの知能同士が反発し合う代わりに引き合うのだ。

この逆磁力は悪循環を生み出す。教室の教師は、現在の公教育を特徴づける一枚岩的なバッチ処理システムの産物である。システム内では、授業で採用される指導方式を生まれながらに楽しむようにできている生徒が、優秀な成績を収める傾向にある。たとえば高校の国語の題材は、明らかに言語的知能との関わりが深い。当然ながらこのタイプの知能を持つ生徒が、国語の成績優秀者の大半を占める。そしてこの科目を大学で専攻することを選び、この分野の教職の道を選ぶのが、かれらなのだ。試験問題は、教科書が執筆される方法を通じて、特定の知能と結びついていることが多い。そしてその教科書を執筆しているのが、その特定のタイプの知能に優れた専門家である。その結果どんな分野にも、カリキュラム開発者、教師、そしてその教科の最も優秀な生徒から成る、「知識派閥」が出現している。かれらの脳は互いに常時接続されている。ちょうど上流社会の派閥に属する人たちが、身内同士であまりにもわかり合い通じ合っているために、知らぬ間に部外者を排除することが多いのと同じように、こうした知識派閥も、自分たちの共有する思考パターンが、他のタイプの知能に優れた人たちをどれほど閉め出しているかに気づかないことが多いのだ。

そんなことから、語学的知能に恵まれない生徒は英語の授業では当然のように挫折する。教師も自らの強みにとらわれている。どんな教室にも、語学的知能に恵まれず、したがってこの科目に秀でることを事実上許されない生徒がいる。またこのパターンは、世代を超えて繰り返される。同じことがすべての学問分野で起こる。たとえば数学を教える教師は、論理・数学的知能に優れていることが多く、したがってかれらの授業で優秀な成績を収める生徒も、このタイプの知能を持つ傾向にある。かくしてその他大勢の生徒は閉め出される。

ガードナーやかれの賛同者は、多元的知能を伸ばせるような教師や学校を養成することに力を注いでいる。この試みは、活動センターや試験的な学習モデルのある小学校レベルの方が取り組みやすい。しかしアメリカのほとんどの学校、特に中学高校レベルでは、たとえ教師が英雄的な努力を払って多元的知能のパターンに配慮したとしても、現行制度が一枚岩的なアーキテクチャに基礎を置いている限り、ほぼ自動的に失敗する。こうした状況で教師がある一つのタイプの知能に向いた教え方をすると、それにチャンネルを合わせる生徒もいれば、チャンネルを変えてしまう生徒も出てくる。

要約すると、現行の教育制度、つまり教師を養成し、生徒を分類し、カリキュラムを設計し、校舎を配置する方法などは、標準化を目的としている。もしアメリカが本気で「落ちこぼれを防止」をするつもりなら、標準的方法で生徒を教えている場合ではない。現行制度は、標準化が美徳と見なされていた時代に設計された、複雑に依存し合う制度だ。この一枚岩的なバッチシステムの中で、一人ひとりの生徒の脳の学習回路に合った方法で指導しようと企てるのは、悪性のマゾヒズムにむしばまれた学校管理者くらいのものだろう。学校は新しい制度を必要としている。

生徒中心の教室で学習を個別化する可能性

すべての生徒を教育することがわれわれの目的なのであれば——つまり、貧困の連鎖を断ち切り、夢の実現に向けて真にアメリカ的な挑戦を行なうために必要な技能や能力を、すべての生徒に与えることを学校に求めるのであれば——われわれは本書でいう「生徒中心の」モデルに**向かって**移行するための方法を見つけなくてはならない。ここでは「向かって」という言葉を意図的に使った。なぜならこれは、少なくとも現時点では、二者択一の選択ではないからだ。連続体の一方の極には、相互依存性に満ちた一枚岩的なバッチプロセスがあり、もう一方の極には、生徒中心の完全にモジュール方式のモデルがある。伝統的なモデルが最もうまく対処できるような問題、技能、テーマは、今後も非常に長きにわたって存在し続けるだろう。だが本書でこれから示すように、現在教師が職務として担っている教授活動は、一つまた一つと、生徒中心のモデルに向かって移行することが運命づけられているのだ。

学校はこの有望な道筋をどのようにして歩み始めればよいのだろうか？　生徒中心の技術へ向けた一歩である、コンピュータベースの学習がその手段を提供する。以降の章で説明するように、コンピュータベースの学習は、破壊的な力として、また有望な機会として姿を現しつつある。技術を学習の基盤として正しく用いれば、学校制度をモジュール化し、ひいては学習を個別化する機会をもたらすことができる。生徒中心の学習は、一時的、水平的、物理的、階層的な標準化の独房に取り付けられた、非常脱出用ハッチなのだ。ハードウェアはすでに存在する。ソフトウェアは出現しつつある。生徒中心の学習は、コンテンツを好きな順序で組み合わせることによって、自分の知能のタイプに合ったやり方で、好きな場所で、好きなペースで学習する道を生徒に開いてくれる。モジュール性とカスタマイゼーションが転換点に近づくにつれて、もう一つの変化が起こるだろう。これから説明するように、教師は一人ひとりの生徒の前進を助ける、プロの学習コーチ兼学習内容設計者として重要な役割を果たすことができる。教師は壇上にいる賢人ではなく、いつも傍らにいる導き手になれるのだ。

これは夢物語だろうか？　政治的決定に振り回され、市場の需要とは一見無関係に思われる公的機関である学校が、一体どうすれば生徒中心の教室への移行を遂げることができるのだろうか？　次の章では、学校が国民の要求に応えるために自己変革を遂げるという偉業を繰り返してきたことを明らかにする。破壊理論とアメリカの学校教育の歴史をざっと説明することで、学校が長きにわたって実際に着実に改善を進めてきたことを示す。学校は正しい方向に歩を進めるならば、決して楽な道程ではないが、生徒中心の教室に移行できるはずだと、われわれは信じている。

Making the Shift : Schools Meet Society's Needs

第2章

移行を行なう

学校は社会の要求に応えている

新しい上司との面談を終えたばかりのカーロス・アルベーラは、エンストしそうな車を学校の駐車場の出口まで出し、車がひっきりなしに通り過ぎる左方に目をやった。州の教員大会の会場までの道はうろ覚えだったが、今年だけは行こうと心に決めていた。ステファニー・オールストンのせいで、何だか落ち着かないのだ。それに州の教育基準のせいで落ち着かないのだ。右折して、もう一度曲がり、州間ハイウェイに乗って、今年度の大会が開催される大学に向かった。何はともあれ、オールストンはアルベーラの求めに応じて、かれをランドールの代表団に入れてくれた。

これまでかれは州の教員大会に出る機会を何度も断ってきた。だが今年はいろいろと事情が変わった。学校が教育委員会に失敗校と認定されるかもしれないのだ。そしてオールストンの存在が変化を象徴していた。あの新入りは、変化を起こそうとして躍起になっているようだ。だがそれが一体何の役に立つというのだ。アルベーラにはわからなかった。

ランドール・ハイスクールが設立されたのは、アルベーラが教鞭を執り始めた二五年前よりずっと前のことだ。だが都市部の高校として、ランドールはいまやカリフォルニア州統一テスト（ＳＴＡＲ）計画の対象校となっている。十分な設備も、優れた教師陣も、多様なカリキュラムも、芸術や競技のしっかりしたプログラムもすべてそろっているのに、成績は芳しくなかった。アルベーラの第二の故郷とも言えるランドールは、どうしてここまでひどい状態になったのだろう？

ミドルバーグ大学での大会で、アルベーラは教師らと世間話をして時間を過ごした。試験や校長、組合、基準などが話題に上る。かれは「達成度」という言葉が頻繁に飛び交うことに気づいて、警戒感を高めた。もちろんかれは学校の成功を望んでいないわけではない。だが、いつから社会は学校に教育の機会だけでなく、達成度を求めるようになったのだろう。アルベーラは物思いにふけった。

大会が終わると、アルベーラはいつものように化学競技大会に出場するチームを指導するため、ランドールの駐車場に引き返した。何年も前から、毎週水曜にやっている仕事だ。だがアルベーラは校舎に足を踏み入れながら、仕事は変わっていないのに、職務内容は確実に変化していることに気がついた。大会でもらったトートバッグを肩にかけると、重みがずっしり感じられた。まだすべての資料に目を通していないが、配布された五キロもの書類に何か役に立つことが書いてあってほしいと、かれは祈るような気持ちになった。

アルベーラは正しい。かつてランドール・ハイスクールは、大勢の多様な生徒のニーズに応えるために、長年かけて多様なプログラムを構築してきた素晴らしい学校という評判だった。われわれのイノベーション研究では、組織が顧客のニーズを満たすようなペースで製品やサービスを、改良していくことに手を焼くようなケースはほとんど見られない。大半の企業は、今やっていることをもっとうまくやりたいと考え、しかもそれを非常にうまくやってのけるのが常である。公立学校制度もまったく同じだ。これから見ていくように、公立学校は一般の認識とは裏腹に、われわれがこれまで研究した他の組織と同じく、評価基準で見れば着実に改善を遂げてきた実績がある。

だがわれわれのイノベーション研究は、「破壊」と呼ばれる特定のイノベーションが、経営状態が良く向上を続ける企業を、必ずと言っていいほどつまずかせることを示している。破壊的イノベーションが厄介なのは、改良の定義やそれまでの改良の道筋を一変させる力を持っているからだ。破壊が起こる前は価値ある改良だったものが、破壊後はそれほど重視されなくなる。また製品のそれまで気にも留められていなかった側面が、高く評価されるようになる。これから説明するいくつかの理由から、改良軌跡の破壊的な方向転換には、世界有数の優良企業の最も有能な幹部の手腕を持ってしても立ち向かうことはできないのだ。

アルベーラが気づき始めたように、この種の二つの重大な破壊が二五年ほど前からアメリカの公立学校を襲っている。それは、「危機に立つ国家」報告と、「落ちこぼれを作らないための初等中等教育法」がもたらした破壊だ。学校は本来の目的ではない課題――したがって、それまで必ずしも取り組んできたわけではない課題――を課されたため、この新たな要求に照らしてみれば、それほどうまくやっているようには思われない。だがこれから見ていくように、破壊という潮流をうまくやり過ごすことがどれほど難しいかを考えれば、学校は驚くほど健闘してきたと言えるのだ。このことは、学校がコンピュータベースの学習を破壊的な方法で導入すれば、生徒中心の学習方式に移行できるという、いくばくかの希望を与えてくれる。

◆◆◆破壊的イノベーションの理論

破壊的イノベーションの理論は、組織がなぜ特定の種類のイノベーションに苦しめられるのか、また組織がどうすればイノベーションを確実に成功に導くことができるかを説明する。この理論の基本概念を、［図表2・1］に表した。これはサービスまたは製品の性能が、時間とともに変化する様子を表したものだ。まず三次元図の奥の平面のグラフを見てほしい。このグラフは、どんな市場にも二種類の改良の軌跡があることを示唆している。実線は、企業が新しいまたは改良版の製品・サービスの提供を通

図表2·1◆破壊的イノベーションのモデル

破壊的イノベーションは非対称な競争を生み出す

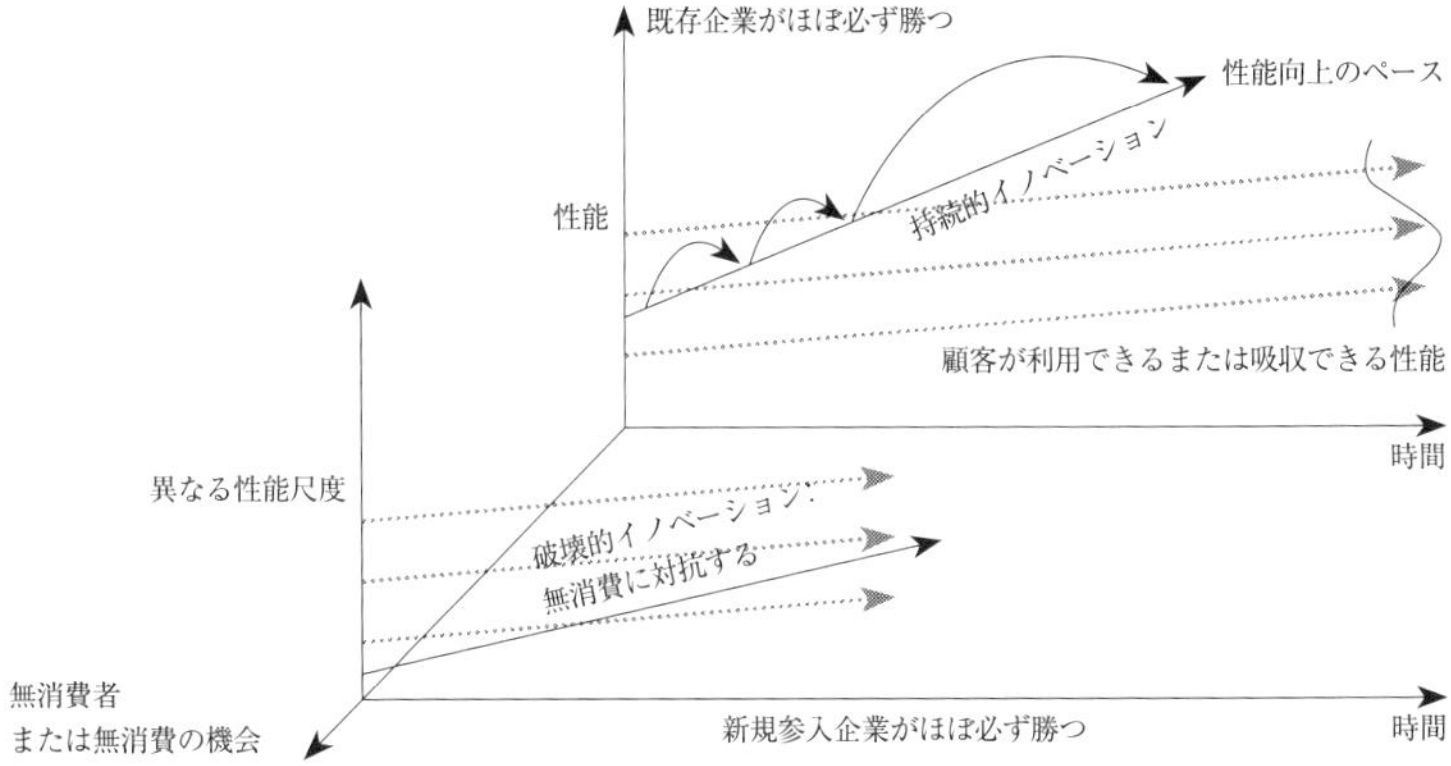

して、顧客にもたらす性能改良のペースを表している。点線は、顧客が実際に使いこなせる性能改良のペースを表している。この交差する二つの直線が示唆するように、特定の市場用途における顧客のニーズは、時間が経ってもあまり変わらない傾向がある。だが一般に企業は、顧客のニーズよりもはるかに速いペースで製品を改良していくため、ある時点では十分良いとはいえなかった製品が、最終的には顧客が活用できる以上の性能や機能を満載するようになる。たとえば自動車メーカーは毎年のように新しい改良型エンジンを出してくるが、ほとんどの人が速度制限や交通渋滞に阻まれて、車のエンジン出力を活かしきれていない。

企業を実線に沿って上っていくよう駆り立てるようなイノベーションを、持続的イノベーションと呼ぶ。［図表2・1］の奥の平面が示唆するように、持続的イノベーションの中には目覚ましい飛躍的進歩もあれば、ありきたりなものもある。だがこの種のイノベーションの競争上の目的は、確立した市場での性能改良の軌跡を維持することにある。飛行距離を伸ばした航空機、処理速度を上げたコンピュータ、駆動時間がさらに伸びた携帯電話、画質を鮮明にしたテレビ――これらはすべて持続的イノベーションの例だ。われわれの研究では、持続的イノベーションの戦いに勝つ企業は、ほぼ例外なく、すでに業界をリードしている企業である。イノベーションが技術的にどれほど困難なものであっても、これが当てはまる。最高の顧客により大きな利益で販売できる、より良い製品を製造するのに役立つイノベーションである限り、企業は必ず成功させる方法を見つけ出している。

［図表2・1］の奥に描かれた、元の「競争平面」の技術は一般に複雑で高価である。そのため、製品を所有し利用することができるのは、十分な資金と技術を持つ人に限られる。コンピュータ産業では、メインフレーム・コンピュータが奥の平面に現れた。IBMをはじめとする企業が、巨大なマシンを五〇年代から七〇年代まで製造し、顧客は数百万ドルもの金額を支払って購入した。計算が必要になれば、社内のメインフレーム・センターに山のようなパンチカードを持ち込み、コンピュータ技師に渡してその仕事をやってもらった。メインフレーム・メーカーは、ますます大型で性能の高いメインフレームを作ることに技術力を注ぎ込んでいた。こうした企業は、この種の仕事を得意とし、かつ成功させていた。同じことが自動車、通信、印刷、商業・投資銀行、牛肉加工、写真、製鋼、その他の多くの産業についても言える。

もしこれがすべてなら、平穏退屈で秩序正しい世界になるだろう。だがときおり、異なる種類のイノベーションが産業に現れて、大変動を起こすことがある。それが、破壊的イノベーションだ。破壊的イノベーションは、飛躍的な改良とは違う。確立した競争平面での従来の改良軌跡を維持するのではなく、既存企業が従来販売していたものには劣る製品やサービスを市場にもたらすことで、従来の軌跡を破壊するのだ。この種のイノベーションは、性能面で劣っているため、［図表2・1］の奥の平面に位置する既存顧客には使うことができない。だがより手頃で使いやすい製品を生み出すことから、奥の平面の製品をそれまで消費できなかった人たち――無消費者と呼ぶ――には役立つ。破壊的イノベーションは、［図表2・1］の前方の平面に描かれた新しい競争平面の中の、単純で要求の厳しくない用途に根づく。この平面では、品質とは何か、そしてひいては改良とは何かという定義が奥の平面とは異なる。品質の定義が変化するために、新しい平面の破壊的製品は元の平面の顧客には魅力的に映らない。既存顧客はそれを欲しがらないし、使うこともできない。企業には既存顧客のニーズを満たすという使命がある。そのため、元の競争平面の製品を作っている企業が、並行して新しい破壊的な平面にも参戦するのは非常に難しい。

パーソナル・コンピュータ（パソコン）は、破壊的イノベーションの典型例だ。パソコンが発売されるまでは、最も安価なコンピュータといえば、ミニコンピュータだった。ミニコンという名は、部屋一杯分もあったメインフレーム・コンピュータよりずっと小さかったことから来ている。だがミニコンは二〇万ドルを優に超え、工学士の学位を持つ人にしか操作できなかった。ミニコンの主力メーカーは、デジタル・イクイップメント（ＤＥＣ）だった。同社は七〇年代と八〇年代にかけて、世界で最も称賛された企業の一つだった。だがＤＥＣはパソコンを見過ごし、最終的にパソコンに破壊されたのである。なぜだろう？

パソコンの草分け企業の一つ、アップルはモデルⅡeを、当初子ども向けの玩具として販売した。子どもたちはそれまでコンピュータの「無消費者」だったため、製品が既存のメインフレームやミニコンに劣っていても気にしなかった。ＤＥＣの顧客は、パソコンが市場に出回ってから一〇年ほどは、それを使うことすらできなかった。パソコンは、かれらが解決しなくてはならない問題を解くほどには、性能が良くなかったからだ。つまり、DECが最高の顧客の声に注意深く耳を傾ければ傾けるほど、パソコンが重要だという信号をキャッチすることがますますできなくなった。こうした顧客にとって、パソコンは実際に重要でなかったからだ。

［図表2・1］に新製品がもたらす利益をDECの経営陣がどのようにとらえていたかを書き込んだものが、［図表2・2］である。奥の元の平面は、DECがミニコン一台につき一一万二五〇〇ドル（二五万ドルの四五パーセント）の粗利益を得ていたことを示している。パソコンを販売することで得られる八〇〇ドルという粗利益は、DECの主流の利益源であるミニコンに比べれば見劣りがした。また、さらに大型で高性能のメインフレーム・コンピュータを作ることで得られるはずの、一台あたり三〇万ドル（五〇万ドルの六〇パーセント）という粗利益に比べれば、なおさら色あせて見えた。

破壊の出現によって、世界が突然ガラリと変わるようなことはほとんどない。パソコンは一〇年もの間、DECの成長や利益にまったく影響を与えなかった。破壊的イノベーションが新しい平面の単純な用途に根づいて間もない頃、複雑な問題はまだ奥の平面の金のかかる専門技師のところに持って行かなければ解決できなかった。

だが破壊的イノベーションは少しずつ改良されていく。元の市場の既存企業は、どれほど困難なイノベーションであっても確実に成功させるが、この新しい市場でも同じことが起こる。新規企業はこの新しい軌跡に沿って、自分たちにとっての持続的イノベーションを導入していく［注1］。イノベーションが、より大きな利益をもたらす製品を作るのに役立つ限り、企業はそれを実現する方法を必ずや見つけ出すのだ。そしてある時点で、ユーザーはそれまで奥の平面でしか解決できなかった課題を、価格面で

図表2·2◆持続的vs破壊的イノベーションの経済性比較

破壊的イノベーションは非対称な競争を生み出す

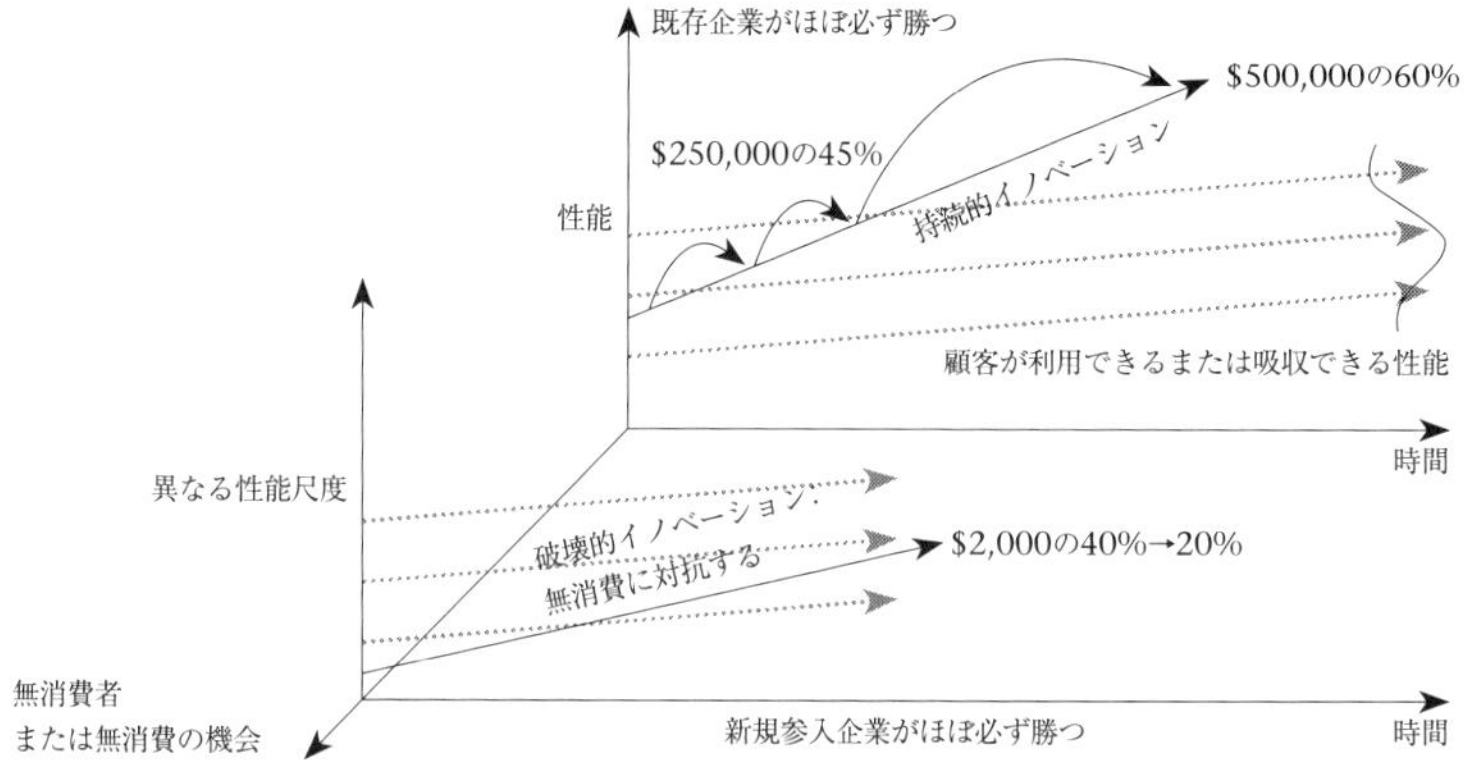

手が届きやすく、利用しやすい、前方の平面で解決できるようになる。アップルをはじめとするパソコンメーカーも、この例に漏れなかった。小型のパソコンは、マイクロプロセッサ技術の改良に助けられて、数年のうちにかつてメインフレームやミニコンを必要とした仕事を処理できるようになった。これによってコンピュータ利用がますます浸透して、金のかからないものになり、新しい莫大な市場が生み出された。その結果、ほぼすべての人の満足度が向上した――メインフレームとミニコンのメーカーは別として。破壊はこうした企業から顧客を奪い、ほぼ必ず破壊する。この点でも、DECをはじめとするミニコンメーカーは例外ではなかった。ほとんどのミニコンメーカーが八〇年代末に倒産した。

こう説明すると、決まってこんな質問が飛んでくる。「一体全体なぜ既存企業は、正面衝突が起こるのを予測できなかったんでしょうね？」。確かに既存企業には資金や技術専門知識といった資源が欠けていたわけではない。欠けていたのは、十分な資源を破壊に集中させる動機づけだったのだ。なぜだろうか？　持続的イノベーションに取り組むべき段階にある大手企業の目には、破壊は魅力的に映らない。なぜなら大手企業の最高の顧客がそれを利用できないうえ、低い利益率が約束されているからだ。そのため投資資金は、破壊的イノベーションではなく、つねに次世代の持続的イノベーションに向かう傾向にある。DECの経営陣は愚かだったわけではない。実際、同社を本来のビジネスモデルに沿って向上させていったかれらは、このうえなく論理的だったと言える。

既存企業と新規参入企業がこのように非対称的な動機づけを持っていることこそが、一般に破壊的イノベーションが産業の競争状況に劇的な変化をもたらす仕組みと理由を説明する。コダックのカメラ、ベルの電話、ソニーのトランジスタラジオ、フォードのT型フォード（最近ではトヨタの乗用車）、ゼロックスの複写機、サウスウエスト航空の格安フライト、シスコのルーター、フィデリティのミューチュアルファンド、グーグルの広告、その他何百ものイノベーションが、すべて同じ方法で変革をもたらした、またはもたらしている［注2］。

一般法則として、破壊グラフの縦軸は、顧客が割高な価格を支払うようなタイプの改良の度合いを表す。既存のリーダー企業にとって破壊的イノベーションを追求することがなぜこれほど難しいかと言えば、一つには破壊的市場での製品性能の指標が、元の市場で成功するために必要な種類の改良とは対極にあるからなのだ。たとえば性能の高いパソコンを作るということは、より小型で、安価で、使いやすい製品を作ることを意味した。これに対して、性能の高いミニコンを作るためには、一般に大型化し、性能を高める必要があった。元の競争平面での持続的改良の軌跡は、既存のリーダー企業を破壊とは逆の方向に向かわせる。だからこそリーダー企業は、非常に厄介な立場に立たされるのだ。

破壊理論を公立学校に適用する

性能を定義する

民間部門で破壊グラフを描くときは、割高な価格に値するタイプの改良を縦軸に取る。公共部門でも破壊グラフを描くことはできるが、縦軸の指標となるのは、その計画が政治的、社会的にどれだけ重要かということだ。公的機関は一貫して上位市場に向かう。つまり、政治的に重要でない計画から離れ、より重要なものに向かって移行する。

公立学校は、もちろん公的機関だ。学校が取り組む計画の中には、学校が奉仕する地域社会にとって非常に大切なものもあれば、それほどでないものもある。これからの節で、**学校が実際に改善を続けてきたこと**、つまりわれわれが調査した他のすべての産業の企業と同じように、産業の縦軸を上ってきたことを説明する。社会は民間部門に起こる破壊と似たような方法で、学校が目指すべきゴールポストを動かし、学校に新しい指標を押しつけてきた。公立学校が他と違うのは、法や規制のせいで事実上の独占状態になっており、そのために新しいビジネスモデルを持つ学校が新しい指標で競争することが、困難または不可能となっている点だ。社会は学校に既存組織の中で新しい改善の指標を追求することを要求してきた。既存組織は古い性能指標に沿って改善を進めるように設計されている。つまり公立学校は、航空機を飛行中に作り直すことを要求されているようなものだと言える。そしてこれは、どんな民間企業にもなし得なかったことだ。だがおしなべて学校は、まさにそのことを——それぞれの新しい指標に沿って改善することを——成功させてきた。だがそれは容易なことではなかった。

社会が学校に（基本的に、新しい主要任務を与えることを通して）、新しい破壊的な業績指標を追求する仕事を次々と課してきた経緯をより良く理解するために、まずは公立学校の歴史を簡単にひもといてみよう。この説明では、歴史を破壊的イノベーションのモデルという枠組の中でとらえる。これは概観であるため、一般論によって重要な詳細や例外をやむを得ず覆い隠してしまうことになる。だが説明の狙いは、社会と学校が長きにわたって遂げてきた進化を理解するための、大まかな背景を提供することにある。

任務1◆民主主義を守り、民主主義の価値観を教え込むこと

建国当時のアメリカでは、学校に行かない子どもがほとんどだった。公教育の普遍化は、国家的な重要目標ではなかった。教育や学校というテーマは、アメリカ合衆国憲法にさえ言及されていない［注3］。だが初期にも、学校がアメリカの社会で担うべき役割について思索をめぐらせた人たちがいた。たとえばトーマス・ジェファーソンやノア・ウェブスターなどがそうだ。かれらにとって新たに構築された民主主義は、至上目標であると同時に悩みの種でもあった。かれらは学校が、この目標を実現するための一つの手段になると考え、すべての国民が民主主義に参加できるように基礎教育を万人のものにする必要があると結論づけた。学校は、今では「基礎教科」と見なされている読み書き算数を教える必要があった。また生徒に健全な道徳心を植えつけ、共和国のなりたちを教える公民の授業を行なう必要があった。このために、ギリシャ、ローマ、ヨーロッパ、アメリカの歴史を教えなくてはならなかった。また学校は、さまざまな生育環境の子どもたちのためのるつぼとして、重要な役割を果たすことを求められた。そこで子どもたちに社会規範を教え、普遍的なアメリカ文化に同化させる必要があった。学校はこういったことを通して、すべての国民を能動的で自治的な共和国の一員に変えることができると、思想

家たちは考えた。また学校はこのような基盤を整える以外にも、選出議員として国家を思慮深く指揮するエリート集団――上流階級だけでなく、生徒の母集団全体から実力で選ばれた集団――を育成することを期待された。これが民主主義の存続と繁栄をもたらすと考えられたのである。ジェファーソンはこれを実現するための、三層構造の学校制度を提唱している［注4］。

ジェファーソンの制度が実行に移されることはなかった。バージニア州の住民が必要な税金を支払おうとしなかったからだ。だが一八三〇年代から四〇年代になると事情が変わった。ホレス・マンや、コモンスクール再興運動の指導者たちが先頭に立って、学校教育の制度化を推進した。さまざまな州がこれに追随し、ジェファーソンの構想に非常によく似た制度に資金を提供した。そしてマンをはじめとする多くの人が、これを実行に移した。選出議員、学校の指導者、教師が職務を立派に遂行するなか、初等教育は急速な拡大を遂げた。一八〇〇年代半ばになると、マサチューセッツ州クインシーの学校に学年制が導入されたが、初期の学校のほとんどは、校舎に教室が一つだけしかなかった。そして小学校以降も学業を続けたのは、エリート集団の生徒だけだった。こうしたことのすべてが学校に、二〇世紀に社会から課された新しい任務に比較的継ぎ目なく移行する道を開いたのだった［注5］。

任務2◈一人ひとりの生徒に何かを提供すること

一八九〇年代から一九〇〇年代の初めになると、新興工業国ドイツとの競争がちょっとした危機をもたらした。アメリカ人はこれに対処するために、二〇世紀初頭になると学校に新しい任務を与えた。それは**すべての生徒**に職業準備をさせることだ。その狙いは、アメリカがドイツに立ち向かえるように、管理職から技術的要求の高い製造職に至るまで、さまざまな職業のための信頼できる労働力を生み出すことにあった。民主主義を先導し支える次世代を養成するという、古い任務はなくなったわけではない。社会は学校に両方の任務を遂行するよう求めたのだった［注6］。

この新しい任務を遂行するために、義務教育を高校まで延長することが必要になった。そのために、あらゆる職業に進むあらゆるタイプの生徒のニーズに合わせて、高校の提供する科目や教育サービスを拡張する必要があった。科目の深さと広さ、高校進学率と高校の進級率が、縦軸の新しい業績指標となった。この指標が、学校が新しい任務をどれだけうまくこなしているかを評価するために用いられた。

一般に民間産業の破壊的イノベーションでは、こうした新しい任務に取り組むための破壊的製品を作る新しい企業が現れ、古い企業はやがて衰退する。だが学校はこの分野を独占する公的機関であるために衰退しなかった。当時は高校にさえ進学しない人がほとんどだったため、大勢の無消費者がいたが、かれらのニーズを満たす高校の数は多くなかった。実際、一九〇〇年の全国のひと部屋学校の数はまだ二〇万校で、五歳から一九歳の人口の在学率はわずか五〇パーセントだった［注7］。そんなことから、学校は新しい要求に応えるために、比較的容易に変貌を遂げることができた。また初等教育の拡大と改善を通じて、最初の任務を引き続き立派にこなすこともできた。

次の二、三〇年間にわたって公立学校はこれに専念し、大変身を遂げて、アメリカの教育に大変革をもたらした。一九〇五年には、小学校に入学した生徒で高校に進学したのは三人に一人に過ぎず、高校を卒業したのはそのまた三分の一程度で、大学に進学した割合となるとさらに少なかった。これに対し一九三〇年になると生徒の七五パーセントが高校に進学し、四五パーセント近くが高校を卒業した［注8］。

高校に通う生徒の数が急増したことで、高校に進学する生徒のタイプが変わった。生徒は多様な生育環境で育ち、多様な目標を持ち、したがって多様な関心を持っていた。これに対応するために、高校のカリキュラムは拡張され、変化した。それまで公立の高等学校の提供するカリキュラムは範囲が狭く、ラテン語やギリシャ語などの、大学進学に必要な「観念的」教科に重点を置いていた。だが高校に新しく通うようになった生徒は、大学進学を目指さないことが多かったため、高校はラテン語を脇に押しやった。新しい「普通科」高校は、すべての生徒を必要に応じて教育することをめざしていたため、それまで関係ないと思われていた音楽や芸術を、教育の質を高める目的で提供するようになった。また工作作業や速記といった職業訓練の授業も追加して、生徒が卒業後直ちに就職できるようにした。一九五〇年代になると、または地域によってはそれよりずっと早く、普通科高校のほとんどが、今日の高校のカリキュラムと似通った科目を提供していた。三角法までの数学、おなじみの生物、化学、物理を含む理科、世界史とアメリカ史を中心とする社会科、そしてフランス語とスペイン語をはじめとする数年間の外国語といった科目である[注9]。

学校はそれ以外の教育サービスも導入した。体育と身体レクリエーションを追加し、健康指導を加えた。夏期学校、学校給食制度、カウンセラー、それに医院や歯科医院までもが、多くの学校のキャンパスにお目見えした。生徒自治会、スポーツ、クラブ活動などの課外活動も拡張された[注10]。

一九五〇年代になると、公立学校を二つの衝撃が襲った。一つは直接的、もう一つは間接的なものだったが、いずれも破壊ではなく、学校の持続的イノベーションをさらに進める必要――つまりすべての生徒を労働力として養成するために、教育機会の平等化を一層進め、より多くの教育サービスを提供する必要――から生じたものだった。第一の衝撃として、一九五四年にブラウン対教育委員会裁判で、最高裁判所が「公教育の場における人種差別は違憲」との判決を下し、教育の人種分離廃止を命じた。この判決は、黒人と白人の間の不平等をさらけ出したが、それ以外の効果ももたらした。教育機会の爆発的な拡大の恩恵に与っていなかったのは黒人だけではない。女性も、貧困層も、労働者階級の移民も、障害者も、農村部の住民も、同じように取り残されていたのだ。学校はその後の数十年で門戸をさらに拡げ、教育サービスを拡充することで、この問題の解決を図った[注11]。一九五七年には、アメリカから数千マイルも離れた場所で起こったある出来事が、アメリカ中の学校を震撼させた。ソビエト連邦が人類初の人工衛星スプートニクを宇宙に打ち上げてアメリカを出し抜くと、大勢の人がパニックに陥った。『ライフ』誌の一九五八年のカバーストーリーは、「教育の危機」を宣言した[注12]。これの意味するところは明らかだった。つまり、ソビエト人がアメリカ人を打ち負かしたのは、学校が優れているからだということだ。これが正しかったかどうかは、この際問題ではない。この衝撃をきっかけとして、数学・科学の分野での教育の強化が叫ばれ始めた。またしても学校は、その後の十年にわたり、新たな教育サービスを提供し、実験室設備を拡充することで、この要求に応えたのだった。

言い換えれば、学校はその時々の改善の定義に従って、持続的な業績改善の軌跡を首尾良く上り続けたということになる。

六〇年代と七〇年代には、大恐慌の中で育った親たちに代わって、比較的豊かな環境で育った世代の親たちが登場した。そんなかれらは良い子育ての定義に、子どもたちに人生を豊かにするような経験を与えることを含めるようになった。こうした拡充が望まれたことから、学校はこの方面でも改善を始めた。高校在学中に大学レベルの授業が受けられる事前単位認定（ＡＰ）コースが拡張され、生物のような基本的な科目以外に、芸術や音楽理論までが含められた[注13]。日本語コースも、ますます多くの学校に登場した。また学校は楽団と合唱団を一つずつ抱える代わりに、オーケストラや吹奏楽団、楽隊、ジャズといった変化形や、さまざまな種類の合唱団を取り入れた。芸術の提供科目にも、絵画やデッサン、写真、美術鑑賞など、さまざまな形式の芸術が含められた。男子の運動競技では、アメリカンフットボールや野球、バスケットボール、陸上競技を中心として、テニス、ゴルフ、サッカー、ラクロスなどを提供するようになった。女子にも学校対抗の競技大会を開放した。

七〇年代になると、公立学校の環境は二〇世紀初頭の状況とは様変わりしていた。学校の規模は拡大した。全米の高校数が約二万四〇〇〇校と、三〇年代からほぼ横ばいだったのに対し、高校卒業者数は爆発的な増加を見た。二〇世紀初頭の典型的な高校の生徒数が一〇〇名程度だったのに対し、この頃の平均的な高校の生徒数は一〇〇〇人に近づいていたのである。一九〇〇年には全生徒の八パーセントが高校を卒業したのに対し、一九六〇年になるとその割合は六九パーセントに上昇した。その後も学校の規模と卒業者数の両方が緩やかな増加を続けた。生徒数の多い大規模な学校は、科目やサービスを多様化する能力を持つようになった。一八九〇年にアメリカの全高校で提供されていた科目は九種類に過ぎなかったが、一九七三年になると、さまざまな標題の下で二一〇〇もの科目が提供されていた。学校内にも四種類の進路ができた。大学進学科、商業科、実業科、普通科であり、それぞれについて一連の授業科目や条件が定められた。一九七三年までに多くの小学校が幼稚園の一年間を追加し、子どもたちの六〇パーセントが通った。当然ながら生徒一人あたりの実質支出は、拡張されたサービスを賄うために急拡大した［注14］。

すべての公立学校が同じというわけにはいかなかったが――実際、都市部や農村部の一部の学校は、科目の広さと深さでは郊外の学校に敵わなかった――ほとんどが七〇年代を通じて、当時支配的だった改良軌跡に沿って改善を続けた。当時は最も多くの機会を提供する学校が、最高の学校と考えられた［図表2・3］。学校はかつてないほど多様な教育サービスを提供するようになり、ますます複雑に、金がかかるようになっていった。

任務3◆アメリカの競争力を保つ

公立学校がこれほど着実に改善していたというのなら、なぜ懸念や不満が絶えない今日のような状況に至ったのだろうか？　それは突き詰めれば、社会が学校の目指すべきゴールポストを動かしたからだ。破壊理論の言い回しで言えば、社会が縦軸の改良の定義を変えたということになる。国は学校に、アメリカの競争力を保つという新しい任務を課した。これは、それまでの任務と似て非なるものだった。

六〇年代末になると、多くの日本企業がアメリカ企業を破壊し始めた。ほんの数例を挙げるだけでも、キヤノンがゼロックスを破壊し、日本の自動車メーカーがデトロイトの自動車メーカーを破壊し、ソニーがＲＣＡを破壊し、その中でアメリカのＧＤＰ成長率は急低下していった。アメリカは自らの競争力に疑問を持つようになった。一九八〇年になると、ダウンサイジングの波が押し寄せるなか、アメリカは破壊の痛みを感じ始めていた。国はちょうど五〇年代末にやったように、その答を学校に求めた。だがこのとき国民は違うことに目を留めた。アメリカの生徒は、特定の標準テストの得点で見る限り、他国の生徒ほど良い成果を上げていなかったのだ。アメリカはほとんどの国より就学率が高いのだから、すべての子どもが成功していなくても仕方がないという論法で、アメリカの学校を擁護する人たちもいた。この主張によれば、アメリカの学校の生徒の成績データはすべての社会階層から取られたため、教育志向の子どもたちを中心に教育する他国の学校よりも平均点が低いとされた。だがこの議論にはあまり説得力がなかった。ＳＡＴ（大学進学適性試験）を運営するカレッジ・ボードは、七〇年代半ばにＳＡＴの平均点が一九六三年から一貫して低下傾向にあることを明らかにした。この所見をきっかけとして、

図表2·3◆右肩上がりの学校

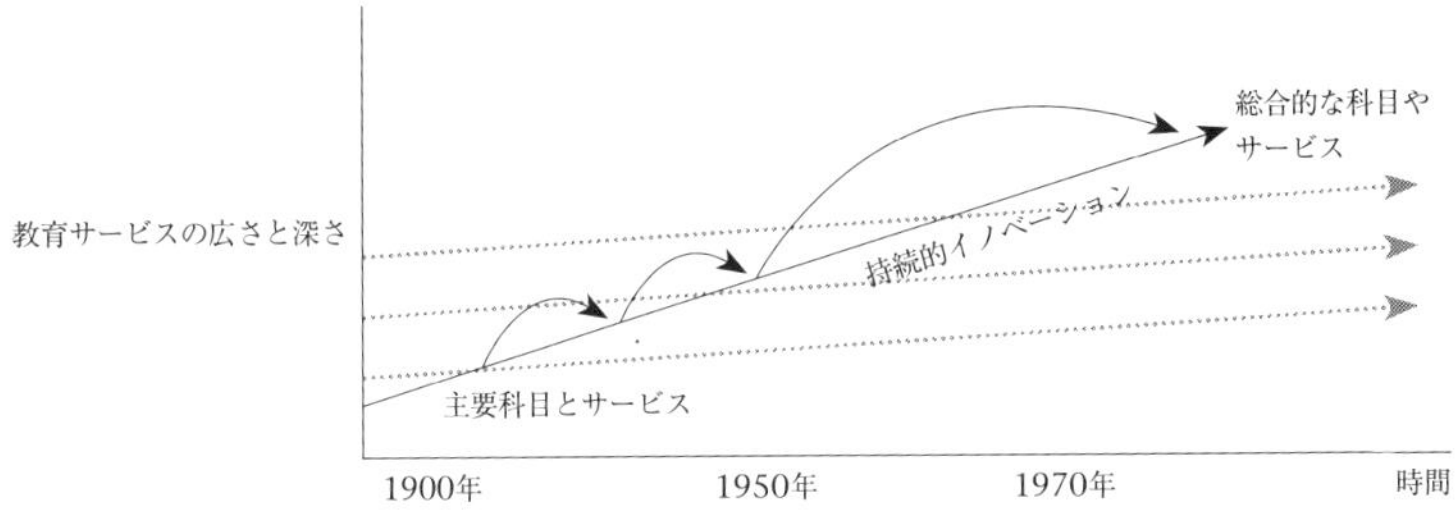

社会は学校の任務を再び変更したのである。学校の評価の軸はテストの平均点になった。改善がこのような形に定義し直されたことのメリットは、アメリカと他国の学校の比較が容易になったことだ。そしてそれは偶然ではなかった[注15]。

こうした背景の中で、公立学校に対する国民の信頼は低下していった。四〇年代と五〇年代の国民意識調査によれば、国民は学校がすでに任務に立派に取り組んでおり、しかも改善を続けていると考えていた。だが七〇年代になると認識は変わった。一九七四年に国民は学校にBマイナスの評価をつけ、一九八一年になると評価はCマイナスに下がった。学校が以前より悪くなっていると感じる人が増え、もはや改善しているとは見なされなくなった[注16]。この傾向は、当時のほとんどの公的機関に対する全般的な信頼の喪失を反映するものだったが、先に述べたようにその他の要素も作用していた。

ありがちなことだが、政府は国民の懸念が高まってから数年遅れで措置を講じた。政府はまず報告書を作成し、それから法律を作った。一九八一年に教育省長官は全米教育向上委員会を設置し、一九八三年にこの委員会は画期的な報告書、「危機に立つ国家」を発表した[注17]。この報告書は確かに、学校が科目、サービス、教育機会をかつてないほど幅広く提供していたことに着目している。だが果たしてそれが良いことなのかどうか、以前より確信が持てないようだった。たとえばある節には、こう書かれている。「中等学校のカリキュラムは均質化され、希薄化され、拡散し、もはや中心目的を失ってしまった。カリキュラムはカフェテリア形式で、前菜やデザートがメインコースと混同されやすい」[注18]。報告書によれば、生徒は選択肢があまりにも多すぎるせいで、重要な科目を修了していなかった。それまで善だったものが突然悪になった。われわれが、ゴールポストを動かしたのだ。

報告書が確信していたのは別のことだった。最初の数行にはこうあった。「われわれの国家は危機に立っている。かつてわが国は、商業、産業、科学、技術革新の分野で絶対的優位を誇っていたが、いまや世界中の競合国にその地位を脅かされている」。アメリカは建国以来初めて、国際的な経済競争力で日本やヨーロッパに後塵を拝しつつあり、競争力を取り戻すために学校の助けを必要としていた。報告書はこの証拠として、アメリカの生徒のテスト得点といった成果（アウトプット）指標の成績が各国平均を下回ったことに関して、いくつかの説明を与えている。そしてそれによって、投入資源（インプット）よりも、定量化できるアウトプットの方が重要だということを示唆したのである[注19]。つまり報告書は、学校にどのような資源が投入されるかを測定するよりも、それによって得られる成果を測定する方が、業績指標としては有効だと断定した。そしてありがたいことに、それを測定するための標準的な方法が存在したのだった。

今後の望ましい方向性に対するこの確信は、瞬く間に全国に波及した。もはや生徒は大半の科目を自

図表2·4◆性能指標の変化

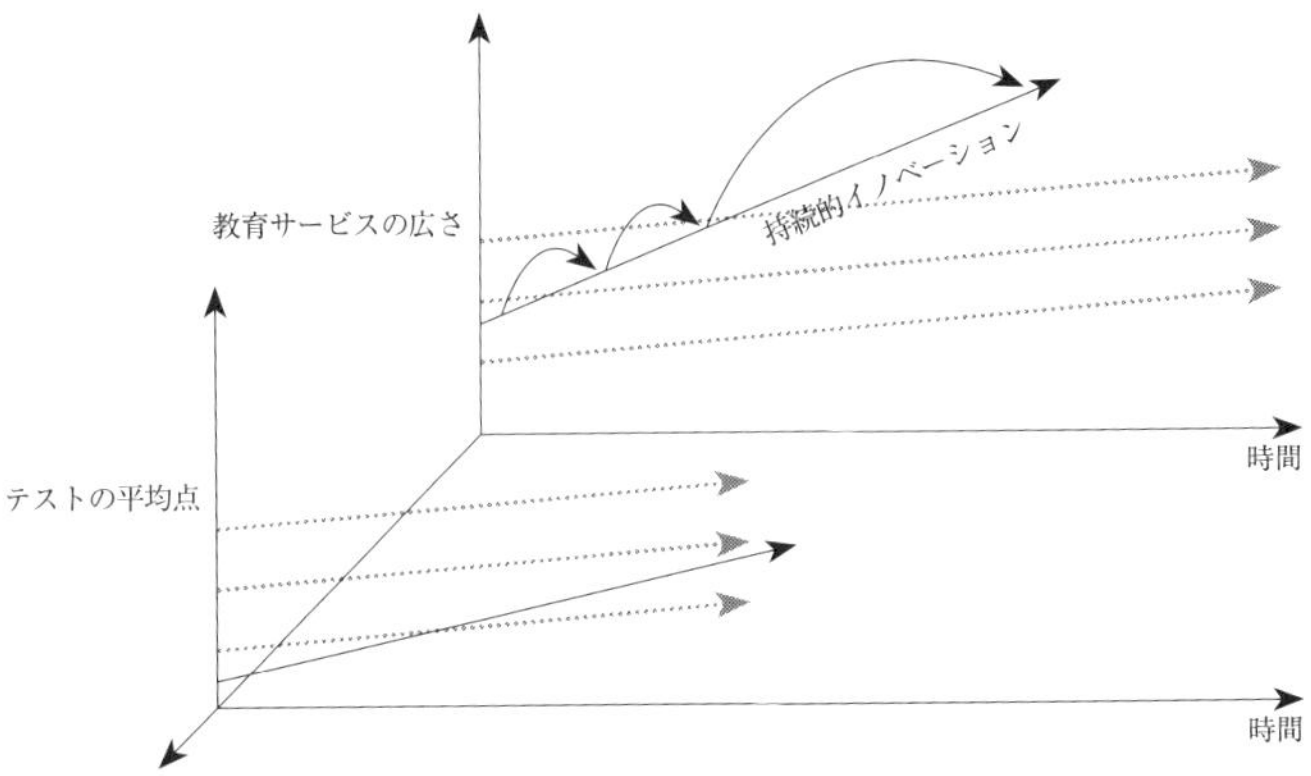

由に選択したり、自分の関心や能力に応じて実業、一般、進学といった進路に専念することもできなくなった。ほぼ全員が必修科目に集中し、同じテストを受けなければならなくなった。日本企業がアメリカの製造業に打撃を与えたことで、すべての生徒に大学進学を求める圧力が一層強まった。そしてそのために、必修科目とテストに集中する必要がますます叫ばれるようになった。なぜかと言えば、高等教育機関が入学要件としてより一層高い学力を求めるようになったからだ。この学校への要求は、それまでのものとは根本的に異なっていた[注20]。親たちは、生徒のテストの平均点を基にして、地域の学校を近隣地域の学校と比べるようになった[注21]。州レベルの公共政策の変更が、やがてこの新しい指標を不動のものにした。ますます多くの標準テストが導入され、生徒と教師と学校がテスト結果に責任を負わされた[注22]。

新しい業績指標への移行が起きるとき（[図表2・4]に表した）、他の産業ではどのような動きが見られるだろうか？　まず新しい価値提案の実現を目的とする異質なビジネスモデルを持った新興企業の集団が出現する。コンパックやデルのようなパソコン・メーカーが現れて、DECを打ち倒した。ウォルマートやターゲットが、デパートにとって代わった。また音楽の楽しみ方を変えたのは、大手レコード会社ではなくアップルだった。

だが公教育では、新しい破壊的なビジネスモデルは生み出されなかった。なぜだろうか？　ほとんどの破壊は無消費者の間に根づく。だが教育には、消費がまったく存在しない、「無消費」の機会はほとんどなかった。公教育は公益事業であり、州法は事実上すべての子どもたちに就学を命じている。そのため新しい学校モデルが標的にできるような、手つかずの大勢の無消費者の集団が存在しなかったのだ［注23］。

だがアメリカには、古いビジネスモデルの破壊を狙う新しいビジネスモデルを持った新しい組織の参入を促す意思や能力がなかった。そのため公立学校区は、完全に既存の学校という枠組の中で、業績の破壊的な再定義を乗り越えなければならなかった。民間部門での破壊的イノベーションの研究では、営利企業が［図表2・1］の奥の平面の主力事業の枠組の中で、破壊的イノベーションの導入を成功させた事例は一つとしてない。破壊を生き抜いた数少ない既存企業は、破壊的な価値提案に適した新しいビジネスモデルを持つ新しい事業体を、傘下に設置するという方法をとった。このような破壊を、主流組織という枠組の中で乗り越えることを公立学校に求めるのは、不可能だとわかっている課題を与えることに等しい。だがそれでも公立学校は驚くほど健闘してきたのである。この変革は苦痛を伴うものだった。だが全米教育進度評価（NAEP）の算数と読解力の評価を八〇年代初めからたどると、算数が上昇傾向にあることがわかる（［図表2・5］参照）。

この得点の上昇は見た目ほどささやかなものではない。第一に、算数の方が読解力よりも得点の上昇

図表2·5◆重点の変化がもたらしたテスト得点の上昇[注1]

年齢別NAEP数学平均スコア[注2]

	1982年	1986年	1990年	1992年	1994年	1996年	1999年	2004年
9歳	219	222	230	230	231	231	232	241
13歳	269	269	270	273	274	274	276	281
17歳	298	302	305	307	306	306	308	307

年齢別NAEP読解力平均スコア[注3]

	1980年	1984年	1988年	1990年	1992年	1994年	1996年	1999年	2004年
9歳	215	211	212	209	211	211	212	212	219
13歳	258	257	257	257	260	258	258	259	259
17歳	285	289	290	290	290	288	288	288	285

[注1]Digest of Education Statistic Tables and Figures, 2005. Tables 118 and 108.
[注2]非在学者や、障害のために英語熟達度が不十分で、テストを受けられない生徒を除く。
公立学校と私立学校を含む。150点とは、足し算引き算に関する基本的知識があり、ほとんどの場合2桁同士の
足し算をまとめ直さずに行なうことができる。どんな場合に足し算と引き算を使うのかを理解している。

200点とは、2桁の数をよく理解し、基礎的な掛け算割り算に関する基本的知識がある。

250点とは、四則演算に関する初歩的な理解があること。

またグラフや表から得た情報を比較することができ、簡単な論理的関係を分析する能力を身につけている。

300点とは、小数、簡単な分数、割合の計算ができる。幾何学的図形を認識し、長さや角度を測り、
長方形の面積を求めることができる。符号のついた数、指数、平方根を操作する技能を身につけている。

350点とは、さまざまな論理展開能力を持ち、それを使って複数段階の問題を解くことができる。

割合や百分率を含む定番問題を解き、幾何学的図形の基本的性質を理解し、指数や平方根を操作することができる。

この指標は0から500までの値を取る。合計は内訳に示されていない人種/民族集団を含む。

一部のデータは、以前発表された数値から改訂されている。
U.S. Department of Education, National Center for Education Statistics,
National Assessment of Educational Progress (NAEP), NAEP 2004 Trends in Academic Progress;
and unpublished tabulations, NAEP Data Explorer (http://nces.ed.gov/nationsreportcard/nde/)
2005年7月の情報。表は2005年7月に作成した。
[注3]NAEPスコアは、所定の成績水準で測定される。指標は0から500までの値を取る。
読解力が150点の生徒は、簡単な書面による指示に従い、短い単純な文章を音読することができる。

200点の生徒は、文章の内容を理解し、組み合わせ、具体的な情報や順を追ってつながった情報に関する
短い単純な文章を読んで、推論を行なうことができる。

点数が250点の生徒は、特定の情報を見つけ、内容を関連づけ、文学、理科、社会の教材の内容を概括することができる。

点数レベル300点の生徒は、比較的複雑な文学的また説明的な資料を見つけ、理解し、要約し、説明することができる。

公立学校と私立学校を含む。非在学者や、障害のために英語熟達度が不十分で、テストを受けられない生徒を除く。

一部のデータは、以前発表された数値から改訂されている。
U.S. Department of Education, National Center for Education Statistics,
National Assessment of Educational Progress (NAEP), NAEP 2004 Trends in Academic Progress;
and unpublished tabulations, NAEP Data Explorer (http://nces.ed.gov/nationsreportcard/nde/)
2006年1月の情報。表は2006年2月に作成した。

幅が大きいのは、重点的に取り組まれたのがこの分野だったからだろう。「危機に立つ国家」や、その後行なわれた同じテーマの研究では、確かに非識字の問題が取り上げられてはいる。だがこれに対して、技術とイノベーション分野でのアメリカの競争力——つまり理数系科目——の強化は、報告書の冒頭の数行で謳われ、それこそが変革の機動力となったのである。第二に学校は、学力向上を図ろうとする母集団全体にわたって、テスト得点という確立した幅広い評価基盤をすでに持っていた（最初の移行時には、このような基盤が存在しなかったことを思い出してほしい）。そしてこの生徒の母集団そのものが、大きく変化しているのだ。アメリカの公立学校の生徒数は過去二〇年にわたって増加を続けており、生徒構成では歴史的に最も学業成績の低い集団の比重が高まりつつある。新しい生徒の多くが英語を母国語としない移民家庭出身であり、こうした生徒の得点が報告された平均値に含まれている［注24］。おまけに、かつてならこのような生徒が全員進学コースに進むということはあり得なかったが、今では選択肢が大幅に狭まっている。こうした生徒層の広がりが持つ意味を考えれば、テストの得点が少しずつだが一貫して伸びているのは実は非常に意義深いことなのだ。

任務4◆貧困の根絶

「落ちこぼれ防止法」がおよぼした影響は、テストの平均点を業績改善の主要指標として全国的に確立したことだけではない。この法は、ゴールポストをもう一度動かしたのだ。もはや公立学校は、単に学校全体のテストの平均点を上げるだけではなく、**すべての**人口構成グループの**すべての**生徒の得点向上を図らなくてはならなくなった。現在、学校の業績指標は、必修科目で熟達レベルに達した生徒の割合となっている。社会が学校に対してすべての生徒に読解力、算数、理科の習得に熟達させることを要

図表2·6◆社会は4つの異なる仕事をやらせるために学校を雇っている

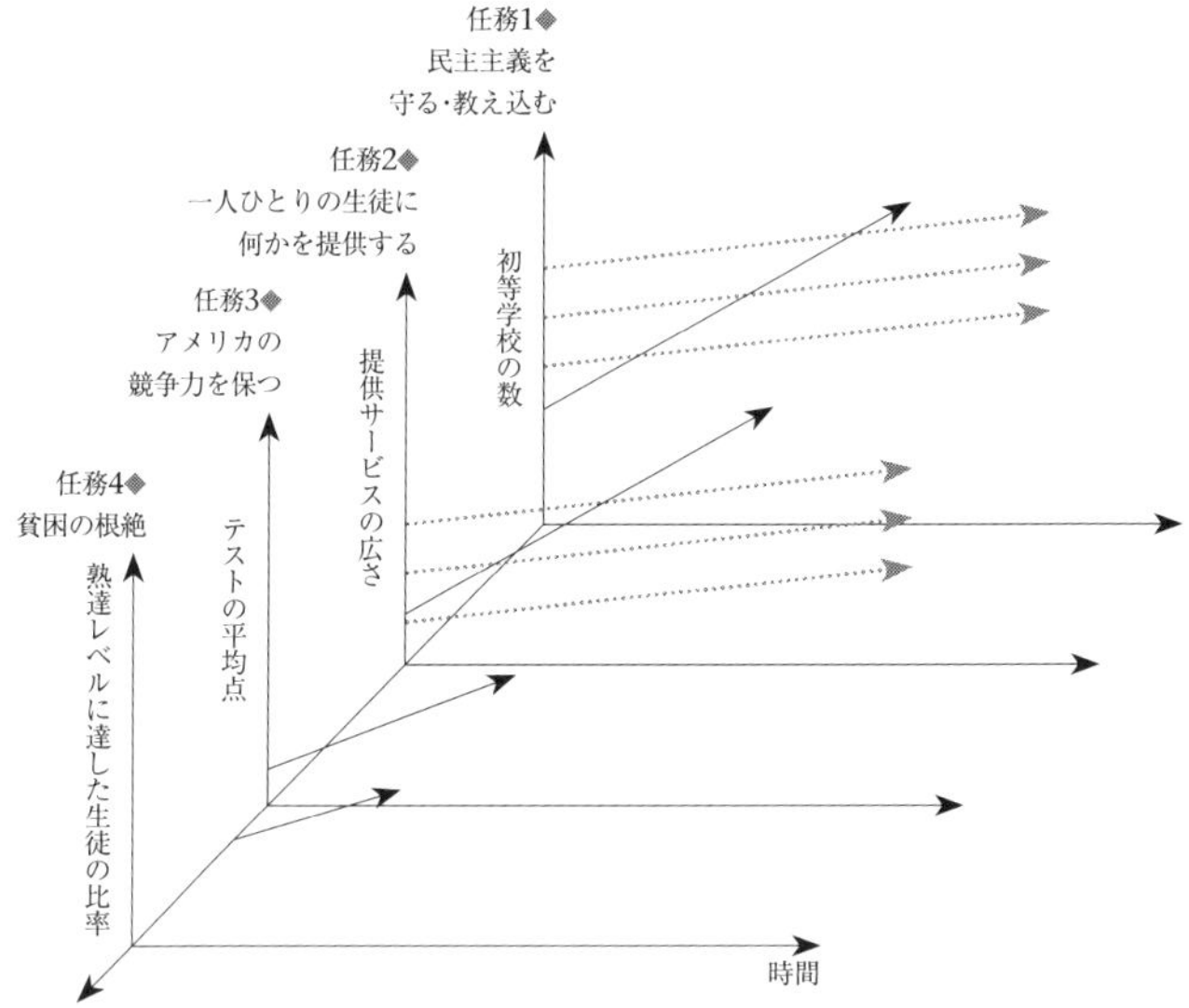

求した主な動機は、貧困の根絶にあった。この新しい要求も、学校の本来の目的とそれほどかけ離れたものではない。理屈上は、教師が教える目的は、生徒に知識を身につけさせることにあるのだから。だがこの要求は、成果の重視と、それを唯一の目的としているという点で、本来の目的とは大きく異なる。このようにして社会は、学校に四つのまったく異なる任務を課すようになった［図表2・6］。この変革も痛みを伴い、学校への要求は声高だった。だが民間部門の企業が破壊に直面したとき、どのような結果に終わっているかを考えれば、学校は実のところ驚くほど健闘していると言えるのだ［注25］。

◆◆◆ 教師や学校管理者のせいじゃない

そこで、最初の質問に戻るとしよう。学校は、コンピュータベースの学習を導入することで、生徒中心の教室に移行できるのだろうか？　それが不可能だという意見は、学校の苦境に対するもう一つの一般的な説明を基にしている。つまり、学校の教師や学校管理者が、改善意欲に欠けているというものだ。だがこの説明は、序章で簡単に紹介した他の説明と同じように、学校の苦境の根本原因としては説得力を持たない。なぜならここまでの分析が、ほとんどの学校の学校管理者や教師が改善への強い意欲を持っていることを証明したはずだからだ。教師や学校管理者は莫大なハードルに直面しており、学校への要求は絶えず変化している。だがそれにもかかわらず、かれらはアメリカの公立学校を一貫して改善に導き、押しつけられた破壊を乗り越えてきた。後者は、民間産業のどの経営者もなし得なかった偉業である。生徒中心の教室へと向かう有望な道筋に移行するのは容易なことではない。だがわれわれは、学校管理者や教師の個々の専門家としての能力や動機には何ら不安を感じていない。

この移行を行なうには、適切なツールと戦略を使って、イノベーションを効果的に導入する方法を理解することが必要となる。なぜなら次章で説明するように、これまで学校にコンピュータを導入するために数十億ドルもの資金が費やされてきたにもかかわらず、生徒の学習方法はほとんど変わっていないからだ。そして教育ソフトウェア業界に乱立する、ほとんど利益の出ていない企業が生み出した製品の大半が、これまで各教科が教室で教えられてきたのと同じ方法で生徒を教えようとする。その結果こうしたソフトウェアは、これまで各教科で優遇されてきた知性のタイプを満足させるものとなっている。

しかし、過去の投資が望まれた結果をもたらしていないからといって、将来の取り組みも失敗が運命づけられているわけではない。本章で説明した破壊的イノベーション理論が、学校の指導者や管理者、政治家、教師、親、生徒が生徒中心の教室に移行するための枠組を与えてくれると、われわれは信じている。以降の章で、その方法について説明しよう。

Crammed Classroom Computers

第3章

教室に押し込まれたコンピュータ

ロブが敵陣のキーパーの後ろにゴールを決めると、マリアと仲間たちはスタンドで立ち上がり歓声を上げた。

「ゴール！！！」絶叫しながら手を叩き、抱き合う。チームが少なくとも男子サッカー郡選手権大会で再び覇者に輝くことは間違いない。もちろん、ロブが選手登録に必要な成績基準を満たしていればの話だが。だがマリアはこの頃ではかなり楽観的だった。

試合が終わると、ロブとマリアは連れだって帰った。今夜も化学の宿題が出ているが、ロブには自信がある。マイクロソフト・エクセルを使ってデータをグラフにするだけだ。点数を稼ぐために、インターネットで調べ物をして、化学の短いレポートを書いてもいい。それから小人数のグループでそのレポートを発表するのだ。

「ケーキ食べるかい？」とロブはまだ勝利の興奮がさめやらぬ面持ちでマリアに言う。彼女はうんと言い、帰宅路が分かれる街角でとりあえず別れた。

その晩遅く、マリアが宿題の点数稼ぎのレポートの仕上げをしていると、いつも宿題をする勉強部屋に母が入ってきた。

「何やってるの？」

「マリー・キュリーの伝記よ」彼女は引用文をタイプ打ちしながら、うわの空で答えた。

「本当？　母さんもアルベーラ先生でそれやったわよ」と母は言う。「おばあちゃまがダンおじさんに電話で聞いてくれて、母さんは百科事典を使って。ばっちりだったわ」

マリアはそれを聞いて顔を上げるが、母はすでにキッチンに消えていた。わたしの生まれた頃にはもうコンピュータゲームがあったというのに、アルベーラ先生が新米教師だった二〇何年か前に、母さんがやったのと同じ宿題をまだやらされているってこと？　大学はそれよりはましよね？

コンピュータがこれほど広く行き渡っているにもかかわらず、マリアが学校でやっていることは、二〇余年前に彼女の母親がやっていたこととほとんど変わっていない。母が事典を使って調べ物をしたのに対し、マリアはインターネットを使う。母が宿題をタイプライターで打ったのに対し、彼女はワープロでタイプする、といった程度の違いしかない。コンピュータは、生活のさまざまな面に変革をもたらした。だがなぜ学校にはもたらしていないのだろうか？

一九九六年に当時のビル・クリントン大統領は、学校教育におけるコンピュータ利用に関する革新的な構想を発表した。クリントンは次のことを要請した。**1**◆最新のコンピュータと学習機器をすべての生徒が利用できるようにすること、**2**◆教室を他の教室とつなぎ、外の世界と結ぶこと、**3**◆教育ソフトウェアをカリキュラムの不可欠な部分と位置づけ、人気のビデオゲームと同じくらい魅力のあるものにすること、**4**◆教師が技術を利用して授業指導を行なえるような態勢を整えること［注1］。

パーソナル・コンピュータはかれこれ三〇年も存在している。学校には十分な数のパソコンが設置され、クリントン大統領の最初の二つの要求はほぼ達成された。だがもう二つの要求の実現にはほど遠い。教室の様子はパソコン革命が起こる前とほとんど変わっておらず、指導や学習のプロセスはコンピュータが普及する前とほぼ同じだ。序章で述べたように、何十億ドルもの大金をかけて学校に導入されたコンピュータは、教師が指導し生徒が学習する方法にほとんど影響を与えていない――コストを増やし、他の優先課題から資源を奪う以外には。コンピュータは、「生徒中心の学びを通して、生徒の自発的動機づけを促す」という有望な道筋に学校を近づけてはいない。

なぜこのような残念な結果に終わっているのだろうか。それは学校がまったく予想通りの、まったく論理的な、そしてまったく誤った方法で、コンピュータを利用しているからに他ならない。本章で示すように、学校がコンピュータを教室に押し込んだ目的は、従来の指導方法や学校の運営方法を少しばかり改善しながらも、存続させることにあった。ほとんどの組織が、コンピュータをはじめとするイノベーションを導入するときにこれとまったく同じことをやっている。こんな風にコンピュータを利用していたのでは、学校は生徒中心の教室には決して移行できない。だが、もし学校管理者が方向転換して、まずは教える教師がいない状況や科目、つまり「無消費」の機会にコンピュータベースの学習を導入すれば、生徒はそれぞれの脳の「学習回路」に合った方法で学び、しかも教師は一人ひとりの生徒に今よりずっと細かく目を配ることができるようになる。このようにしてコンピュータベースの学習は、現在教師がこなしている**教授活動**を、一歩一歩建設的なやり方で破壊していくだろう。

破壊的イノベーションで「無消費」に対抗する

前章で、アップルがどのようにしてデジタル・イクイップメント（DEC）とミニコンピュータ・メーカーを破壊したかを説明した。アップルはパソコンを発売する際、アップルⅡeモデルを子ども向けのおもちゃとして販売することで、まったく新しい市場を生み出した。アップルは、ミニコンがすでに利用されていた既存市場を攻撃することも、DECを主要なライバル企業として位置づけることもしなかった。アップルは、それまでのコンピュータが高価で複雑すぎて使えなかった用途を狙ったおかげで、DECより優れたコンピュータを作らなくても顧客を十分喜ばせることができたのだ。顧客に残されたもう一つの選択肢、つまりコンピュータをまったく使えない状態よりもましな製品を作りさえすればよかったのだから。

もしアップルがパソコンを元の競争平面における持続的イノベーションと位置づけ、既存市場に投入していたなら、DECはアップルを、そしてDECのマシンには性能面でまるで及ばないパソコンを必ずや粉砕していただろう。最初からいきなりデスクトップ・コンピュータのアーキテクチャの中でDECのミニコンの性能と張り合うには、膨大な年月と何十億ドルもの費用がかかっただろうし、それでも製品が市場に根づいたとは考えられない。破壊的イノベーションは、他の選択肢が何もないような用途、つまり「無消費」にぶつけなければ成功させることはできないのだ。実際、技術の導入を成功させるには、技術そのものの善し悪しよりも、このような用途を選択することの方がはるかに重要となる。

技術の導入と立法過程

どのような組織にも、新しい革新的な提案を意図した市場に合わせる代わりに、むしろ既存組織のビジネスモデルに合わせて変形、形成しようとする力が働いている。このような力を理解するために、法律がどのような過程を経て制定されるかを考えてみよう。ある女性議員が、ある差し迫った社会問題に気づき、それを解決する革新的な方法を編み出した。そこで彼女はそれを実現するための法案を起草し、議会に提出する。何週間か経った頃、労働組合が、自分たちの懸念が解消されない限り法案を阻止すると通告してきた。そこで議員は、組合の支持が得られるような形に法案を修正した。しばらくすると商工会議所が、ある点が修正されない限り法案を支持できないと言ってきたため、議員は懸念が解消されるように修正を加える。すると今度はテキサス州の有力な上院議員が、テキサス州に有利になるような特別の配慮を加えない限り支持しない、と公言していることを知らされる。こうして議員は法案の可決に必要な支持を得るために、強力な支持基盤を持つ人たちの関心に沿うような形で法案を変えていく。その結果、立法過程を経た法案は、最初の原案とはかなり違ったものになる。

どんな企業にもこれと同じ力が働いている。革新的なアイデアは、開発資金を得るために必要な支持を得ようとして有力な集団に働きかけるうちに、集団の関心に合わせて変形される。革新的なアイデアは、革新家の頭の中から本格的なビジネスプランとして生まれ出ることはない。当初のアイデアは計画の断片に過ぎない。革新家はアイデアを社内の有力者に売り込もうとするうちに、例の女性議員が遭遇したものと恐ろしいほどよく似たハードルに直面する。営業部隊にイノベーションを売り込んでも、営業部とすでに取引関係にある顧客の興味を引くような形に変えない限り支持は得られない。また革新家は、価格設定や粗利益率の見積もりを変えなければ、財務部が拒否権を発動しようとしていることを知る。技術部長には、以前の製品設計の部品をいくつか使わなければ技術部は反対するぞと釘を刺される、等々。イノベーションに開発資金を得るために、絶対に承認を取りつける必要のある、組織内のすべての有力者の支持を勝ち取るために、革新的なアイデアは革新家が当初構想した市場に合った計画ではなく、組織のビジネスモデルに合った計画に姿を変える。

破壊の用語で言えばこういうことだ。最高経営者がこのプロセスを自ら積極的にとり仕切らない限り、組織はどんな破壊的イノベーションをも、既存事業のプロセス、価値観、経済モデルに合った、持続的イノベーションに変えてしまう。なぜなら組織には当然、自らを破壊するようなことはできないからだ。これこそが、破壊的イノベーションが出現したとき、既存企業が新規参入企業に比べて不利な立場に立たされる主な理由なのだ。またこのことは、コンピュータが学校に変革をもたらしていない理由をも説明する。

これから見ていく射出成形企業のナイプロ、投資顧問会社のメリルリンチ、電機メーカーのRCAの物語が、この問題を明らかにし、経営者がそれを解決する方法を示してくれる。これほど多様な産業から例を引いたのは、破壊的技術を無消費にぶつけるという難題がどれほど広く蔓延しているかを示すためだ。言い換えれば、学校がコンピュータベースの学習をこのような方法で導入したのは類例のないことではなかった。

ナイプロのノヴァプラスト・マシン

ナイプロは世界有数のプラスチック精密射出成形企業である。ナイプロに成功をもたらしているビジネスモデルは、顧客の製品用の部品を数百万単位で大量に、かつプラスマイナス二ミクロンの精度で提供することを軸としている。ナイプロの工場は世界中にまたがり、それぞれが利益に責任を持つ事業部として運営されている。ナイプロのCEOゴードン・ランクトンは、複数の仕組みを通して工場の財務成績を比較するシステムを生み出した。このシステムがあるために、工場長には、財務成績で全工場中トップに立つのに役立つ新しい製法を採用しようとする動機が働く。

九〇年代半ばにランクトンは、この市場に根本的な変化が起こりつつあることを察知した。市場は、製品毎に数百万単位の部品を必要とする顧客から離れ、従来よりもはるかにロットが小さくサイクルタイムが短い、多種多様な部品を要求する顧客へと移っていくように思われた。このような移行に対処するため、ランクトンは「ノヴァプラスト」と名づけた、小型できわめて破壊的な成形機の開発に着手した。ノヴァプラストは、ナイプロがそれまで使っていた巨大で融通の利かない機械と変わらぬ精度で部品を成形することができた。だがエンジニアがノヴァプラストのセットアップに要する時間は数時間ではなく、ものの数分だった。そのうえノヴァプラストで使用する金型は、成形圧力が弱いために、とても簡単に安く作ることができた。こうしたイノベーションは、ナイプロがサイクルタイムの短い多種多様な製品の新興市場で競争するには欠かせなかった。

ランクトンは、利益向上を図りながら競争するのに役立ちそうなイノベーションを工場長に自主的に採用させる、というそれまでの慣行に則って、各工場にノヴァプラスト機を購入させる代わりに、本部からリースする機会を与えた。この技術は刺激的で破壊的であるように思われたため、ほとんどの工場長が機械のリースに同意した。だがランクトンが驚愕したことに、二つを除くすべての工場が、リース期間の満了と同時にノヴァプラスト機を本部に返却してきたのだ。その理由は何か？ 工場長はみな判で押したように、サイクルタイムの短い多種多様な製品には市場が存在しないと答えたのだった。

ノヴァプラスト機の使用を続けた工場は二つだけだった。後に判明したことだが、どちらの工場も、ナイプロの最大の顧客が製造する単三電池の電槽にはめ込む、薄壁のライナー（裏地）を製造していた。このライナーは非常に厳しい公差で大量に製造する必要があった。さまざまな理由から、この部品は従来の機械よりもノヴァプラスト機を使った方がうまく製造できたのだった。

ここでは一体何が起こっていたのだろう？ ナイプロの「立法」過程での票決の結果は明らかだった。ノヴァプラストは工場のビジネスモデルに合わなかったため、工場長に却下されたのだ。ナイプロの工場が固執していたプロセスでは、経済上の理由から少数の製品を大量生産する必要があった。これは間接費を抑える上で、きわめて重要なことだった。また同様に各工場の営業部員は、大量製品を売った方がずっと多くの手数料を稼ぐことができた。少量製品は、工場の利益を生み出す方程式とはまったくの対極にあったのだ。つまりノヴァプラストは、こうした工場のビジネスモデルにとっての破壊的イノベーションだった。そして組織には、自らを破壊するようなことはできない。組織にとって経済的、文化的に意味をなさないようなイノベーションを導入することはできないのだ。ノヴァプラストを有効活用することのできた工場は、それを持続的イノベーションとして導入した。ノヴァプラストは、大量部品をさらに大きな利益を出しながら製造するのに役立った。

ナイプロがランクトンの予見した市場を狙うためには（今ではかれが先を見通す眼力を持っていたことを歴史が証明している）、ノヴァプラストをサイクルタイムの短い多種多様な製品に合ったプロセス経済性を持つ工場に導入する必要があった。また工場の営業部員の報奨制度を、この種のビジネスを追求することが不利にならず見返りが得られるようなものに変える必要があった。ナイプロの既存工場にはこのような改革ができたはずがなかった。だがもしランクトンが、自前の営業部隊を持つ独立した新しい工場を設置していたなら、ナイプロはノヴァプラストを破壊的イノベーションとして導入できたはずだったのである。

メリルリンチ、チャールズ・シュワブとオンライン証券会社

九〇年代末になると、イートレードやアメリトレードといった企業が、オンライントレードによって株式仲買市場を破壊し始めた。われわれの研究の用語で言えば、これらの企業は、新しい市場を生み出すタイプの破壊を先導した。この破壊のおかげで、それまでよりもはるかに多くの人が、分散した株式ポートフォリオを管理できるようになった。既存企業のうちの二社、チャールズ・シュワブとメリルリ

ンチが、オンライントレードに着手し、破壊的な攻撃に対抗する意思を表明した。

シュワブはオンライントレード事業のための独立した事業部を設置し、コンピュータベースの投資顧問業への移行を巧みに実現し、ついにはブローカー中心の元の事業部を段階的に廃止するに至った。どうやってこれを行なったのだろうか？　新しい事業部は、取引あたりの手数料を大幅に引き下げながら儲けを出すために、従来の事業よりはるかに大量の取引と著しく低いコストで運営されたのだ。

他方メリルリンチはオンライントレード・システムを、既存顧客のために導入した。だがメリルはこの機会にふさわしい経済性を持つ独立した事業部を作る代わりに、ブローカー中心の中核事業の内部にオンライントレード事業を構築しようとした。結果はどうだったか？　ナイプロの二つの工場に導入されたノヴァプラスト機と同じように、メリルリンチは十分な給料を支払われたブローカーが、より良い情報をより速く入手して、富裕層顧客により良いサービスを提供できるようにする目的で、オンライントレードを導入したのだ。このシステムはイートレード、アメリトレード、シュワブのシステムと同じ、破壊を起こす能力を秘めていた。だがメリルリンチはそれを中核的な事業部で導入したがために、既存事業を存続させるような方法で利用するしかなかった。この技術は何の変革ももたらさなかった。そしてそれ以外の結果は期待できなかった。組織には自らを破壊するようなことは決してできないのだ。だがシュワブの例が示すように、破壊を導入しようとする階層よりも高いレベルにいるマネジャーは、異なる資源、プロセス、優先事項を持った新しい組織を設置することによって、社内の古い組織の破壊を成功させることができる。ランクトンのナイプロと同様、メリルリンチにも同じことができたはずだった。

トランジスタがRCAとソニーに与えた影響

破壊的イノベーションが出現するとき、業界のリーダー企業はほぼ必ず破壊的な変革の到来を予見する。パソコンは、DECにとって青天の霹靂ではなかった。ナイプロのランクトンは、サイクルタイムの短い多種多様な製品の市場が急成長することを予見した。メリルリンチも、オンライントレードの隆盛を予見することができた。だがこうした企業が本能的にやったのは、既存の事業構造を利用して破壊的な製品を既存顧客向けに販売することだった。われわれはこの現象を、「押し込み」（クラミング）と呼んでいる。実績ある業界リーダーがなぜ本能的に破壊的技術を既存市場に押し込もうとするかと言えば、既存顧客を満足させる必要があるからだ。その上こうした企業は大企業であり、さらに大きく成長するという大きな使命を負わされている。破壊的市場は定義上、当初は規模が小さい。というのも破壊的製品は、無消費の状況にぶつけられるからだ。実績ある企業の内部では、企業の「立法」システム、つまり資源配分プロセスのせいで、破壊的なアプローチに適した計画であっても、既存顧客の満足度を高め、さらに大きな利益を生み出すような製品に変形される。

本来破壊的イノベーションであるべきものを既存市場に押し込めば、出費も失望も大きくなる。なぜなら破壊的な新技術が、確立された技術がお膝元の市場で実現している高い性能を実現することはあり得ないからだ。破壊的技術を既存技術との正面対決に押し込めば、法外なコストがかかる。業界のリーダー企業は、技術改良に絶え間なく取り組んでいるからだ。その一方で、新規参入企業は、他の選択肢がまったく存在しないような新しい市場で新技術を活用している。こうしたことが起こる仕組みと理由を理解するために、三つ目の事例史を紹介する。ソニーがどのようにしてレイディオ・コーポレーション・オブ・アメリカ（ＲＣＡ）を破壊したかをたどることとしよう。

一九四七年にＡＴ＆Ｔのベル研究所の科学者たちがトランジスタを発明した。これはその後固体エレクトロニクスとして知られるようになった、技術の基礎的要素《ビルディング・ブロック》である。トランジスタは、当時の既存技術だった真空管にとって破壊的だった。トランジスタは、小型で低消費電力の機器を実現したが、当時の電器製品――卓上ラジオ、床置き型テレビ、初期のデジタルコンピュータなど――が必要とした電力に対応できなかったからだ。ＲＣＡをはじめとするすべての真空管メーカーが、トランジスタの将来性を見越して技術のライセンスを取得した。こうした企業は続いて固体エレクトロニクスを技術的挑戦として位置づけた。というのもトランジスタは、大型テレビやラジオが必要とした出力に対応できなかったからだ。真空管メーカーは、当時の状態のままの既存市場でトランジスタを利用するために、今の価値で言えば一〇億ドルを超える金額を研究開発に投じた。

ＲＣＡの技術者が研究所でトランジスタ技術の改良に取り組んでいた頃、この技術の初の商業利用が一九五二年に実現した。それは小型の補聴器で、トランジスタの消費電力の小ささが高く評価された。数年後の一九五五年には、ソニーが世界初の電池式ポケットトランジスタラジオを発売した。ＲＣＡの大型卓上ラジオに比べれば、ソニーのポケットトランジスタラジオは安っぽく、雑音まじりだった。しかしソニーは、トランジスタラジオを無消費者、つまり大型の卓上ラジオが買えない十代の若者向けに販売する道を選んだ。このラジオは持ち運びができたため、ティーンエージャーは親に内緒で音楽が聴けるようになった。また、電波の受信状態も忠実度も大して良くなかったが、かれらに残された選択肢、つまりまったくラジオがない状態よりもずっとましだった。ポケットトランジスタはかれらにとって大当たりだった。

ソニーはこの単純な足がかり的用途で利益を上げながら、技術改良に取り組み続けた。そして一九五九年には、トランジスタを利用した第一号の持ち運び可能なテレビを発売した。この時も、ソニーのテレビは無消費にぶつけられたため、市場に好意的に迎えられた。口座残高もアパートの広さも足りないために、それまでテレビとはまるで無縁だった人たちが、ソニーのトランジスタのおかげでテレビを持てるようになった。六〇年代末になると固体エレクトロニクスは十分改良され、トランジスタは大型製品に必要な電力に対応できるようになった。そしてこの数十年後のDECに起こったのと同じように、RCAを含むすべての真空管メーカーが消滅したのである。

これは非情ではあるが予測できたはずの物語だ。RCAの顧客にとっては、固体エレクトロニクスがRCAの元の市場で高い費用効果と性能効果を実現しない限り、トランジスタは使いようがなかった。五〇年代と六〇年代初めのRCAにとって、これはきわめて困難な技術ハードルだった。だがトランジスタを消費の存在しない状況に対抗する手段として利用したソニーは、何もない状態よりもましな製品を作りさえすればよかった。そして当初それはRCAが直面していたものに比べれば、**はるかに**低い技術ハードルだったのだ。

学校にコンピュータを押し込む

では、破壊的技術を主流市場に押し込もうとしたこの三つの事例は、公立学校がこれまでコンピュータを扱ってきた方法とどのような関係があるのだろうか？　類似点はいろいろある。RCAがトランジスタの将来性を予見したように、教育関係者もコンピュータが多くの職業を変革する様子を目の当たりにしてきた。だからこそ学校はコンピュータに莫大な投資を行なってきたのだ。一九八一年の学校には一二五人の生徒につき一台のコンピュータがあった。一九九一年になると一八人に一台、そして二〇〇〇年には五人に一台の割合で配備されていた。今では生徒全員分のラップトップ・コンピュータを配備する学校も多く、一〇〇ドルのラップトップが実現すれば、コンピュータはさらに行き渡るだろう。学校は教室にコンピュータを配備するために、過去二〇年間で六〇〇億ドルを優に越える投資を行なっている［注2］。

これだけの投資が行なわれているにもかかわらず、生徒本人への聞き取り調査は、コンピュータが学校であまり使われていない様子を伝えている。小学生が教室やコンピュータ室でコンピュータを使う時間は、五年生は一週間につき二四分間、八年生は週三八分間だった。コンピュータの使い方を教える授業や、コンピュータと関係の深い職業訓練を行なう高校が増えたため、高学年になるほど利用時間は増える。だが学校はコンピュータをツールや題材として扱うだけで、生徒が自分の知性のタイプに合わせて個別化された方法で学ぶのに役立つ、主要な指導手段として利用しているわけではない［注3］。

このテーマできわめて評価の高い研究を行なっているラリー・キューバンによれば、小学校低学年の教室では、コンピュータは伝統的な幼児期の学校モデルを維持する役割を担っているという。コンピュータは、児童が普段利用することのできる、ありふれた活動センターと化してしまっている。子どもたちはコンピュータを使って、「フランクリン、さんすうをまなぶ」「さんすうウサギ」といったゲームで遊ぶこともできる。こうしたゲームは子どもたちに人気があるが、伝統的な学習にとって代わるものではない。むしろ教師は、既存の指導モデルを補捉し、強化するために、コンピュータを利用しているのだ。そのようなものとして、コンピュータはコストを増大させる一方で、教室での学習体験を大きく変えることができずにいる［注4］。

調査報告によれば、コンピュータが学習方法に及ぼした影響は、特に中学高校の必修科目では皆無に近い。指示を与えるのは依然として教師の役割だ。生徒がコンピュータを使う主な用途はワープロ、インターネットでの調べ学習、それにゲームである。中学教師の少数（二〇パーセント以下）が、ドリル演習型のソフトや数学ゲームなどでコンピュータを利用している。高校教師は授業計画に手を加えたり、電子メールやブログを通じて保護者との意思疎通を図るために、コンピュータを活用しているという。だがここでも、キューバンが結論づけたように「結局のところ、学校へのテクノロジー導入の支持者と批判者（研究者含む）の双方が、強力なソフトウェアとハードウェアが限定的な方法で用いられることが多いために、支配的な指導実践を変えるどころか単に維持するだけになっていると訴えている」[注5]。

また一部には、教育技術が**実際に**利用されている場所でも、教師中心の指導を上回るような成果は挙がっていないという議論もある[注6]。このことから、今はまだソフトウェアの性能が十分ではないと結論づける人がいるかもしれない。つまり、学校の指導者や、ソフトウェア企業、教育関係者が、あと数十億ドルを投じて取り組みを継続しさえすれば、やがて効果がはっきり現れてくるというわけだ。

われわれはそうは思わない。その理由を説明するために、ジェイム・エスカランテという名の教師の例を考えてみよう。エスカランテは七〇年代末にロサンゼルスのガーフィールド・ハイスクールに数学教師として赴任した。麻薬、ギャング、暴力が日常茶飯の学校で、エスカランテはあらゆる一般常識に反して、一九八二年に数人の生徒に大学生レベルのＡＰ微積分のコースを教え始めた。学年末に行なわれたＡＰの学力認定試験に、かれの生徒は全員合格した。ＡＰ試験を運営する教育テストサービス（ＥＴＳ）は、不正が行なわれたと判断した。ガーフィールド・ハイスクールのクラス全員がＡＰ微積分に合格するなど、信じがたいことだったのだ。生徒たちは再試験を受け、またもや合格した。結果は生徒たちの学力を証明しただけでなく、エスカランテの指導力と、やる気を引き出す能力の高さをも証明する形となった。エスカランテが学校を辞めた一九九一年に、ガーフィールド・ハイスクールでは五七〇人の生徒がＡＰ試験を受けていた。

エスカランテはたぐいまれな教師だった。それならエスカランテの指導の秘訣をフィルムに収めて、全国の学校で見られるようにしてはどうだろう? もちろんこれは、エスカランテ自身が現場にいて直接指導を行なうのとは違う（それにわれわれはこの方法が、コンピュータベースの学習の力を通して、教育の個別化を実現する可能性をもたらすと考えているわけでもない）。だが、もしかれがそれほど優秀だと言うのなら、かれの影響力を一つの学校の一つの教室に留めるべき理由はないだろう? 実際、過去に似たような試みが、エスカランテのような力量のある優れた教師を使って行なわれている。だがこの手のフィルムにはほとんど効果がなかった。というのも、フィルムは伝統的な指導方法のおまけとして教室に押し込まれただけだったからだ[注7]。当然ながら、微積分の教師がクラスに向かってこんな風に宣言するはずはない。「みなさん、今日は記念すべき日です。ここにロサンゼルスの先生のフィルムがあります。プロジェクターを動かすのは技師で十分。わたしはもう用済みです」

こうした分析を総合すると、コンピュータをはじめとする新技術が導入されたにもかかわらず、伝統的な教授実践はほとんど変わっていないということになる。教室の様子は、壁際にコンピュータがずらりと並ぶことが多い点を除けば、二〇年前とほとんど変わっていない。講義、グループ討議、少人数の課題やプロジェクト、時折のビデオやプロジェクターによる上映などが、いまなお一般的だ。コンピュータが導入されたからといって、生徒中心の学習や、プロジェクトベースの指導方式が増えているわけではないのだ。コンピュータが導入されてからこのかた、学業成績には測定可能などんな上昇も見られない［注8］。そして本書の目的上最も重要なのは、コンピュータが自ら解決する能力を持っている最も重要な挑戦において、ほとんど何の役にも立っていないということだ。その挑戦とはもちろん、生徒に各自の脳の学習回路に即した方法で学ばせ、それによって生徒中心の教室への移行を促すことである。

学校がこれほどの大金をコンピュータに費やしながら、ほとんど成果を挙げていない理由を理解するのは難しいことではない。学校は既存の指導モデルや教室モデルにコンピュータを押し込んできたのだ。教師はコンピュータを最も常識的なやり方で導入してきた。つまり、既存の慣行や指導法を置き換えるのではなく、維持するために導入しているのだ。

では学校が指導や学習のあり方を変えるような方法で、コンピュータベースの学習を導入するにはどうすればいいのだろうか？　その方法を、蓄音機が商品化され、やがて生演奏を破壊した事例を引いて説明してみよう。

コンピュータベースの学習を導入する方法
ラフマニノフの残した教訓

一八七〇年代まで、音楽鑑賞の選択肢は非常に限られていた。自ら音楽を演奏するか、地元の音楽家に演奏してもらう手はずを整えるかしかなかった。もちろん、演奏者のレパートリーや技能といった制約があった。聴きたい場所で聴きたい時に聴きたい音楽を聴けることなど、めったになかった。人々はまったく音楽を聴かずにほとんどの時間を過ごしていた。

トーマス・エジソンが一八七七年に蓄音機を発明してから、状況が変わり始めた。ある日突然、演奏された以外の場所でも音楽を聴けるようになった。地元の音楽家以外の演奏も聴けるようになった。ラフマニノフなどの偉大な音楽家の演奏を録音すれば、最高の音楽家の輝ける演奏を自宅の居間で聴けるようになったのだ。だがちょっと想像してほしい。もしエジソンの技術を利用して音楽を録音する能力を開発したRCAビクターが、ラフマニノフ自身によるピアノ協奏曲第二番の演奏を録音して、それからカーネギーホールでラフマニノフを聴くコンサートのチケットを販売していたとしたら――ただし、ラフマニノフ本人が生オーケストラをバックに演奏する代わりに、興行主がステージ上でビクトローラ蓄音機を回し、マイクを使って録音を流していたとしたら――どうなっていただろう？　ニューヨーク州ポキプシーの自宅で録音音質に大喜びしながら――音楽をまったく聴けない状態とは比べものにならないほど良い状態だったのだ――聴いていた人も、録音音楽が本人による生演奏と正面対決していたなら、その音質にひどく失望したことだろう。

録音業界にとって幸運なことに、RCAビクターはカーネギーホールでの離れ業を企てようとはしなかった。同社が蓄音機と録音音楽をカーネギーホールに行けない人向けに販売したおかげで、顧客は聴きたい時に聴きたい場所で音楽を聴くことができるようになった。技術改良が進み、録音音質が生演奏の音質とほぼ並ぶまでには、それから一世紀ほどかかった。いまでは気軽なリスナーから音楽通に至るまでほとんどの人が、ほとんどの音楽を生演奏ではなく録音を通して聴いている。

もし初期の録音産業が、「オーケストラのコンサートで休憩時間後に録音を再生すれば演奏者は早く帰宅できます」というふれこみで、製品を売り出していたらどうなっていただろう？　あるいは、エジソンの技術はまだ商品化できないと判断して、最高の生演奏と音質で太刀打ちできるようになるまで、研究所で改良に取り組み続けていたらどうなっていただろう？　録音産業は数十億ドルの費用を投じながら、大した成果を得られなかったはずだ。破壊的イノベーションの成功は、つねに市場の最も単純な用途で、一般には無消費にぶつけることによってもたらされる。その後技術はその基盤を足がかりとして改良を重ね、やがて十分良い性能を実現して従来の技術にとって代わるのだ。

ラフマニノフの録音が、生演奏そのものとの競合を避けることで好意的に迎えてくれる市場を見つけたと言うのなら、エスカランテのような教師の講義を録画したものを教師との正面対決に投入すべき理由はどこにあるのだろうか？　蓄音機の演奏を聴くためにカーネギーホールに足を運ぶ人がいるはずがないのと同じで、教師が自らの技能を使えるような状況で、エスカランテの録画を使って教えることを期待するのは間違っている。技術が成功するのは、無消費にぶつける場合、つまりまったく何もない状態よりも確実に良い状態を提供できる場合に限られる。そうすれば技術は少しずつ改良を重ねながら、学校で行なわれる学習を変えていくことができるはずだ。

これは録音産業やソニーのポケットラジオに限った話ではない。成功した破壊的イノベーションのほとんどすべてが、同じやり方で、つまり消費が存在しないような状況に対抗することを通して根づいている。だからこそ、製品の性能がそれほど良くなくても、顧客は製品を自分のものにできて嬉しいと感じたのだ。シスコのルーターは、当初待ち時間が四秒もあったため音声電話の交換には使えなかった。そこでインターネット経由でデータを送信する用途に使われた。だが今日シスコの製品は、インターネット経由の電話をＶｏＩＰ（ボイス・オーバー・アイピー）を通じて易々と転送することができる。ＩＢＭとコダックは、八〇年代にゼロックスの高速複写機と真っ向から対決したが、血まみれになって撤退した。だがキヤノンはまず無消費と対抗した。小型の卓上コピー機を、高速のゼロックス機を使うのが経済的でない場所や中小企業に導入したのだ。いったんコピー機がその市場に根づくと、キヤノンは少しずつ改良を重ね、最終的には企業の高速コピーセンターで高価なゼロックス機が不要になるほどまで性能を高めた。グーグルとクレイグスリスト（オンライン広告サイト）は、目下同じ方法で新聞広告を破壊中である。こうした例は枚挙に暇がない。

次の章では、学校区がどのようにすれば押し込み方式ではなく、破壊的な方法で学校にコンピュータベースの学習を積極的に導入することができるかを説明する。学校は、個々の生徒のニーズを満たす個別化された指導方法にシフトすることで、一枚岩的な教室から生徒中心の教室に移行するという夢を実現できる。そこではすべての生徒が、それぞれの脳の学習回路に合った方法で学べるようになるのだ。

Disruptively Deploying Computers

第4章

コンピュータを破壊的に導入する

次の日、マリアは翌学期の履修登録のために生徒指導カウンセラーのオフィスに飛び込んだ。大学はどうぞましでありますように、と願うばかりだった。彼女は宗教と国際安全保障への関心から、アラビア語の重要性が増していて、アメリカでも研究テーマとして人気が出ていることを読んで知った。オールストン博士によれば、来学期ランドールでアラビア語を取れる可能性がわずかだがあるという話だったが、マリアはオフィスの小冊子をパラパラめくりながら、その選択肢がないことを知った。カウンセラーとの面談の順番が回って来たとき、マリアは小冊子をにらみつけていた。そこで履修登録する代わりに、オールストンとの面談を予約して、校長の特別許可を得て地元の大学でアラビア語の講座を取れないか直談判することにしたのだ。

だが面談の必要はなかった。オールストンは生徒指導オフィスの戸口をぶらぶらしていた。

「このお嬢さんが面談を希望されてますよ」と指導カウンセラーのレイチェル・ハドソンが言った。

「アラビア語がないんです」とマリアは怪訝そうな顔の校長に言う。「ランドール大学で受講できないかと思ったんですけど」

不思議なことに、オールストンの顔がパッと輝いた。「受講希望者の数が足りなかったのよ。でもアラビア語を取る別の方法を思いついたの。ちょっとわたしのオフィスに来ないこと?」

マリアは校長室に向かって、廊下をそっと歩いていく。地元の大学に通わなければならないという時点で、すでに彼女はおかんむりなのだが、とにかくアラビア語をいま学びたいのだ。二年後なんかじゃなくて。校長がデスクの前のイスにかけるよう身振りで合図すると、マリアはどすんと座った。オールストンは立ったまま、デスクの上の郵便物を探している。

「あったわ、これよ」と彼女は顔を輝かせる。

マリアに封筒を渡す。

「これは州公認のオンライン専用アラビア語講座の試験的プログラムなの。アラビア語に関心のある郡の生徒たちと一緒に受講できるわよ。図書館のコンピュータ室で、その小包に書いてあるウェブサイトに行って、指示通りやってごらんなさい」

「わー、そんなに簡単なんですか」

「そうよ、簡単よ。あなたの好きなペースで、好きなスケジュールでね。このプログラムでは学習の進度も好きなように設定できるのよ。本物の先生がいればよかったんだけど、この学校にはあなたしか希望者がいないのよね。希望者はスペンサーサークルに二人、マシューキーに一人いて、合わせてそれだけの人数がいたから、郡はこれを試せるの。あなたたちアラビア語の受講生の成績次第では、来年は日本語も取れるようになるかもしれないわ」

マリアは急いで礼を言い、図書室に向かった。

今に至るまで、コンピュータという形を取った生徒中心の技術は、公教育の主流にほとんど影響を及ぼしていない。だがすべての成功した破壊的イノベーションと同じで、見るべきところを見れば、つまり「無消費」と対抗するような使われ方をしている場所では、生徒、教育関係者、家族が、「まったく何もできない」という選択肢よりは良いと感じるために、コンピュータベースの学習は着実に地歩を築いているのだ。自由市場が存在しないために、学校はコンピュータベースの技術を破壊的な方法で導入しようとしないのではないかと多くの人から懐疑論や悲観論が聞かれるが、状況は変わりつつある。例のマリアが申し込もうとしているようなオンライン講座を受講する公立学校の生徒の数は、破壊の典型的な兆候を示している。二〇〇〇年には四万五〇〇〇人だった受講者数は、いまではほぼ一〇〇万人を数える。

これはどのような経緯で起こったのだろうか？　一見すると、アメリカの学校教育にはほとんど無消費は存在しないため、破壊は教育が行き届いていない途上国にしか起こらないと考える人がいるかもしれない。何と言ってもアメリカの子どもたちには、就学が義務づけられているのだから。だがそうは言っても、アメリカの学校の教室レベルで見れば、コンピュータベースの学習が根づくことができそうな無消費の領域はたくさんある。何もしないでいることに甘んじるしかない無消費の状況の例としては、APをはじめとする特別コース、幅広い教育サービスを提供することができない小規模学校や農村部・都市部の学校、卒業するために科目の再履修が必要な生徒のための「単位復活」、普通学校の進度についていけないホームスクール（自宅学習）の生徒、特別な個人指導を必要とする生徒、未就園児などがある［注1］。コンピュータベースの学習は、すでにこうした足がかり的市場では根づいており、予測通りのペースで「市場シェア」を獲得している。すべての破壊と同じく、最初はレーダー上の輝点として現れ、それから主流派が一見どこからともなくやってきて急速に採用し始めるのだ。

もしこのタイプのイノベーションの歴史が指針となるなら、教師主導型の授業からソフトウェア主導型の授業への破壊的な移行は、二つの段階を得て起こる可能性が高い。第一段階を、「コンピュータベースの学習」と呼ぶ。この段階では、ソフトウェアは独自仕様（プロプライエタリ）で、開発に要するコストは比較的高い。また生徒の知性のタイプや学習スタイルに関して一枚岩的である。この段階のソフトウェアの教授方式は、各科目で支配的なタイプの知性や学習スタイルをほぼ反映したものとなる。だがコンピュータベースの学習は、教師主導型の方式のように完全に一枚岩的なわけではない。今日のソフトウェアはさまざまなペースの学習に対応可能で、なかには生徒が教材を学習する経路を選べるものもある。

破壊の第二段階を、われわれは「生徒中心の技術」と呼ぶ。この段階では、生徒が自分の知性のタイプや学習スタイルに即したやり方で各科目を学べるソフトウェアが開発される。コンピュータベースの学習が、一枚岩的な教師先導型の教授方式にとって破壊的であるのに対し、生徒中心の技術は、個別指導教員にとって破壊的である。いまどき個別指導教員を雇うのは、主に富裕層に限られる。こうした少数の恵まれた人たちの雇う、優れた個別指導教員は、生徒の脳の学習回路に合った方法で各科目を学ばせる教師に非常に近い。すべての破壊と同様に、生徒中心の技術のおかげで、生徒はより手頃に、手軽に、簡単に、自分のために個別化された方法で学べるようになる。その結果、従来よりはるかに多くの生徒に個別化された学びへの道が開かれるだろう。

新市場型破壊が根づく

コンピュータベースのコースがすでに根づきつつある無消費の中でも、特に目立つ領域の例をいくつか見ていこう。一つがAPコース、つまり高校の生徒を対象とした大学レベルの履修課程だ。ほとんどの高校にAPコースの莫大な無消費が存在する。全米の学校の三三パーセントが、二〇〇二年度にAPコースの授業を実施していなかった[注2]。またAPコースを提供している高校でさえ、需要や資金の不足からAPを担当する教師を増員できないという理由で、APテスト（大学単位取得テスト）が受験可能な全三四科目のうちの一部しか提供していない。より一般的な例としては、才能に恵まれた生徒のためのコースを設けたり、特別な支援が必要な生徒に適した課外授業を提供することができない学校が多い。多くの学校で、こうした課程の履修を希望する、または必要とする生徒に、そのような選択肢が与えられていないのが現状である。

幅広い教育サービスを提供するのが非常に困難な学校もある。たとえば大規模な学校であれば、教師と生徒の人数が多く資源も豊富なため、さまざまな課程に対する需要も供給も大きい。だが小規模な学校はこの三つのどれも少ないため、幅広いサービスをなかなか提供することができない。農村部の学校は一般に規模が小さいため、こうした影響を不釣り合いに大きく受ける。また農村部の学校は、たとえ規模が大きく教員を増員する資金力が十分あったとしても、必要とする場所に資格のある教職員を集められないことが多い。落ちこぼれ防止法の規則は、「高い資格を有する」教師だけに各科目を担当させることを学校区に義務づけており、これを遵守すれば提供できる課程はさらに限られるだろう。たとえば小さな町で、物理の教員免許を持ちながら生物と化学も教えていた教師は、もう物理以外教えられなくなるかもしれない。そうなれば学校は物理以外の二科目を、たとえ州の定める必修科目だったとしても、完全に打ち切らざるを得なくなるかもしれない。一人か二人といっても、新しい教員を捜し出して雇うのは容易なことではないし、その費用も馬鹿にならないからだ。そんなことから小規模な学校は、コンピュータベースの学習が根づくのにうってつけの環境であることが多い。

都市部の特に低所得地域の中学校は、コンピュータベースの学習にとっての三つ目の理想的な市場だ。こうした学校は、概して農村部の学校と同じように資源制約がきつく、また困難な環境で働く意志のある、高い資格を有する教師を探すのに苦労することが多い。これから説明するように、社会が主要科目のテストを重視するようになったために、学校はテスト科目にその分多くの資源と配慮を割り当てることで対処してきた。資源配分の犠牲となったのは、「あれば良いが、なくても支障のない」科目の多く、たとえば人文、語学、芸術、経済、統計といった分野の科目だ。こうした科目の供給が減っているということはすなわち、こうした分野での無消費が増えているということになる。奇妙な話だが、実はこれは朗報なのだ。その科目の学習をきれいさっぱりあきらめるしかない状況では、コンピュータベースの学習という解決策は歓迎されるからだ。

在宅生徒や自宅学習の生徒も、コンピュータベースの学習にとって理想的な市場用途だ。在宅生徒とは、さまざまな理由から学校に行けない生徒で、停学中だったり、重病を患っていたり、都合で全日制の学校に行けない生徒までさまざまである。自宅学習の集団も同じように理想的な市場であり、しかもこの集団は急増している。アメリカ教育省によれば、一九九九年の春のアメリカの自宅学習の生徒数は八五万人だった。いくつかの自宅学習研究グループの推定によれば、現在では自宅学習の生徒数は二〇〇万人を超えるという［注3］。かつては自宅学習の擁護者も批判者も、生徒が学習できる科目の幅や学習の深度が生徒の親の持つ知識によって制約されることを懸念していた。オンラインの世界が、この問題を解決する。これは伝統的な学校を破壊するための典型的な足がかり市場だ。それにコンピュータ能力の到来は、近年の自宅学習者の急増を促した要因の一つでもある。

もう一つの大きな無消費の機会は、不足単位を補う必要のある生徒だ。この集団の中には大きな一群がいる。単位回復の問題は、中西部の農村地域から都市部に至るまで、多くの学校区の生徒を苦しめているのだ［注4］。さまざまな理由から、科目を落とした生徒のために、必ずしも補習講座が設けられるとは限らない。そのため、生徒が高校の最終学年に近づくにつれて、問題は深刻化する。手遅れになる前に、補習講座を取れない状態に代わる選択肢を生徒に提供する必要があるのだ。コンピュータベースの学習は、このすき間を埋めることができる。またモジュール方式であるため、生徒はもうすでに学んだ概念に無駄な時間を費やさずにすむ。単位を取得するには、以前苦労した部分のモジュールを選ぶだけでいい。最低でも、すでに理解した部分や簡単に理解できそうな部分は、ざっと目を通すだけですむ。

生徒中心のオンライン技術が大きなインパクトを与え得る無消費の領域は、そのほかにもたくさんある。個別指導や幼稚園前教育は、大きな無消費のゾーンだ。たとえば三歳から五歳までの子どもの四三パーセントが、幼稚園前教育プログラム（保育園やヘッドスタート計画、入学準備プログラムなど）をまったく受けていない。裕福な家庭の子どもたちは、貧しい家庭の子どもたちよりも、こうしたプログラムに参加することが多い。幼児教育がその後の学習に与える重要な影響への理解が進むなか、幼稚園前教育の普遍化を求める運動が広がっている。生徒中心の技術にとっては、ここに革新的な機会がある。これらの領域については第五章と六章で取り上げることとし、本章では公立高校内に現在生じている無消費について、もう少し詳しく見ていこう［注5］。

需要を満たす

こうした無消費が生じている場をすべて足し合わせれば、成長著しい市場となる。その中でコンピュータは学習を提供する主要なプラットフォーム（基盤）として、学校区に歓迎されるべきものになるだろう。これは現在コンピュータが主流の教室で使われている方法とは、一線を画している。いくつか例を挙げてみよう。マイクロソフトの共同創設者ポール・アレンが創設したエイペックス・ラーニングは、営利企業である。エイペックスはまず中等学校《セカンダリー・スクール》（日本の中学高校にあたる）がより多くの生徒にＡＰコースを提供できるように、インターネットを通じてＡＰコースを提供する製品を開発した。つまりエイペックスの戦略は、学校が提供できない課程を提供することにあったというわけだ。同社のＡＰコースの受講者数は、二〇〇三年度の八四〇〇人から、二〇〇六年度には三万二〇〇〇人に増え、年平均成長率は五〇パーセントを上回った。個々の学校に専任講師を置くほどの需要がない場合、またはこうしたコースが予算削減によって削られてしまったような場合、エイペックスでは受講希望者を学校区全体でひとまとめにして需要に応えることができる。創設以来、受講者は延べ一〇〇万人を超え［注6］、四〇〇〇以上の学校区にサービスを提供している。今ではＡＰコースにとどまらず、中等学校向けの主要科目のコースも手がけている。こうしたサービスは、単位回復指導や特定の科目での補習を必要とする生徒、自宅学習の生徒などを対象にしたものが多い。このことが、エイペックスの成長をさらに促しているのだ［注7］。

インターネットを通じてＡＰコースを提供する会社は、もちろんエイペックスだけではない。たとえば大学レベルのオンラインコースを高校に提供するＵＣカレッジ・プレップでは、ＡＰコースの受講者は二〇〇五年度には七九七名だったが、一年以内に二倍以上の一八七七名に増えた。フロリダ州立の仮想学校であるフロリダ・バーチャル・スクールは、一九九七年度に教えていたＡＰコースはわずか一科目だったが、今では一一科目に増え、生徒数も過去二年間で倍増している。バージニア州立の仮想学校、バージニア・バーチャル・スクールでも、受講生は過去二年間で四倍に増えている［注8］。

二五を超える州が、補助的な仮想学校を置いている。最も有名なのが、前述のフロリダ・バーチャル・スクール（ＦＬＶＳ）だろう。一九九七年に二つの学校区の試験的プロジェクトとして始まったＦＬＶ

Sは、広い層に受け入れられてきた。「いつでも、どこでも、どの進路でも、どのペースでも」をモットーに、FLVSは現在たとえば代数や英語といった伝統的な主要科目から、それ以外のAPコースや経営技術コースなどの多岐にわたる九〇を超える課程を教えている。FLVSはこの導きの光の下に、たとえば特定の時間に学校にいられない生徒や、全科目を履修するのが難しい生徒など、本来さまざまな理由からさまざまな科目の無消費者だったはずの生徒を呼び込んできた。FLVSは二〇〇六年度にフロリダ州の内外で、五万二〇〇〇人の受講者に九万二〇〇〇の課程を教えていた［注9］。

破壊のパターンをたどる

どんな破壊にもある共通のパターンが見られる。破壊はまず新しい「競争平面」で、無消費と対抗する。この平面で技術改良が進み、基本的なコストが低下する。この技術は元の競争平面のさまざまな用途を、新しい平面の中に引きずり込むようになる。この場合で言えば、伝統的な一枚岩型の教室の用途はコンピュータベースの学習へ、そしてほどなくして生徒中心の技術へと移る。

だがこの移行は、唐突に起こるわけでも、即座に起こるわけでもない。新しい手法や技術が、技術的または経済的に有利だという理由で、古いものを代替するとき、代替のペースは常にS字型の曲線をたどる［注10］。これを表したのが、［図表4・1］の左側のグラフだ。

グラフの縦軸は新しい手法が市場に占めるシェアである。Sカーブは、傾きが急なことも緩やかなこともあるが、破壊はほぼ必ずこのパターンをたどる。代替のペースは当初は緩やかだが、その後劇的に速まり、最後は漸近的に市場シェア一〇〇パーセントに近づく。

図表4·1◆新旧代替のパターン

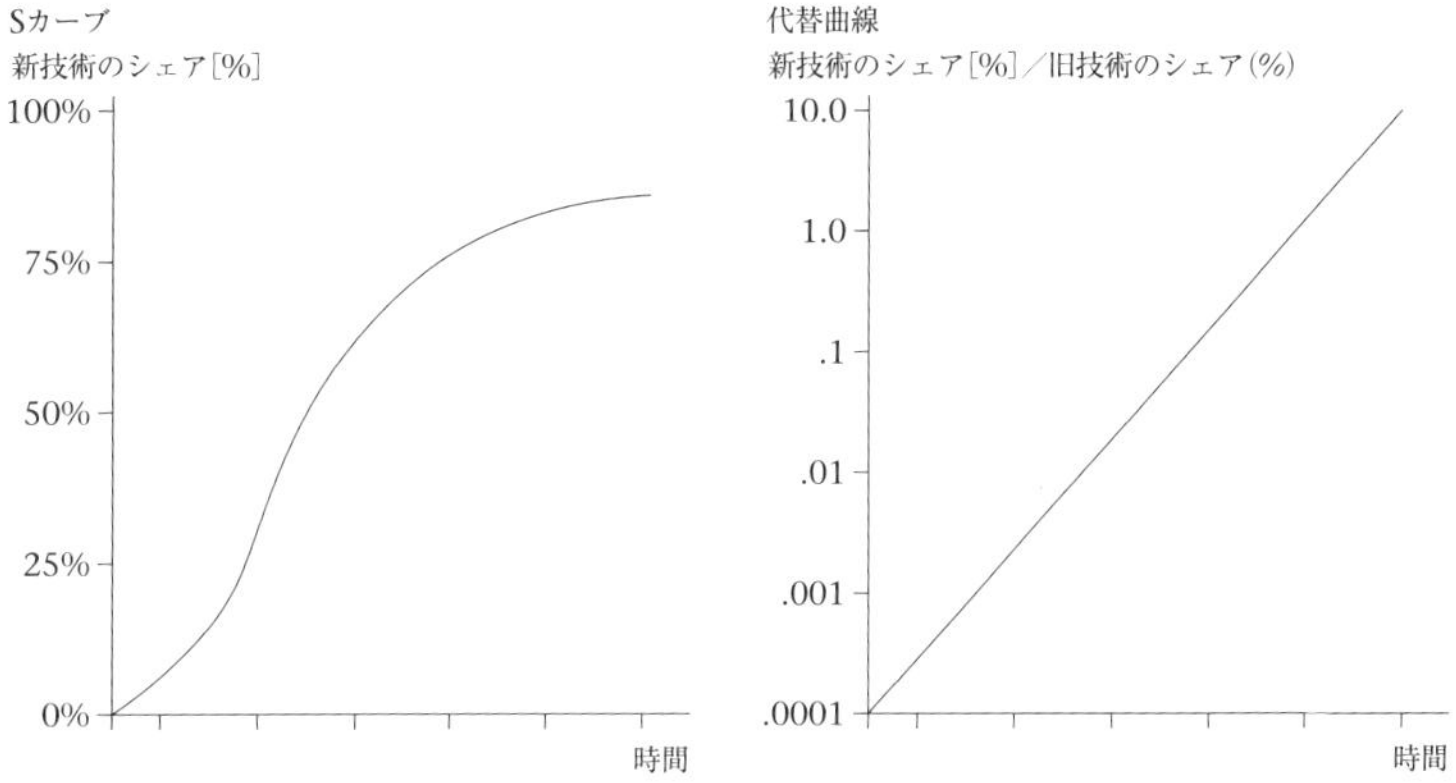

だがこのような代替が起こるとき、業界リーダーはある問題に悩まされ続ける。生まれて間もない技術が、まだ全市場のほんのわずかな割合を占めるに過ぎないとき（つまりSカーブの下部のなだらかな部分にあるとき）、リーダー企業は将来を直線的に予想し、新しい手法は当面重要な技術にはならないから、心配する必要はないと結論づける。しかしその後世界が一瞬にして切り替わり、既存企業は無力にされるのだ。たとえばデジタル写真は一〇年もの間、カーブの平坦な場所で潜伏期間をやり過ごした後、フィルム会社を**きわめて**急速に弾き飛ばした。結果はどうだったか？　ポラロイドは去り、アグファも去り、富士フイルムはもがき苦しんでいる。コダックだけが波をとらえたが、そこに至るまでは茨の道だった［注11］。

企業はこの経験から得た教訓を活かせばいいと考える人もいるかもしれないが、S字状の採用パターンは実に厄介な問題を投げかけるのだ。「技術が今はカーブの平坦な部分にあるとしたら、世界が切り替わるのは来年だろうか、一〇年後だろうか、いやそれとも、本当にそんなことが起こるのだろうか?」」

実は、切替を予測する方法はある。まず最初に、［図表4・1］の右側に、既存企業のシェアに対する新規参入企業のシェアの割合を縦軸に取ったグラフを描く（どちらも五〇パーセントなら、割合は一・〇になる）。このとき、縦軸は対数軸にする。つまり、軸では〇・〇〇一、〇・〇一、一・〇、一〇・〇が、等間隔で並ぶことになる。この方法でグラフを描けば、データは必ず直線上に並ぶ。もし最初の四、五個の点が直線上になければ、代替を促す強力な要因が存在しないことの証になる。だが破壊が起こるとき、グラフは必ず直線になる。直線は急傾斜で右に上がる場合も、緩やかに上がっていく場合もある。グラフが直線になる理由は、対数を取ることでSカーブが「線形化」されるからだ。代替のペースがこのような形状のグラフを描くとき、新しい手法のシェアがまだ全市場の二、三パーセントでしかなくても、直線の傾きを知ることができる。直線を右上がりに伸ばすと、イノベーションが全体の二五パーセント、五〇パーセント、九〇パーセントのシェアを占める時期を簡単に知ることができるのだ。この直線を代替直線と呼ぶ。五・二五インチ・ドライブによる八インチ・ドライブの代替であれ、VoIPによる回線交換電話の代替であれ、女性のスポーツウェアによるワンピースの代替であれ、代替曲線の傾きは最初の数年間で非常にはっきりするため、イノベーションの市場シェアが拡大する時期に関して、十分妥当な予測が可能になるのだ。

［図表4・2］に、インターネットで行なわれる授業が教師が目の前で行なう授業を代替するペースを表した。データを一貫した方法で集計するのは難しいが、われわれが現実を最もよく表していると考えるグラフがこれである。純粋型および混合型のオンラインコースの受講者数は［注12］、二〇〇〇年秋の四万五〇〇〇人から、二〇〇七年秋には約二二倍の一〇〇万人に増加した。オンラインコースの七〇

パーセント近くが高校生を対象としていた。すでに農村部の学校の実に四三パーセントが、他の方法では提供できない課程をインターネットを通じて提供している［注13］。だがこの急激な伸びを持ってしても、オンラインコースが［注14］全体に占めるシェアは、二〇〇七年にわずか一パーセントに過ぎなかった。直線的に将来を予測すれば、それほど大きな変化は期待できないだろう。だが対数的に見た場合、二〇一九年までに高校の全履修課程の約五〇パーセントがインターネットを通じて提供されることをデータは示唆している。言い換えれば、数年以内に長い潜伏期間が終わって急速に切替が始まり、生徒中心のオンライン技術に向かう可能性が高い。

この代替が実際に進みつつある理由は、一枚岩型の学校モデルに比べて、コンピュータベースの学習の方が、技術的にも経済的にも優れているからだ。オンライン技術のおかげで、従来なら履修できなかったはずの課程が簡単に履修できるようになる（アクセシビリティ）。自分の予定に合わせて、都合の良い時間と場所で手軽に受講できるようになる。また程度の差はあるが、コンピュータベースの学習の方が概して単純明快だ。なぜなら学習するペースと経路を、より柔軟に決定できるからだ。またソフトウェアベースのものは、容易に拡張することができる。経済面では、今日の限定された規模でも現行の学校モデルの費用をすでに下回っている。オンラインコースの費用は、状況によっても違うが、平均すれば一コースにつき二〇〇ドルから六〇〇ドル程度と推定される。この範囲の下限では現行モデルよりはるかに安価であり、上限でもほぼ同等となる。

代替を加速する要因

代替を促す要因は四つある。第一に、コンピュータベースの学習は、すべての成功した破壊と同様に今後もますます改良が進むだろう。今より魅力のあるものになり、強化された画像や音声、インタラクティブな要素を組み込むことで、オンライン媒体としての強みをフルに活かせるようになる。現状では、コンピュータベースの学習は、生徒の学習意欲が高いとき最も効果が高いという報告がある。だが今よりずっと魅力的なものになれば、さまざまなタイプの学習者に行き渡るだろう。またソフトウェア開発者は、この媒体をフルに活用して、多様なタイプの学習者のための多様な学習経路を組み込み、カスタマイズを進める必要がある。[図表4・2]は、代替曲線の「切替」が二〇一二年頃、つまり今から四年後に始まることを示唆している。その後の六年間で、この技術の市場シェアは現在の五パーセントから五〇パーセントに拡大するだろう。莫大な市場になるはずだ。

代替を促す二つめの要因は、生徒、教師、親が、それぞれのタイプの学習者に合った教材を通じて学習経路を選べるようになることだ。つまり、コンピュータベースの技術から、生徒中心の技術への移行である。

代替を促すであろう第三の要因は、教師不足が予想されることだ。これまで教師の不足は、特定の科目や特定の種類の学校に限られ、教師の定着率の低さが主な原因だった。これまでも教師不足が深刻化するとの悲観的な予測はたびたび聞かれたが、現在はこれが起こる可能性がさらに高いのだ。ベビーブーム世代の教師がまもなく大量退職を迎えるが、過去最多に上る生徒数がそれに応じて減少するわけではない。五〇歳を超える教師は、一九九九年には全体の二九パーセントを占めていた。二〇〇七年にその割合は四二パーセントになっていたことから、この一〇年後には教師不足の波が全米に押し寄せることが予想される。このときまでにコンピュータベースの学習が、先に述べたような足がかり市場の中で磨きをかけていなければ、学校区がアクセシビリティ（利用のしやすさ）を必要としたときに、まだ主流

図表4・2◈コンピュータベースの学習が一枚岩型学習を代替するペース[注1]

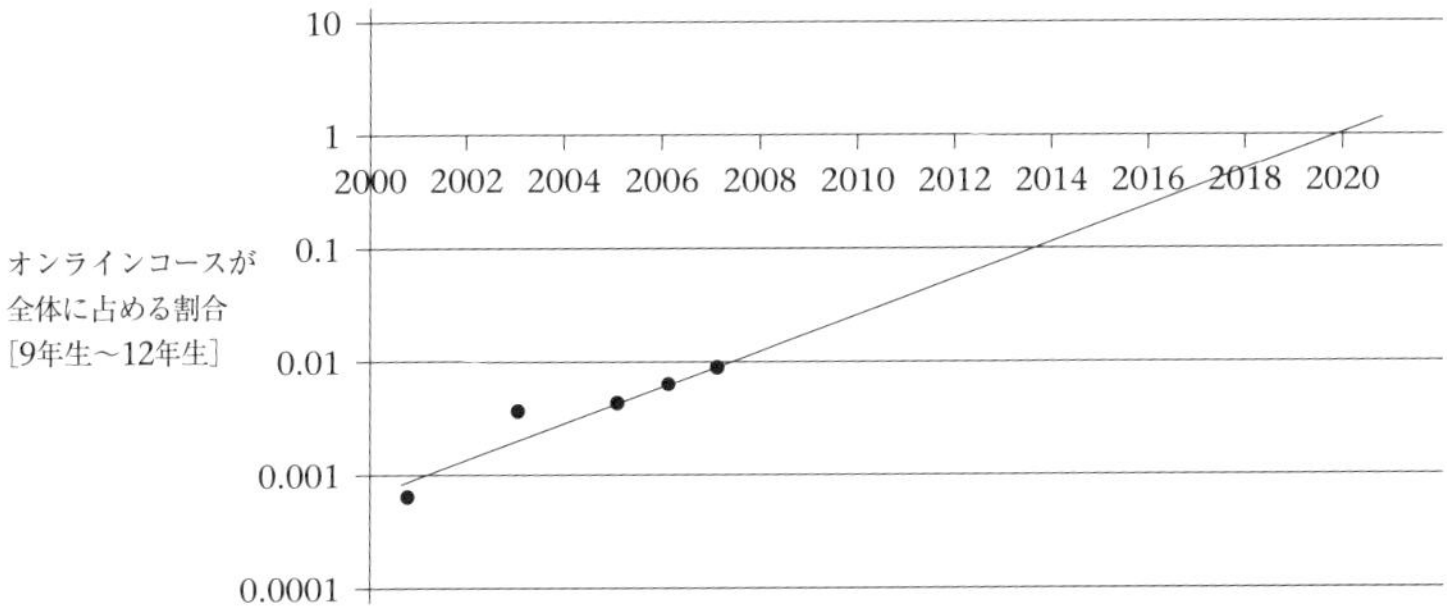

[注1]計算は北米オンライン学習評議会のデータとアメリカ教育相の統計をもとにしているほか、
その他のデータも含む。
2007年6月にワシントンDCに拠点を置くシンクタンクのエジュケーション・セクターが
「公教育におけるバーチャル・ハイスクールとイノベーション」と題した報告書を発表した。
同機関の最高執行責任者(COO)ビル・タッカーが執筆したこの報告書によれば、
現在バーチャル・スクールの生徒数はすべての学校の生徒の約1.5%だが、
過去三年間でこの数字は倍増しているという。
「アップルのiTunesが音楽の収集、鑑賞方法を変えたのと同じように、
バーチャル学校教育は公教育を一変させるような変化を推進している」。
またバーチャル・スクールは「生徒の学びを個別化し、伝統的な学校での体験を超えるようなものに拡張している」。
[http://www.educationsector.org/usr_doc/Virtual_Schools.pdf]

グラフをSカーブに変換すると、以下のようになる。

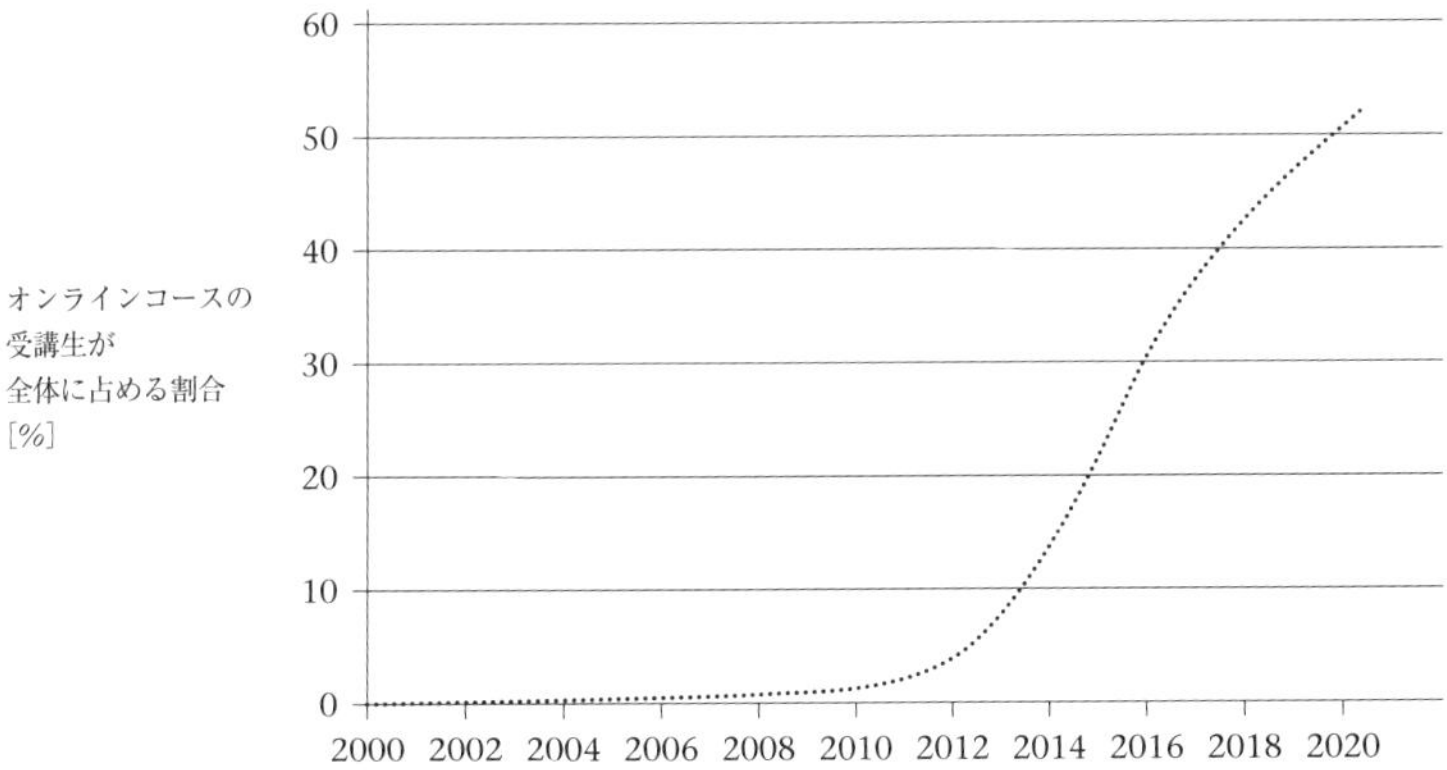

で利用する態勢にないという事態になりかねない［注15］。

第四の要因は、市場の拡大とともにコストが大幅に低下することだ。「スケールカーブ」の形状は産業ごとに異なる。企業幹部はスケールカーブを使って、市場規模が倍増するごとに生産単位当たりコストがどれだけ低減するかを、かなり正確に予測することができる。自動車のような組立製品の場合、スケールカーブの傾きはマイナス〇・八五である。つまり、製造量が倍増するごとに（一から二へ、二から四へ、四から八へなど）、単位当たりのコストは一五パーセント下落し、元の製造コストの八五パーセントになる。半導体産業では、規模が倍増するたびにコストは三〇パーセント下落し、化学プラントのスケールカーブは、規模が倍増するごとにコストが四〇パーセント下落する。

開発者は、製品をますます多くの人に買ってもらえるように改良を続ける。コンピュータベースの学習技術を生徒中心の技術になるまでに改良するには、莫大な費用がかかるだろう。また市場規模が拡大するにつれて、組織を運営するコストも巨額に上る。また第一章で述べたように、教師は引き続き学校にとどまり――一枚岩型方式での指導から、マンツーマンの個人指導教員としての比重を高めながら――またコンピュータベースの学習と生徒中心の学習を通じて、より多くの生徒の学習に目を配ることができるようになる。これらのすべてが作用する結果、一コース一生徒あたりのコストは、今後一〇年間で規模が倍増するごとに一五パーセントずつ減少していって、現在の三分の一にまで下落し、しかも内容は今よりずっと良くなるものと考えられる。

地方政府の財政危機がこの移行をさらに加速させるだろう。二〇〇四年に政府会計基準審議会は新しいルールを発表して、公的機関に対し二〇〇八年以降すべての雇用関係終了後（退職後）の給付に関わる将来のコストを開示することを義務づけた。このことは、学校に圧倒的な影響を及ぼすだろう。退職者の医療費を始めとする未積立債務は、長年にわたって気づかれないまま増大している。多くの州・地方政府が予算を「均衡」させるために、こうした債務を引当計上してこなかったのだ。JPモルガンの推定によれば、政府職員の医療費をはじめとする、年金以外の給付金の積み立て不足金額の現在価値は、六〇〇〇億ドルから一兆三〇〇〇億ドルの間であり、今後多くの州政府や地方政府が破産するか、少なくとも給付をまかなおうとして負債の泥沼に陥る可能性があるという。公教育予算は、約九〇パーセントを州・地方政府によってまかなわれている。すでに厳しい公教育予算が今後さらに削減されることはまず間違いないだろう[注16]。

これらの四つの要因——学習をますます魅力のあるものにする**技術改良**、生徒中心のソフトウェアを学習者のタイプに合わせて設計することを可能にする**研究開発の促進**、迫りくる**教師不足**、容赦のない**コスト削減圧力**——が作用する結果、本書刊行から一〇年後には、コンピュータベースの生徒中心の学習がアメリカの中等学校の提供する全履修課程の五〇パーセントを占めるようになるだろう。現時点までの代替の軌跡を考慮すれば、二〇二四年に生徒の受講する全課程の約八〇パーセントが、生徒中心の方法で、インターネットを介して教えられるだろう。第一線でこれほど長きにわたって学校改革を担ってきた人たちのことを思えば、これはまさに息をのむような「切替」になるはずだ。

代替の順序

われわれがこの研究に助言を仰いだ学校改革という戦いの古参兵たちは、このような予測に判で押したように懐疑的な見方を示した。その主な根拠は、かれらの戦傷が物語るように、教員組合がそんなことを許すはずがないというものだった。だがもし代替を破壊的な方法で進めることができれば、組合が政治的プロセスの中で行使し得る自己防御力に歯止めをかけずとも［注17］、予測は現実のものとなるだろう。

ほとんどの組織は資源に限りがあるため、組織が繁栄を続けるために絶対不可欠な取引をもたらしてくれる顧客に、資源を優先的に振り向ける。破壊の用語で言えば、組織は上位市場に重点的に取り組む。また売上を伸ばすほどかえって利益率を押し下げるような、もうけの少ない製品やサービスには、十分な投資を行なわないか、資金を引き揚げて別の投資先に向ける。

学校区も同じことをやっているという証拠がある［注18］。第二章で、公教育の破壊グラフの縦軸の値が、政治的または社会的重要度によって決定されると説明した。学校区は資源不足に対処するために、最も重要と判断する対象に投資を行なう。学校の指導者の目下最大の関心事は、学校の評価対象となる科目のテスト得点を上げることだ。学校は他の科目を犠牲にして、読解力と算数に力を入れている。教育政策センターが二〇〇五年三月に発表した報告書によれば、全国の学校区の七一パーセントが、他の科目をさしおいて、算数と読解力により多くの時間を費やしていた［注19］。学校区が重要資源を集中しているのは、標準学業成績テストの対象となる主要科目である。

学校はこれを行なうために、テスト得点を上げ、落ちこぼれを防止するという任務にとってさほど重要でない、「あれば良いが、なくても支障のない」科目を切り捨てている。財政の先行きに対する不安から、主要科目への集中はさらに劇的に進むだろう。生徒中心の学習への移行を図るという立場上喜ばしいのは、学校が教えなくなった科目に、無消費の真空状態、つまり生徒中心のオンライン技術を導入するのにうってつけの状況が生まれることだ。学校はこのような重圧を、教授活動を生徒中心の技術に一科目ずつ段階的に移していくという長期計画を実行に移す機会として歓迎するべきだ。破壊的イノベーションを成功させるには、公立学校が自ら教えたいと望んでいる課程を狙わないことが肝心だ。むしろ、公立学校が教える必要性を感じているが、**教えずにすんでよかった**と安堵するような課程に焦点を当てるべきなのだ。だが、もし官僚がコンピュータベースの課程を必修科目にぶつけるようなことがあれば、教員組合の激しい反発を招くことは目に見えている。

コンピュータベースの学習サービスを提供する、エイペックスのような企業が成長経路に乗るためには、教える課程を増やし、より効果的に教える方法を見つけ出さねばならない。予算の締めつけが厳しくなり、必要な人数に達しない課程を一つまた一つと切り捨てる必要に迫られる学校に、こんな風に持ちかけることもできるだろう。「貴校が外注されたコースは非常に大きな成果を挙げました。ぜひこのコースもうちにやらせて下さい」。学校が切り捨てたいと考えるまさにその課程を、オンラインコースの提供企業は自ら提供したがっている。そして学校区が教育サービスを一段と切り詰めるなか、オンラインコースの改良が粛々と進められる。学校は合理的かつ段階的なプロセスを通して、バーチャル学習の提供企業に外注する教授活動をますます増やしていく。やがて学校は、オンラインでは**提供することができない**、教授活動以外の仕事にほとんどの資源を投入するようになり、伝統的な一枚岩型の教授方式で教えられる課程はますます減っていくだろう。

官僚は、生徒がオンラインコースを受講する場合に生徒一人あたりの財政支援を減らすという、善意だが誤った資金提供方式を通じて、この技術の長期的な経済優位性を損なってはならない。このような方式は競争反応を呼び起こし、コンピュータベースの学習を台無しにすることが証明されている。オンライン学習が、バーチャル・チャータード・スクールという形で主流に到達した時に、いくつかの州でこれが現実に起こっているのだ。最も有名なのがコロラド州とペンシルベニア州だろう［注20］。われわれのイノベーション研究の最も一貫した調査結果の一つは、一般に消費者は、必要とせず使いこなせもしない製品「改良」に割高な価格を払いたがらないのに対し、**本当に**重要だと考える改良には喜んで対価を支払うということだ[注21]。たとえば音楽配信産業に破壊が起こって間もない頃、初期のMP3プレーヤーを持っていた人は音楽を無料でダウンロードし、共有することができた。だが作業は時間がかかり面倒だった。アップルがiPodとiTunesミュージックストアを発表すると、何百万人もの人がほしくないものではなくほしいものだけを選び、非常に便利な方法で手に入れる手段に対して、喜んで割高な価格を支払った。代替の初期段階に、生徒の家族が生徒中心方式で教えられる課程の費用を一部負担するよう求められれば、同じような反応を示すものと考えられる。

未来の教室

生徒中心の技術がこの軌跡をたどり続けるなら、未来の教室はどのようなものになるだろうか? 生徒たちが教室にゆっくりと入っていく。試験管や試薬、ペーハー計、ボンベ熱量計などを完備した化学実験の作業台がかれらを迎える。生徒は実験を行ない、気圧、体積、温度の変化が及ぼす影響を計測する。それから実験をワークブックに記録し、教師が採点して返却する。

これはわれわれの記憶にある化学の授業の日常風景とさほど変わらないように思われるかもしれないが、実は大きな違いがある。このすべてが、バーチャル化学研究室で行なわれるのだ。この未来の教室はすべての用意が整い、利用を待つばかりとなっている。

ブリガムヤング大学の化学教授が始めたバーチャル・ケムラボは、コンピュータ端末の前に座る全米一五万人の生徒にサービスを提供している。この教授は生徒が上記やそれ以上のことができるような模擬実験室を、一五〇〇枚の画像と二一〇本の映像を使って数人のビデオゲーム設計者とともに開発した。実地に実験を行なうほどにはよくないかもしれないが（本物のブンゼン・バーナーを一度も使わない生徒が、大学の理学部に入学できてしまうという指摘も一部から聞かれる）、生徒はバーチャル・ラボでなら、通っている地域の高校では費用がかかりすぎたり危険すぎるという理由からやらせてもらえないような実験を行なうことができる。さらにこうしたコースは、多くの生徒にとっての代案、つまり「まったく何もできない状態」とは比べものにならないほど良い。孤立した農村部や貧窮化した都市部の資源制約の多い学校にとって、これは大きな改善だ。時間とともに技術が改良されれば、仮想的に再現した実験室がどれほど素晴らしいものになるかは誰にもわからない。もしかしたらブンゼン・バーナーの熱を感じ、化学反応の臭いをかげるようになるかもしれないのだ[注22]。

別の教室では生徒が標準中国語の文法を学んでいる。この授業では、生徒はノイズ除去ヘッドホンをつけ、ラップトップ・コンピュータを使って学習する。教師はある生徒の横にひざまずいている。生徒は、画面のレンガ職人に指示を出して、壁を立てるのと同じ方法で、レンガを一個ずつ使って文章を組み立てている。画面の背景には単語が書かれ、文法的な働きによって色分けされたレンガが積まれている。生徒はレンガ職人に指示を出して、正しい山からレンガを選び出し、標準中国語の文章になるよう正しい順序で並べる。必要なレンガがすべて正しい順序で組み合わさると、レンガに書かれた英単語が中国語の単語に置き換わり、生徒はレンガ職人に合わせて文章を読み上げる（文章はアルファベットで発音通りに表記されている）。生徒が正しく発音しないと、レンガ職人はムッとして正しい発音を繰り返し、正しく発音できるとハイタッチをしてくる。標準中国語は声調言語なので、レンガの傾きによって声調を目で確認して感じることができるようになっている。

同じ教室にいる別の生徒は、同じソフトウェアプログラムを使って、同じ教材を機械的に繰り返しながら覚えている。ネイティブスピーカーの標準中国語を聴き、それから文章を繰り返す。これは生徒の親の世代になじみ深い学習方式だ。どちらの生徒も、クラス全員の前で行なう会話に備えて、文章を組み立てる勉強をしている。教室には、二人と同じ学習ツールを使っている生徒が何人かいるが、その多くは各人の学び方に合った別の方法で標準中国語を学んでいる。

バーチャル・ケムラボとは違って、この中国語の授業は正真正銘の未来の教室だ。まだ実現していないのだから。だが技術が破壊的な方法で導入されれば、現実のものとなるだろう。

それでは教師は、未来の教室のどこに収まるのだろうか？　もちろん、バーチャル・ケムラボを開発した教師がいる。また中国語の教室にいて、生徒を一人ひとり回って手を貸し、集中させ、それぞれの生徒の学び方に合った方法で教材を学ぶ手助けをする教師もいる。

一枚岩型の教授方式が、生徒中心の技術を装備した教室へと移行するにつれて、教師の役割も徐々に変化していく。この移行は容易ではないかもしれないが、得るところも大きいはずだ。教師は来る年も来る年も画一的な授業を行ないながらほとんどの時間を過ごす代わりに、生徒の間を回って、一人ひとりが問題を解決する手助けをすることに、今よりずっと多くの時間を費やせるようになる。生徒が自分に最適な学習方式を探す手助けをする、学習コーチやチューターに近い役割を果たすようになるのだ。生徒の習熟度に関するリアルタイム・データを利用しながら、学習を通じて生徒を導き、やる気にさせる。だがこのような未来の中で、教師が自分の価値を高めていくためには、現在教育学部で教えられているものとはまったく違うスキルを身につけなくてはならない。生徒中心のオンライン技術への移行の主な牽引要因であり、恩恵であるのは、個別化だ。そのため、生徒たちの違いを認識し、それぞれの生徒が用いる学習モデルを補完するような助言を一人ひとりに与える能力を持つことが、教師にますます求められる［注23］。

教師にとっての恩恵はもう一つある。生徒中心の技術によって、教師は一人ひとりの生徒に今よりずっときめ細かく目を配れるようになる。そのため、教師一人あたりの生徒数を増やすという、教育界の流れに逆らうことが実行できるようになるのだ。教授方法の破壊を促すことによって、学校区がこれまでとらわれてきた、金のかかるトレードオフを断ち切れる可能性がある。そうすれば個々の教師はより良い仕事をし、より**多く**の生徒に注意を向けることができるようになる。その結果、より多くの資金を確保して、教師の報酬を引き上げることが可能になるかもしれない［注24］。

未来の評価はどうなるか

学習が生徒中心に変化するとともに、評価方法――つまり学習成果を判定するために子どもたちをテストする技術や技法――も変化する可能性があるし、実際に変化しなくてはならない。学習が生徒中心方式になれば、やがて現行方式のテストが不要になるはずだ。必要に応じて代替的な評価手法が生まれるだろう。

これまでのテストは、生徒、教師、学校管理者のために、二つの仕事をするために用いられてきた。第一は、生徒が教材を習得し、次に進む用意がどれだけできているかを判定すること。第二の目的は、生徒同士を比較することだ。生徒中心の技術は、どちらの仕事もこなすことができる。

従来型の教師が実施するテストは、最初の仕事をうまくこなしていない。生徒がある単元の学習内容を習得していようがいまいが、全員が次に進む。教師が生徒の学習成果を知るのは、試験が実施され、採点された後だ。しかもそれは、単元や授業が終了してからしばらく経ってからであることが多い。教材のすべてを習得していなくても、合格点をもらえる程度にわかっていれば、次に進まなければならない。それに落第点を取った生徒も、大抵はそのまま進まなくてはならない。なぜなら一枚岩型の教授モデルには、「どんどん進む」ことがついて回るからだ。教師が実施するテストが教師や学校管理者に教えてくれるのは、単にどれだけの割合の生徒がどれだけの割合の教材を習得したかということだけだ。教材を学習する時間は決まっているが、吸収量は人によって大きく異なる。

スティーブン（スティーブ）・スピアー教授がある経験談を語ってくれたおかげで、われわれは公教育における一枚岩型教授モデルのわなを適確にとらえることができた。スティーブは博士課程の学生としてトヨタの名高い製造システムを研究していたとき、リサーチのために一時トヨタとクライスラーの組立ラインの助手席の取付ポイントで仕事をしていたことがある。

クライスラーでは、訓練担当の作業員がスティーブに向かって大体こんな感じの説明をした。「車体はこのラインを二八秒ごとにやってくるから、このシートを取りつけるのに、それだけの時間があるってことだ。じゃ、これからやり方を実演して見せるよ。まずこれをこんな風に持ち上げる。それからこうやってこうやって、それからこれをここにこうやって入れて、それからこれを締めて、ああやって」。そんなこんなで、シートが完全に取りつけられた。「どうやるかわかったかい、スティーブ？」

スティーブは決められた時間内にすべての作業を終える自信があった。何といってもかれはMITから工学技術の学士号と修士号を取得していたのだから。そこで次の車体がラインをやって来たとき、自信満々でシートを一つ拾い上げ、取付前の準備段階をすべて終えた。だがそれを車体に取りつけようとすると、どうしてもかみ合わなかった。スティーブは二八秒をまるまる使って、何とか取りつけを終えようとしたがだめだった。指導員は組立ラインを止めて、問題を解決しなければならなかった。それからもう一度スティーブにやり方を教えた。次の車体が来たとき、スティーブはふたたびトライしたが、うまくいかなかった。まる一時間かけて、正しく取りつけることのできたシートは、わずか四つだった。

従来この種の製造ラインで、ラインから出てきたすべての製品を検査することが重視されてきた理由の一つは、製品が何百もの製造段階を経ているため、すべての段階が正しく行なわれたという確信を企業側が持てないからだ。ビジネスでは、ラインの末端で行なわれるこの業務を「検査」と呼ぶ。教育では、「評価」または「テスト」と呼ぶ。

スティーブはトヨタの工場の同じ持ち場で働いたとき、まるで違う経験をした。最初に訓練所に行くと、こんな風に言われた。「このシートをきちんと取りつけるのに必要なステップは七つあります。ステップ一を習得したことを証明できなければ、ステップ二を学べません。ステップ一を一分間で習得できれば、今から一分後にステップ二に移れます。でも一時間かかれば、ステップ二を学ぶのは一時間後になるでしょう。一日かかれば、明日になるまでステップ二は学べません。前のステップがきちんとできなければ、それ以降のステップを教える意味はありません」。試験と検査は、指導のプロセスの不可欠な一部分を成していた。その結果、スティーブはトヨタの製造ラインで持ち場につくと、最初から自分の分担を毎回正しくこなすことができた。実際トヨタでは、欠陥製品を修理するのに無駄な時間や費用を費やす必要がないように、各ステップの直後にそれが正しく行なわれたことを検証する仕組みがプロセスの中に組み込まれていた。そんなことから、トヨタでは製造プロセスの末端で製品をテストする必要がなかった。

　スティーブ・スピアーにとって、この二つの訓練方法はなんと対照的だったことだろう。クライスラーでは、訓練にかける時間は決まっていたが、成果はまちまちで予測がつかなかった。ちょうど、公立学校の評価システムと同じだ。「テスト」、つまりシートの取りつけは訓練の最後に行なわれた。他方トヨタでは訓練時間は決まっていなかった。だが評価は、訓練の中に相互依存的に織り込まれ、いつでも同じ成果が得られた。訓練を受けた人なら誰でも、教えられたことを確実に実行できた（トヨタの方式は、スティーブが一番学びやすい方法に個別化されていたわけではなかったかもしれないが、このエピソードでは、テストのあり方が成果に及ぼす影響に注目してほしい）。トヨタは社内のすべての活動のためのすべての訓練を、この原則に則って行なっている[注25]。

　一八〇〇年代の公立学校では、一枚岩型の授業がほとんど行なわれなかったことを第一章で説明した。それは、ひと部屋教室の学校にさまざまな年令の生徒が集められていたからだ。ほとんどの授業が、それぞれの生徒に合ったレベルで、それぞれに合ったペースで行なわれた。二〇世紀初頭になると、教育関係者は生徒人口の急増に対処するために、製造業のバッチ処理の概念をまねた一枚岩型の学校モデルを取り入れた。それは、各段階にかける時間を固定して、生徒を一枚岩方式で一括処理する、「教養ある人」の組立工程だった。スティーブ・スピアーのクライスラーでの経験と同様、学校も「時間は一定、学習成果はまちまち」を特徴とするようになった。どの製品が正しく製造されたかを知ることができないメーカーが、製造ラインの末端から出てきたすべての製品を検査しなくてはならなかったのと同じように、教育関係者もそれぞれのバッチの中の誰が何を学んだかを知ることができないために、生徒をテストする必要があった。修理、再加工、不良は、どちらのシステムにとっても金のかかる要素だった。ちょうど製造業で検査の専門領域が出現したのと同じように、教育にも評価の専門領域が現れた。

個別的な指導から、大勢の生徒を対象とした一枚岩型の指導への移行とともに、教師の仕事が変わった。われわれの推定では、現在典型的な教師は少なくとも八〇パーセントの時間を、一枚岩型の活動——授業の準備をし、実際に教え、クラス全体をテストすること——にとられ、一人ひとりの生徒に手を貸すための時間は、二〇パーセントを大きく割っている。生徒一人ひとりを個別指導することを主な任務としていた職業が、秩序を保ち、注目を集めることが最も重要な技能である職業と化しているのだ。

生徒中心のオンライン技術を利用した学習では、授業モジュールの最後まで待って、バッチモードでテストを行なう必要はない。習熟度を継続的に確かめることで、緊密な、閉じたフィードバックループ［訳注◆ある行動の成果がインプットとしてシステムに還元され、将来的に行動を変化させるようなシステム内の変数間の関係］を作り出すことができるのだ。誤解が何週間も解けないまま試験が行なわれ、教師がすべての生徒を採点し終わった後で、ようやく間違いが発覚するといったこともなくなる。学習時間は一定だが学習成果は生徒によってまちまちなのではなく、学習時間はまちまちだが、はるかに一貫した学習成果が得られる。言い換えれば、評価と個別的支援は、プロセスの最後にテストとして追加されるのではなく、指導段階の中に双方向的かつ相互依存的に織り込まれる。またソフトウェアメーカーはこのフィードバックループを通して、異なる学び方に対応するよう製品に改良を加えることができる。

試験に課された二つめの仕事は、前述のとおり、生徒同士の比較を行なうことだ。生徒の比較が必要な理由はごまんとある。大学入試の合否は、テストの得点をもとに決められる。学校や学校区が子どもたちの教育に関して満足の行く仕事をしているかどうかは、標準テストの結果で判断される。成績優秀賞者名簿の作成——その目的は生徒を比較することにある——も、おおむね試験結果をもとにしている。

生徒中心のオンライン技術が支配的になれば、生徒を比較する必要を別の方法で満たすことができるようになる。学習成果のばらつきが以前ほど大きくないため、各生徒が教材のどれだけの割合を習得したかではなく、教材がどこまで進んだかを比べれば、生徒同士を比較できるようになるのだ。

もしわれわれが本気で生徒の学習回路に合った方法で科目を教えようとするのであれば、評価技術の大幅な進化を図る必要がある。たとえば従来の教え方では数学や科学をよく理解できないが、運動感覚的知能には恵まれた、例のロブ・ジェームズのような生徒に化学を違った方法で教えるためには、かれの教材の習熟度を、論理・数学的領域の知能に優れた生徒の示す習熟度と比較する方法を探さなければならないだろう。

ベルギーのノーベル文学賞受賞者モーリス・メーテルリンクは、こんな名言を残している。「進取の人は、未来へとつながる道の岐路にさしかかるたびに、過去を守る任を帯びた千人の男たちに行く手を阻まれる」。教育関係者は、われわれと同じように、大きな変化には抵抗を示しがちだ。だがこの学習基盤《プラットフォーム》の変化は、適切に――つまり破壊的に――執り行なわれれば、脅威ではなく機会になるのだ。生徒は自分に適した方法で学べるようになる。教師は学習リーダーになり、一人ひとりの生徒に目を配るようになる。そして学校組織は使命を放棄することなく、財政の大混乱を乗り切ることができる。

本章でこれまでたどってきたように、生徒中心のオンライン技術による従来型の教授方式の破壊は、これまでのところ、消費のまったく存在しない状況に根づくことで推進力を得てきた。オンライン学習はすでに、他の選択肢がまったく存在しないような場所で、授業のあり方を変えている。これが破壊が始まる典型的なパターンだということは、本章で見てきたとおりだ。代替曲線の形状から判断する限り、この移行は今後数年以内に大きな勢いを得る可能性が高い。州や市、町の財政状況が、この代替を促すだろう。また技術の向上も、この動きをさらに加速させるだろう。

本章では、われわれがコンピュータベースの学習と名づけた、破壊の第一段階がどんなものであるかを説明した。また、破壊の第二段階である生徒中心の技術についても取り上げた。破壊の第二段階が終わる頃、それまでとはまったく違う展望が開けることが多い。生徒中心の技術が根づくことができる機会、そしてその結果学習の展望を変えることのできる機会は、現行の幼稚園から高校までの公教育システムの外側に数多く存在する。次章ではこのきわめて刺激的な機会について詳しく見ていこう。

The System for Student-Centric Learning

第5章

生徒中心の学習システム

図書館で興奮した様子でログインしているマリアは、ロブが向かい側のコンピュータの前に座っていることにすら気づかない。だがロブの方が彼女に気づいた。

「いま授業じゃないの?」かれは尋ねる。

「さっきまで来学期のクラスを登録してたの。これからランチ」彼女は答える。

「じゃここで何してるのさ?」

「オールストンが、インターネットでアラビア語の単位を取る方法を教えてくれたの!」マリアは言い、それから声を潜めた。図書館中の人に聞かれてダサイやつと思われたような気がして居心地が悪かった。

「これで自分の授業プランを自由に決められるのよ」

「何だって? ものすごく高いんじゃないの?」

「無料《ただ》よ」とマリアは言う。彼女のコンピュータには初期画面が表示されていた。ユーザー名を選び——アラビック・マリア——クリックして、最初の画面にたどり着く。

「会話の相手を選びましょう」と画面は言ってくる。それを見たマリアは、このコースでは普通のウェブカメラを使って、英語を学ぶアラビア語のネイティブスピーカーと会話するのだと気づいた。

「なんてすごいの」マリアはまた声を潜めるのを忘れている。図書館員が何か言いたげににらみつける。

「すごいわ」とマリアはささやき、ロブは笑った。

「何が?」

「アラビア語を話す海外の友だちができるのよ」

「それはすごいな。ねえ、ちょっと見てみてよ。こっちが英語を話すだけで、ただで化学を教えてくれる人を見つけちゃったよ。日本人だってさ」。ロブはマリアに見せようとモニターの向きを変える。「アルベーラが勧めてくれたんだ。やつ、いい感じだぜ」

「アルベーラ、それとも日本人が？」

「どっちも」

二人の後ろを通りかかったアルベーラは、にやっと笑う。州の教員大会は何だかんだ言って役に立った。かれ自身、昨夜はインターネットと首っ引きだった。配布された外国人チューターの資料を読んで、やっとロブにぴったりのものを見つけたと思った。一二〇人もの生徒を抱えていることについては彼には手の打ちようがないが、少なくともナイス・ジャパニーズ・イングリッシュ・スチューデント氏の勉強仲間《スタディ・バディ》は一人だけなのだ。

破壊というプロセスは、二段階に分かれて起こる場合が多い。そして第四章でも述べたように、教育でもそれが起こるとわれわれは考えている。破壊の第一段階では、革新的な企業が、既存製品よりもずっと手頃に、そして簡単に**利用できる**製品を作る。だが製品の**製造**はまだ困難で金がかかる。たとえばマイクロソフトがオペレーティング・システム（OS）事業で、IBMとDECを破壊したとき、マイクロソフトの製品（DOS、ウィンドウズ）は非常に手頃で使いやすかったが、製造はまだ困難で金がかかった。同様に、シリコングラフィックスやサン・マイクロシステムズといった企業が、ミニコンピュータ事業を破壊へと導いた初期のマイクロプロセッサ・ベースのワークステーションを作った。こうしたマシンは、初期のコンピュータに比べれば手頃で簡単に利用できたが、それを設計、製造するのはまだ多額の費用がかかり困難だった。その理由は、マイクロソフトのウィンドウズのように、製品のアーキテクチャが独自仕様で相互依存的だったからだ。つまり（第一章で見たとおり）、製品の一つひとつの部品の設計が、その他のすべての部品の設計に依存していた。そのため統合化された企業でなければ、このゲームに参加することはできなかった。何かを設計するには、すべてを設計する必要があったのだ。

同じことが今日のコンピュータベースの学習についても言えるようだ。人気のあるビデオゲームのように簡単に利用できる製品も多いが、それでも質の良い確かな教育用プログラムは、構築するのに莫大なコストがかかる。また続いて投入されるすべてのバージョン製品を維持するにもコストがかかる。

だが第一章でも述べたように、破壊の第二段階では、モジュール方式の設計というもう一つの技術進歩のおかげで、製品の**製造や改良**が容易になり、コストがかからなくなる。オペレーティング・システムの事業は、現在この第二段階に入っている。リナックスはモジュール型システムで、明確に定義された方法で組み合わせられる「カーネル」［訳注◆OSの中核部分］からできている。そのためアプリケーションの設計者は、自分流にカスタマイズしたOSを簡単に設計し、作ることができる。またモジュール方式は、コンピュータの設計を単純化した。だからこそマイケル・デルは、テキサス大学の学生寮の自室で、パソコンを楽々と作ることができたのだ。

教育にも同じことが起こるとわれわれは考えている。そしてこのことが、生徒中心の技術を実現する鍵になるだろう。現在も、コンピュータベースの教育用プログラムが簡単に作れるプラットフォームが続々と生まれつつある。これを使えば、生徒同士が学習に役立つツールを作って共有し合えるようになる。また親が子どもの必要に応じたプログラムを組み立てたり、教師が生徒の学習に役立つプログラムを設計できるようになるだろう。第四章で示した代替曲線の用語で言えば、世界の「切替」を引き起こし、生徒中心のオンライン技術を実現するのは、公教育の破壊における第二段階なのだ。

破壊の第二段階では、既存のバリューチェーンが破壊を免れることはまずない。ここではバリューチェーンのことを、本章の他の用語との混同を避けるために「商業システム」と呼ぶことにする。破壊が商業システムの一部だけに見られ、システムのほかの部分に変化を生じないことはまずない。商業システム全体が破壊されるからこそ、最終的にモジュール方式のソリューションが出現可能になるのだ。破壊の第一段階よりも安価なソリューションを実現する鍵は、破壊的な製品を完全に破壊的な商業システムに埋め込むことにある。

生徒中心の学習では、破壊の第一波でそうであったように、最初の用途のいくつかは公教育システムの外側に現れるだろう。本章の冒頭のミニドラマでも示したように、この段階では、技術の採用に関する意思決定は分散している。採用の決定は、各学校の校長、教師、親、生徒の一人ひとりが、その場その場で科目ごとに行なう。決定は非常に分散した形で行なわれることが多いため、教育委員会や教員組合のような中心組織を必要とせずに――あるいは、こうした組織の存在をものともせずに――進行するだろう。

生徒中心の技術が最初に幼稚園から高校までの体制の外側に根づき、浸透していく仕組みを理解するために、まず商業システムとは何なのか、また破壊が起こり成功するときに、なぜ既存システムを代替する新しいシステムが出現するのかを詳しく見ていこう。また三つの基本的なビジネスモデルについても説明する。これらのレンズを存分に駆使して公教育の商業システムをつぶさに見れば、なぜ破壊の第一段階では統合化されたソフトウェア企業が成功するのか、そして生徒中心の学習の秘める能力を完全に解き放つためには、なぜその他の場所にも大きな変化が起こる必要があるかがわかるはずだ。また三つの基本的なビジネスモデルを理解することで、未来の生徒中心技術がどのようなものになるか、いくらか手がかりが得られるだろう。

商業システムを破壊する

企業は商業システムという枠組の中でコスト構造と業務プロセスを確立し、サプライヤーやパートナー企業と協力して、顧客の共通のニーズに利益を出しながら応えていく。破壊が起こるために商業システム全体が代替されなくてはならない理由は、システムの各段階での各関係者のビジネスモデル、経済的動機、イノベーションのリズム、技術パラダイムが、互いに整合し、互いを補強し合っているからなのだ。破壊的な経済モデルを持つ企業は、古い商業システムとまったく相容れない[注1]。したがって、教材を制作し、どの教材を採用するかを決定し、その内容を生徒に教えるシステムそのものが変化する必要があるし、必ずや変化するだろう。

その理由を説明する簡単な例を挙げよう。第三章で述べたように、トランジスタが真空管にとって破壊的だったのは、大きな電力に対応できなかったからだ。そのためトランジスタは、当時のＲＣＡやゼニスといった大手家電メーカーが作っていた、床置き式のテレビや卓上ラジオなどの大型製品には使えなかった。大手メーカーは真空管技術を利用して製品を作り、家電製品の小売店を通じて販売していた。家電製品店は、テレビやラジオを販売することではなく、販売した製品の切れた真空管を修理することで、利益のほとんどを得ていた（頭に白いものが混じった読者なら、当時のテレビやラジオが頭に来るほどしょっちゅう真空管切れを起こして使えなくなったのを覚えておいでだろう）。

ソニーは一九五五年に世界初の小型トランジスタラジオを、そしてその四年後に持ち運びできるテレビを開発したとき、家電製品店を通じて製品を販売しようとした。だが家電店はソニーには見向きもしなかった。なぜだろうか？　それはソニーのトランジスタ製品には、切れるような真空管が入っていなかったからだ。だがソニーにとって幸運なことに、ちょうどその頃Kマートやウォルマート、ターゲットといったディスカウント小売店が出現しつつあった。こうした小売店は、補修部品市場で修理サービスを提供できないため、真空管を利用した製品を販売できずにいた。これはまさに神の思し召しによる組み合わせだった。アフターサービス不要の製品が、サービスを提供できないチャネルを通じて販売されたのだ。六〇年代半ばになると、固体電子工学は進歩して、大型テレビが必要とする電力に対応できるようになっていた。これに続く移行の中で起こったのは、ソニーとパナソニックがRCAとゼニスを破壊したことだけではなかった。小型のトランジスタ部品のメーカーが大電力部品のメーカーを破壊し、ディスカウント小売店が家電店を破壊した。つまり商業システム全体が、商業システム全体を破壊して代替したのである。

三種類のビジネスモデル

指導教材を開発、制作、販売する商業システムは、なぜ後続のシステムによって破壊される可能性が高いのだろうか？　この理由を理解するには、まず現行の商業システムに存在するビジネスモデルについて理解しなくてはなるまい。オイスタイン・フェルドスタッド教授とチャールズ・スタベル教授は、三種類のビジネスモデルから成る枠組を提唱した。本書ではこの三つのビジネスモデルを、**ソリューション・ショップ**、**バリューチェーン**、**促進されたユーザー・ネットワーク**とそれぞれ呼ぶこととする［注2］。破壊はどの種類のビジネスモデルにも起こり得る。だがバリューチェーンがソリューション・ショップを代替する、あるいはユーザー・ネットワークがバリューチェーンを代替するような形の破壊が起こるとき、産業にはさらに大きな変化がもたらされる。

ソリューション・ショップは、知的訓練を積んだ経験豊かな専門家を雇って、問題を診断したり、解決策を提案する。高度なコンサルティング会社、法律事務所、広告代理店、研究開発組織、病院での専門医による診察などが、この種のビジネスモデルの例だ。こうした企業が顧客に価値をもたらす能力は、主にそこで働く人々の中にある。つまりソリューション・ショップには、標準プロセスはほとんど見られない。一般に、特殊教育はソリューション・ショップと見なされる。それぞれの生徒の持つ問題が診断され、それぞれ異なる方法で扱われる。

製造業、小売業、食品サービス業の企業は、二つめのビジネスモデルである**バリューチェーン**型事業の例である。このタイプの事業では、プロセスの一方の端から資源が投入され、資源は価値を付加されながら形を変え、もう一方の端から価値が付加された製品となって現れ、顧客に提供される。ソリューション・ショップとは対照的に、バリューチェーン型事業では価値をもたらす能力のほとんどが、強力な標準プロセスに埋め込まれている。こうした企業の能力は、ソリューション・ショップの能力ほど、そこで働く人に依存しない。教科書の制作と販売はバリューチェーン型の事業だ。また現在はほとんどの教育指導が、バリューチェーン型事業のような形式で運営されている。生徒は学年の初めにクラス分けされ、価値を付加され、学年を修了すると一つ上の学年に進級する。

三つ目のビジネスモデル、促進されたユーザー・ネットワークでは、顧客同士が交換を行なう。通信企業は顧客が情報を送り合うという点で、促進されたユーザー・ネットワークだ。保険でも、顧客が保険料を保険プールに払い込み、顧客の請求はそこから支払われる。銀行業も促進されたユーザー・ネットワーク型の事業だ。一般にネットワークの参加者にとって、参加すること自体は主な利益源ではない。

ネットワークは、買い手と売り手が他の場所で利益を得るのを支援するインフラである。促進されたユーザー・ネットワークで利益を得るのは、ネットワークを促進する企業だ。促進されたユーザー・ネットワークは口幅ったい用語なので、本章ではこれからユーザー・ネットワークという用語を使うことにするが、これは別の当事者によって促進されたネットワークのことである。

公教育の商業システム

公教育の現在の商業システムは、主としてバリューチェーン型の事業だ。このことは、現在の公教育制度にどのようなタイプの学習方式を導入できるか、あるいはできないかということに、大きな影響を及ぼす。［図表5・1］に、公教育の商業システムに携わる企業や委員会、つまり「何をどのように教えるか」という決定に関わるすべての活動をまとめた。まず各分野の専門家が教科書などの指導教材を制作する。こうした教材に、教えるべき概念や、それを教えるための手法が体系化される。続いて州や地方レベルのカリキュラム専門家が、どの教科書を採用するかを決定する。次に教師が教科内容を生徒に――一般には生徒の集団にだが時には個別的に――教え、それから生徒が教わった内容のどれだけを習得したかを評価する。教師養成は中央に位置し、これらすべてのステップの仕組みを補強している。

［図表5・1］で、それぞれの活動を結ぶ一本の矢印は、その活動が大規模生産を促すような経済性を持っていることを表している。矢印が複数あれば、そのインターフェースにおける技術と経済性が、小規模な製品に適していることを表している。これからの説明では、これらの段階間の主なインターフェースにおける技術と経済性が及ぼす影響に注目する。そしてこのような力が作用する結果、現行の幼稚園から高校までの体制内に出現し得る破壊的製品のタイプが限定されることを説明する。またこうした相互

依存的な力が、一枚岩型の公教育制度を補強してきた経緯について見ていく。

ステップ1◆教科書や指導教材の制作、配布

商業システムの最初のステップは教科書の制作である。一般には、一名または数名の熟練教師が本文を執筆する。本文は他の経験豊かな教師や当該分野の専門家によって編集、再検討される。教科書のアーキテクチャは、一般にはその領域や分野の知識のアーキテクチャを反映したものとなる。この教科書が、主要概念を教える順序や、概念同士の関連性を定義する。教科書には補助教材や試験例、その他学習体験を充実させるための教材が付属することが多い。

こうした専門家は第一章で説明した「知識派閥」に属しているため、学校カリキュラムの指導教材は「支配的な知能」——つまり各分野の専門家が定義した問題が解決される際に使われる手法に最も即した学習回路を備えた知能——によって開発され、またそのようなタイプの知能を相手に教えられる。教科書や学習教材は、このような理解や問題解決の手法が体系化される主要な媒体の一つだ。たとえば物理、経済、数学の教師は、高度な論理・数学的知能の持ち主であることが多い。そのためこれらの領域の教科書の執筆者は、このタイプの知能を駆使して、当該領域の問題を定義し、説明する。

教科書産業は規模集約的なバリューチェーン型事業だ。この特性がそれぞれの知識派閥を強化し、それ以外のタイプの知能に優れた人たちを排除してしまう。書籍の執筆や編集、印刷、製本にかかるコストは、販売部数が一〇〇〇冊であろうと一〇〇万冊であろうとあまり変わらない[注3]。製薬産業や旅客機製造産業も規模集約的な事業で、固定費が非常に高いという特徴がある。大企業は高い固定費を大量の製品で幅広く回収することができるため、小規模な競合企業に比べてはるかに低いコストで製品を

図表5・1◆指導教材の開発、採用、使用のための既存の商業システム

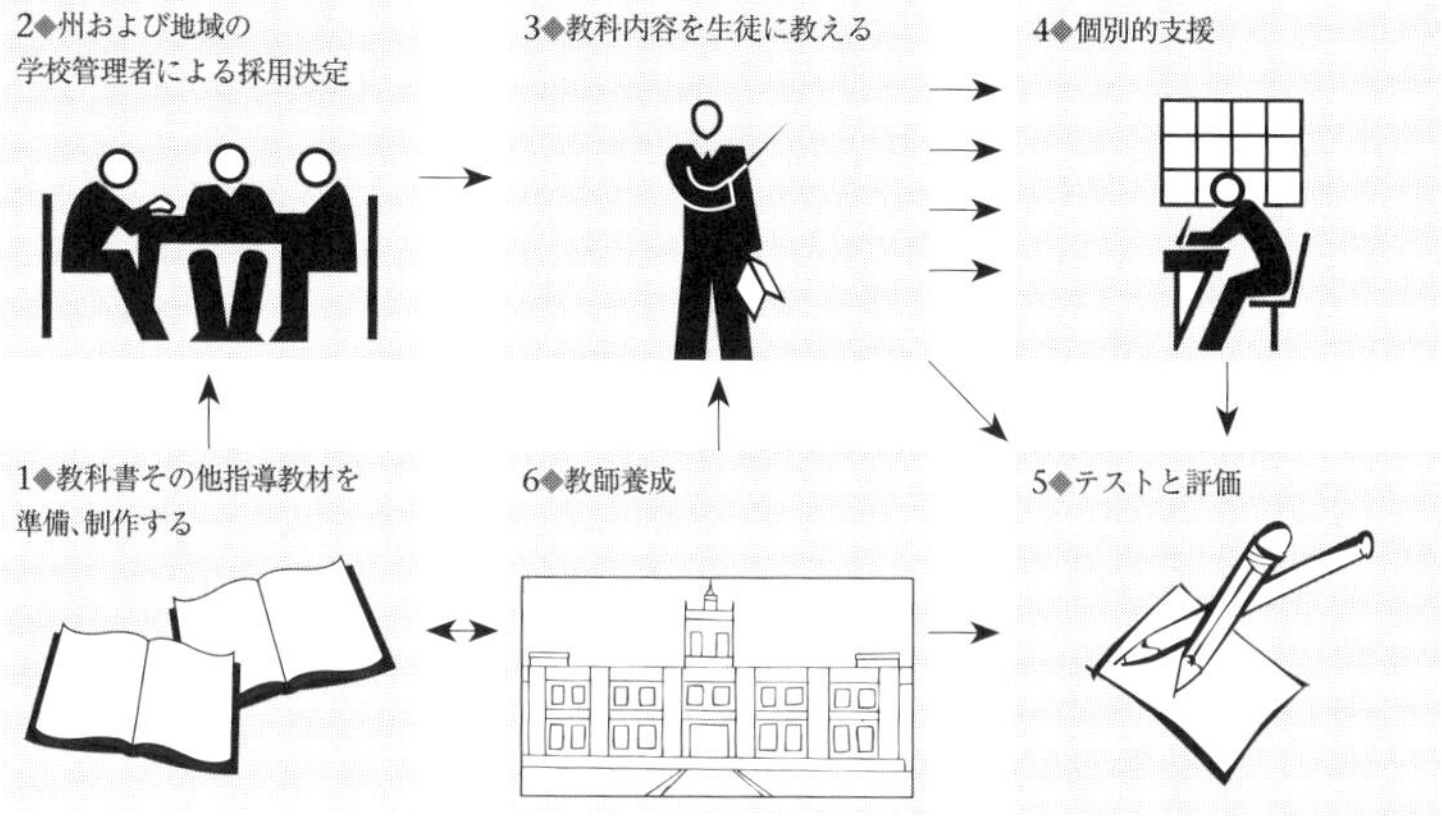

作ることができる。規模の経済性が大きい産業は、集中度が高い傾向にある。たとえば大型旅客機では、かつて産業を支えていた約二〇社のうち、二社（ボーイングとエアバス）を除くすべてが、倒産や大企業への統合により競争から脱落した。教科書産業にも同じパターンが見られ、それは中小企業が大企業に組み込まれる形の合併や統合にもはっきり現れている。これらは大当たりを狙う事業だ。ザンタックやリピターのような超大型新薬が製薬会社にとって魅力的であるように、教科書出版社にとっても、一冊のベストセラーが作り出す一枚岩の大市場はきわめて魅力的である。

それぞれの生徒が違う学び方をし、そのために差別化された学習オプションを必要としていることについては、教科書出版社の間では異論がない。だが教科書会社は、現状のままではそれを実現することはできない。知能タイプ別のテキストの製作に特化すれば、一作ごとの販売数量は――そして利益性も――大幅に低下する。このことは教科書会社の現行

のビジネスモデルにとって、きわめて破壊的な意味あいがある。そんなことから、この強力な業界の知的活力や資金力のほとんどが、差別化されていない生徒集団を対象としたベストセラー狙いの本を次々と生み出し、商品化することに向けられている。たとえ多様なタイプの学習者にアピールするような特性を盛り込もうとも、教科書は本質的に固定的で静的だ。教材を追加すれば、教科書はますます分厚く、重く、複雑になる。目を通しもしない何百枚ものページが挟まった分厚いテキストではち切れそうなバックパックを引きずって帰ってくる生徒は多い。

ステップ2◆販売と流通

現行の商業システムにおける二つめのステップは、教材の販売と流通である。このステップは、教材の開発ステップに輪をかけて、システムを一枚岩的な大規模製品に固執させる。なぜなら教科書採用の決定を下すのはほとんどの場合、学校区レベルのカリキュラム専門家だからだ（最近では州レベルで決定が下されるケースも増えている）。たとえばある教科書の著者と発行者が、テキサス州政府の教育委員会の採用を得て、さらに人口の多い州や学校区の委員会の採用を三つか四つ勝ち取ることができれば、その教科書の経済的な成功は保証される。いくつかの有力な委員会がいったん「採用決定」を下せば、その他の州や学校区も、独自の評価手順を経ずに先例に続くことが多いのだ。

ところでなぜ世の技術者はスペリングに弱いのだろうか？　なぜ文学好きの生徒は数学を苦手とすることが多いのだろうか？　どんな競技をやらせても天才的な運動感覚的知能を発揮するのに、「スポーツ馬鹿」というレッテルを貼られる人が多いのはなぜだろうか。その決定的な理由の一つが、教科書が採用されるプロセスにある。教科書の採用決定を下す学校区や州レベルの教育委員会は、一般にその分野で集めることのできる最も評価の高い専門家で構成される。かれらはそれぞれの専門分野の知識派閥の、いわば創立会員だ。またこの採用委員会のメンバーは、意識的にであれ、無意識的にであれ、それぞれの分野の支配的な知能に一番教えやすい教科書や指導教材を選ぶ傾向にある。

学校管理者が教科書採用の意思決定を集中化してきたのは、コストや品質管理上の問題に対処するためだ。コスト面のメリットははっきりしている。学校区や州全体の規模がバックにあれば、有利な価格を引き出すことができる。品質の判断においては、どの教科書が一番良いかを決めるのは複雑な任務だ。というのも、問題となるのは学習スタイルだけではないからだ。標準テストは一定の間隔を置いて実施される。学校の資金や評判は、生徒が標準テストで収める成績に決定的な影響を受けるため、標準テストに必要な学力を生徒に身につけさせることをはっきりと意図していない教科書は、採用するわけにはいかない。学校管理者は、生徒によって学び方が違うため、一冊の教科書がすべての生徒に有効ではないことを当然認識している。だがそれでもやはり、全生徒が使う一冊の教科書を選ばなくてはならない。かれらにできるのは、せいぜいできるだけ多くの解決策を網羅した、万能型の教科書を選ぶことくらいしかない。このように、採用決定に至るプロセスそのものが、科目の指導方法の標準化を命じるのだ。

たとえ一部の著者や発行者が、ある科目で支配的な知能以外の、特定のタイプの知能を持つ生徒の要求に応えるような教科書や教材を開発したとしても、それを主流の学校制度の中で販売することはほぼ不可能だ。そんな教科書は採用プロセスを通過することができない。その分野の支配的な知能のニーズに応えるという判定基準を満たさないうえ、できるだけ多くの生徒を対象とした万能型の教材の持つ、経済面やテストの得点面での魅力にも欠けるからだ。これから見ていくように、生徒中心の教育用プログラムが、それを必要とする顧客を見つけるためには、新しい商業システムが出現しなくてはならない。

それはバリューチェーンではなく、ユーザー・ネットワークを核としたシステムである。

その後のステップ◈［図表5・1］に示した商業システムの残りのステップは、一枚岩方式で生徒を指導すること、可能な場合に個別的支援を与えること、そして教材の履修部分を理解したことを実証できる生徒の人数を計測するために一枚岩方式でテストを行なうことだ。またこの図表に第6のステップとして、新しい教師の養成を描き入れた。ステップ1から5までが公立学校制度の内部で行なわれるのに対し、第6のステップだけは世界中の大学で行なわれる。教師養成の主な目的は、教師がこの一枚岩型のシステム内で任務を果たせるようにすることにある。たとえば化学の授業で共有結合を教えるとき、教室中の生徒の熱心な注目を集める方法を学ぶといったことだ。

このシステム内の何もかもが（教師がわずかな時間を個別的支援にあてるステップ4を除く）、全生徒を同じように扱うことを意図していることに留意してほしい。

統合型ソフトウェアソリューションは、この商業システムにどのような形で組み込まれるか

ここまでは良い知らせだった。だが悪い知らせもある。この技術は高価なものになるだろうし、強力な参入障壁が存在する。学校区の資金と評判は、標準テストでの生徒の出来にかかっている。コンピュータベースの学習支援ツールは、リアルタイムの評価を組み込むことができるが、こうしたツールが既存システムの大黒柱である標準テストを近い将来代替する見込みは薄い。そのため、標準テストに直接対応するソフトウェアでない限り、学校区は採用することはできないのだ。そのほかにも学校区、州、連邦の

政策の定める指令や規則が、コンピュータベースの技術の要件を陰に陽に規定する。こうした政策のせいで、ソフトウェアは従来方法で定義された科目の中に閉じこめられるだろう。たとえば第一章で化学の文脈で代数を教えようとした教師の例を挙げたが、このようなイノベーションはきわめて困難になる。

われわれの破壊的イノベーション研究には、このことを示す圧倒的な証拠がある。破壊的イノベーションは、足がかり用途として無消費に的を絞れば成功する見込みは高い。だがもしこのような用途が、その後商業システム——確立された価値基準に沿って精緻化された製品品質と利益性の定義を持つ、サプライヤーから顧客までをつなぐチェーン——の中にとらえられたならば、破壊はシステムの他の参加者のニーズや期待と一致しない限り、決して羽ばたくことはないだろう。一般に、このことがイノベーションの範囲を限定する。それにこの技術は高価でもある。だからこそ真に爆発的な破壊的成長は、新しい技術が、破壊的なビジネスモデルを通じてだけでなく、破壊に即した経済性を持つ破壊的な商業システム——サプライヤーから流通業者に至るシステム——を活用しながら、市場に導入されるときにしか起こり得ないのだ。では次にこの破壊的なシステムが、破壊の第二段階でどのような変化をたどるか見てみよう。

生徒中心の学習へと向かう破壊

前述のとおり、教授システムの破壊の第一段階では、ソフトウェアは複雑で開発に多額の費用がかかる可能性が高い。理由は前にも述べたように、既存の商業システムを通じてソフトウェアを販売するせいであったり、ウェブ2.0的なソフトウェアがまだ比較的未成熟なせいであったりする。しかし、第二段階に向かうためには不可欠だが、第一段階ではまだ存在しなかった二つの要素が、今後数年以内に出現すべくして出現するだろう。一つめの要素は、ユーザー生成コンテンツの制作を支援するプラットフォームである。二つめの要素がユーザー・ネットワークの出現であり、他産業でこれに相当するものとしてはイーベイ、ユーチューブ、dライフ（糖尿病患者とその家族向けのプログラム）などがある。ソフトウェア・プラットフォームの開発ツールを使えば、オンライン教育用プログラムを実に簡単に開発できるようになり、生徒が他の生徒を教えるのに役立つようなプログラムを開発したり、親が子どもを個別指導するためのツールを組み立てたり、教師が学級のさまざまなタイプの学習者のための支援ツールを作るといったことが可能になる。こうした学習ツールは教育用ソフトウェアというよりは、個別指導向けプログラムに近いように思われるかもしれない。だが学習ツールは、集中化した選定プロセスを経て教室に「押し込まれる」のではなく、教師、親、生徒による自己診断を通じて、教室に「引き入れられて」利用されるようになる。つまり、流通のビジネスモデルはバリューチェーン型ではなく、ユーザー・ネットワーク型になる。これによって親、教師、生徒同士が指導ツールを提供し合えるようになる。

この破壊の二つの段階を、［図表5・2］に連続的な競争平面として描いた。それぞれの平面は、別の商業システムを表している。一番奥の競争平面が、現在の公立学校制度とほとんどの私立学校およびチャータード・スクールである。これらが一枚岩型の教授方式という特徴を持っているのは、先に説明したとおりだ。教科書の開発と制作、学校区による採用決定、教授方式、評価はすべて一枚岩型方式で行なわれる。個別化には法外な費用がかかるからだ。

真ん中の平面は、われわれがコンピュータベースの学習と呼ぶ、教授システムの破壊の第一段階を表している。この破壊は、無消費と対抗することを通じて根づく。すでに進行中のプロセスであり、これを促し

図表5·2◆授業指導の破壊における二つの段階の性質

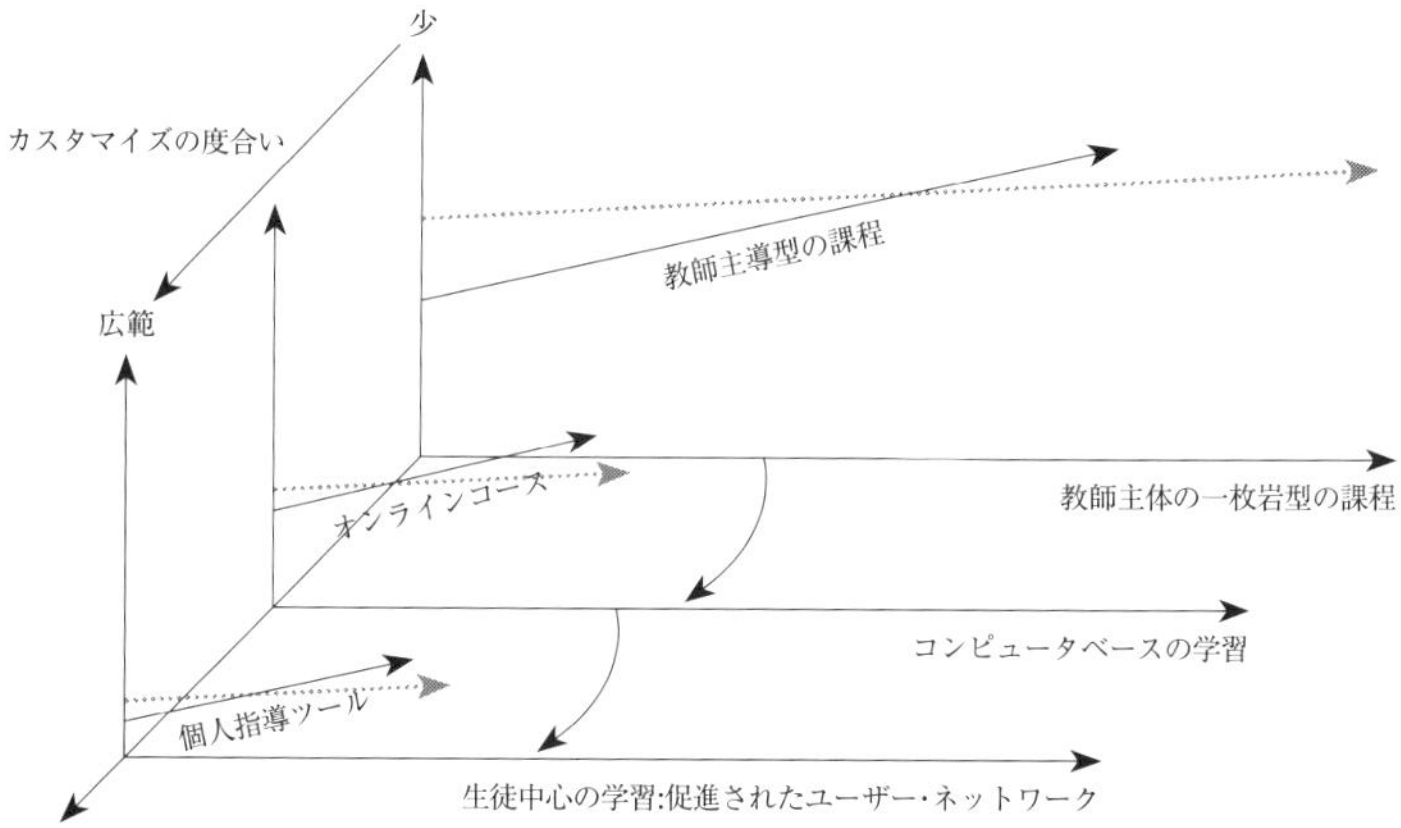

© Clayton M.Christensen

ている主な要因は、教師先導型モデルの経済性である。本書のミニドラマでマリアがアラビア語の課程を希望しながらも履修することは叶わなかったように、生徒が希望するまたは必要とする課程を提供する能力が学校にないということだ。この段階の履修課程は、それぞれの分野で支配的な知能を持つ人たちによって設計され、教えられるという点では、奥の平面の課程とよく似ている。これらは完成した課程であり、バリューチェーン型のビジネスモデルを持つ企業によって制作、販売されることが多い［注4］。

［図表5·2］の手前の平面は、破壊の第二段階を表している。これから説明するように、この破壊の波を起こす製品は、**個別指導**向けのユーザー開発型オンラインツールであり、バリューチェーンではなく、ユーザー・ネットワークを通じて、生徒、教師、親に配布される。製品はモジュール型で、そのためカスタマイズが容易である。ソフトウェア開発企業が、リナックスのカーネルを必要なまさにその場所に挿入することでカスタムOSを構築できるのと同

じように、ユーザーは個別指導のモジュールを選び、「カーネル」のようにはめ込んで拡張し、さまざまなタイプの学習者の学習ニーズに合わせてカスタマイズする。最終的に、ユーザーはこれらを組み合わせて完全な課程に仕立て上げる。この課程は完全に生徒中心の、つまり学習者のタイプに合った構成となる。

技術プラットフォーム

ソフトウェア市場では、一般ユーザー（プログラマではない人たち）でも、特定の目的のために驚くほど複雑なソフトウェア（「アプリケーション」と呼ばれる）を簡単に作れるプラットフォームが、現実のものとなりつつある。その一つがインテュイットの「クイックベース」だ。これはオンラインでソフトウェアを構築できるプラットフォームで、これを使えば誰にでも小規模事業の資金管理用ソフトが作れる。たとえばあなたが毎年恒例のガールスカウト・クッキー販売の州責任者だとしよう。まず数千人のガールスカウト団員の一人ひとりが、どの種類のクッキーをどれだけ注文したかを記録する必要がある。また回収した代金を送金してきたのが誰で、まだ送金していないのは誰かをつねに把握していなければならない。それから注文を集計して、合計を本部に提出しなければならない。数万個のクッキーボックスに正しいクッキーが詰められ、地域リーダーに届けられ、リーダーから正しい組み合わせのクッキーが団員の家に届けられるよう、注文状況を確認しなければならない。また団員が客に注文通りのクッキーを届け、支払いの済んでいない客から代金を回収するよう確認する必要がある。それからリーダー一人ひとりにボランティア活動へのお礼のカードを送り、一定の販売基準を満たした団員に特別賞を与えなくてはならないのだ。ところがあなたはソフトウェアについてはずぶの素人で、子育ての真っ最中ときている。これはとても複雑な問題だが、かといってSAPなどの業者から市販の企業資源計画ソフトウェア・パッケージを購入する費用はとても正当化できない。だがクイックベースがあれば、インターネット上で自分のニーズに合った自分だけのプログラムを簡単に作ることができるのだ。

クイックベースに類似したプラットフォームを使えば、専門家でなくても、さまざまなタイプの学習者が苦手とする科目を克服するのに役立つソフトウェアを作れるようになる。当初出てくるのは、生徒の抱える学習上の問題と日々向き合う人たちが試験的に考案する、単純なプログラムだろう。たとえば数学の天才を娘に持つ父親が、なぜ娘のスペリングがこれほど悲惨で、しかも娘がそのことをまったく気にしていないのかを解明し、人とは違う学習回路を持つ娘にスペリングを教える手法を考案して、それをソフトウェアにするかもしれない。また代数Ⅱを何とか理解した高校二年生が、同じ苦しみを味わっている級友を教える方法を考え出すかもしれない。あるいは歴史教師が、スペインの異端審問に生徒の興味を引く方法を必死の思いで編み出すかもしれない。

いま挙げた例が、個別指導向けのツールに似ていることに注目してほしい。まさにそこがみそなのだ。一人ひとりの生徒が、自分の学び方に合わせて方法を巧みに変えながら各科目を教えてくれる家庭教師を雇うことができたら、どんなにいいだろう。だがとてもそんな費用は支払えないために、われわれは一枚岩型の教授方法で妥協してきたのだ。しかし第二段階で実現するツールは、家庭教師ビジネスを破壊する。非常に手頃で単純明快なので、すべての生徒がこうしたツールを利用してバーチャル家庭教師につくことができる。やがて、生徒が個々の課程で抱える学習上の問題を解決するために生徒、親、教師が用いる、多様なモジュールが組み合わさって、個別化された完全な課程ができあがるだろう。これがモジュール方式の至上目標なのだ。

これを夢物語だと思われるだろうか？　われわれはそうは思わない。自前のソフトウェアを構築できるプラットフォームは、クイックベースだけではないのだ。一世代前は、ディズニーのアニメーターに太刀打ちできるアニメ映画を作るなどとても考えられなかった。だがデジタルアニメーション技術のおかげで、ピクサーはディズニーを超える映画を制作できるようになり、ディズニーは競争を続けるためにピクサーを買収しなければならなかったほどだ。今では技術のおかげでアニメ制作が非常に簡単になったため、アニメを自作する人がたくさんいる。一度ユーチューブでチェックしてみてほしい。またセカンドライフは「すべて住民によって想像され、創造された」、とても人気の高い三次元の仮想世界である［注5］。

ユーザー・ネットワーク型ビジネスモデルを通じた流通

こうした個別指導向けツールを開発する当初の動機が、「局所的」だということは大いにあり得る。つまり家族や友人、教師が、特定の生徒の利用を念頭に作るということだ。だが歴史が指針となるなら、傑作ツールは瞬く間に人気を博して広まり、またこのようなユーザー生成コンテンツが無料または有料で提供される交換所が現れるだろう。たとえば「ソフトウェアをサービスとして提供する」（ＳａａＳ）企業、セールスフォース・ドットコムは、ウェブサイトで「アップエクスチェンジ」を提供している。そこではクイックベースやそれに類したプラットフォームを使ってプログラムを開発した人が、自作アプリケーションを公開し、ユーザーは自分のニーズに合ったアプリケーションを探せるようになっている。

このようなユーザー・ネットワーク――世界中の参加者が互いを教え合い学び合うことのできるユー

ザー生成型の共同学習ライブラリ――は、まだ揺籃期にあるが、確かに出現している［注6］。ユーザー・ネットワークは、伝統的な教科書の制作、販売や、そうした教科書が一枚岩型授業で用いられる方法を決定する、現行のバリューチェーン型のビジネスモデルに比べて、ずっと多くの洞察力あふれる人材の革新的なエネルギーを活用することができる。ネットワークの普及が進み、製品を構築するためのプラットフォーム・ツールがますます使いやすくなるにつれ、たとえば論理・数学的知能に優れた生徒にスペリングを教える方法を編み出した人が、交換所のサイトでツールを構築し、公開し、成り行きを見守るといったことが可能になる。コンテンツが長期間にわたって利用されるうちに、ユーザーはちょうどアマゾン・ドットコムで本を、ネットフリックスで映画を評価するのと同じように、コンテンツを評価するようになるだろう。そうすれば他のユーザーは、自分の学び方に最も適したツールを簡単に見つけられるようになる。

教育関係者が医療産業から得られる洞察の一つに、人は適切なツールを与えられさえすれば、かなり的確に自己診断を行なうことができるということがある。人は自分の症状を、医者に言葉で伝えるよりもずっと総合的に繊細に感じ取れるものだ。そんなわけで製薬会社は、特定の疾患のために、患者と直接コミュニケーションを図るタイプの広告に、多額の費用をかけるようになっている。これまで患者は、不調や不快症状の治療薬があることを知らずに、ただ我慢するしかなかった。解決策が存在することを知らせる広告は、一般にその疾患に関する情報も合わせて患者に提供する。これまで医薬品は専門家、つまり医師を通じて「プッシュ型」（業者主導）で販売され、一般に患者は医師の指示に従って治療を受けていた。最近では、患者は自分で予備的診断を行ない、医師から解決策を「プル」（引き出す）するようになっている。

教育でこれと似た事例として、これまで生徒やその家族は、学習上の問題を解決する方法があるのを知らないために劣等感にさいなまれ、その結果成績不良と低い自尊感情に甘んじてきた。生徒とその家族はこうしたユーザー・ネットワークを通じて、特定の科目の学習がなぜ困難に感じられるのかを自己診断し、自分なりの解決策を見つけることができるようになるだろう。医療と同じで、プロの教師が「治療法」を指示するまで待つ必要はない。自分でユーザー・ネットワークから解決策を引き出すことができるのだから。

ユーザー生成コンテンツの利点

先に述べたように、生徒はこうしたソフトウェア・プラットフォームを使ってツールを開発し、それをユーザー・ネットワークで公開することによって、他の生徒を教えることができるようになる。だが教えるのは専門家に任せ、生徒は学習に専念した方が良いのではないだろうか？　いや、そうとは限らない。教師の話を聞くより自分で教えた方がよく学べることが多いのだ。

この原理を表す実例を紹介しよう。われわれの友人の一人は、仮にダンという名にしておくが、アメリカ西部の短期大学で会計学を学んだ。必死の努力の末に凡庸な成績で卒業したダンは、ともかくも近くの四年生大学に仮入学を許可された。そこで三、四年生向けの科目を履修して、会計の学士号を取得するのに必要な最後の二年間を終える算段だった。結婚してもう二三歳になっていた成人生徒のダンは、ひたむきに学業に取り組んだが、最初の学期の成績評価点（GPA）は四点満点中の一・五だった。かれは学業アドバイザーのオフィスに呼ばれ、こう聞かれた。「父上の仕事は？」「農場経営です」とかれは答えた。「故郷に帰って家を継がれた方が良いと思いますよ」とアドバイザーは勧めた。「あなたは大学の勉強に向いていないのです。あなたのような生徒を何人も見てきましたが、得意なことをやった方がずっと幸せですよ」

ダンは、自分は馬鹿ではないし、実業界でキャリアを築きたいのだと言った。「今に見ていて下さい」とかれはアドバイザーに反論した。「これから成績を上げて、必ず卒業して見せますから！」

ダンはさらに努力を重ねた。週八〇時間かけて会計学の宿題をこなすことで卒業にこぎ着け、何とその大学の会計学の修士課程に合格した。並々ならぬ努力の甲斐あって、ダンは修士号を取得した。

卒業して数週間経った頃、ダンの卒業した短大の会計学の講師が突然病に倒れた。教授会が小さな地域社会の中で、後任として担当科目を教える資格を持った人物を捜すうちに、ある教授がダンが修士号を取ったという知らせを持ってきた。「もしかしたら故郷に帰ってきて、うちで教えてくれるかもしれないぞ。少なくとも、別の人を捜すまでの一年位の間なら」

他に取るべき方法もなく教授陣は同意した。ダンは話を引き受けた。

ダンはこう語っている。会計学を教えるようになって「突然わかったんだ！　学生時代は何年も苦しみながら、根性と精神力だけで、ありとあらゆる法則を丸暗記していた。でもなぜそういう仕組みになっているのか、わかったためしがなかった。だが自分で授業の準備をして、教えなければならなくなったとたん、腑に落ちたんだよ！」。

今ならわれわれは、ダンに起こったことを説明できる言語を持っている。かれの脳の学習回路は、会計が教えられている標準的な方法に合わなかったのだ。ダンの同級生は会計の規則や考え方を自然に理解できたが、かれは学習回路がそのような仕組みになっていなかったために苦しんだ。同じ教材を自分が教える立場になったとき、かれがたどり着いた唯一の方法は、会計規則を自分の知能タイプに合わせて変換することだった。ダンは教材を教える立場に立って、やっと深く理解できるようになったのだ。ほとんどの人に似たような経験があるはずだ。教室におとなしく座って誰かの説明をただじっと聞いているよりも、自分で教えた方がずっとよく教材を理解できることがある。そんなわけで、破壊の第二段階で生徒によるコンテンツ構築が技術的に可能になれば、生徒中心の学習にとって大きなプラスになるだろう。

◆◆◆ 規制市場を破壊する
他産業からの教訓

現行制度の変革を妨げる障壁を打破しようとして、これまで無数の学校改革者や慈善家が血みどろの戦いを繰り広げてきた。変革など達し得ない大義に過ぎないと多くの人に思わせる要因はあまたあり、教科書の採用プロセス、標準化の要求、教員組合の力は、そのうちの三つに過ぎない。だがそんな中にあっても、厳しく規制され、労働組合化された産業を、実際に破壊的変化の波が襲っているケースは多々あるのだ。それはどのようにして起こったのだろうか？　現行体制に力を与えている、規制やネットワーク効果に真っ向から対決することで成功がもたらされた例は一つとしてない。むしろ破壊は、規制者の力の及ばない、完全に独立した商業システムの中で力を得ている。新しい商業システムが存続可能で古いシステムよりも優れていることがいったん証明されれば、大半の顧客が規制されないシステムに流れ、その動きが既成事実化してから規制者が追認する。破壊的な革命に先んじて、規制の改正が行なわれることはまずない。

たとえばサウスウェスト航空が航空業界を破壊したのは、七〇年代に州間長距離路線の割引運賃について、連邦政府の民間航空委員会の承認を求めたからではなかった。同社はまず連邦政府の監督機関が管轄権を持たない、本拠地のテキサス州内で短距離路線を運航した。また七〇年代末に、州間輸送の運賃と路線体系が自らの重みに耐えかねて崩れたのは、企業が州際通商委員会の規制を受けない、自前のトラック部隊を持つようになってからのことだった。銀行の金利規制が崩壊したのは、メリルリンチ――銀行ではないため連邦準備銀行の規制を受けない――が利付金融資産総合口座を導入したことがきっかけだった。このような例には事欠かない。どの事例でも、かつて強力なネットワーク効果に取り巻かれ、規制によって保護された、実績のある企業が支配していた市場が、新しいネットワークの既成事実化や、規制の迂回によって出現した効率的で安全な市場に、最終的にとって代わられたのだ。直接対決が成功することはほとんどない。

公教育では、教科書や教授用ソフトウェアの採用決定に教員組合が及ぼす影響力がますます拡大しているため、学校改革を志していた多くの人が大変革をもたらすという望みを捨ててしまっている。だが破壊的イノベータがユーザー・ネットワークを構築し、先に説明したように専門家と素人――つまり生徒、親、教師――がこれを利用して既存のバリューチェーンを迂回し、プログラムを直接売買するようになれば、教育界の力のバランスが変わるはずだ。学習のための優れたカスタムツールを自力で手に入れ利用する生徒が増えれば、既成事実に学校管理者、組合、教育委員会は屈するしかない。

またこのことは、教育にインパクトのある投資をしたいと望むベンチャー投資家や基金、慈善団体が進むべき道を示している。教育ソフトウェアを敬遠する個人や組織の投資家が多いのは、開発と普及に莫大な費用がかかるからだ。もしわれわれの将来像が正しければ、大きなインパクトを与えうる投資には二種類ある。一つは専門家でない人でも生徒中心の学習ツールを構築できる技術プラットフォームの開発である。二つめが、ユーザー・ネットワークの構築、促進のための投資だ。今後何千、何万人もの教師が、ユーザー・ネットワークで見つけた生徒中心のツールを個人的に使い始め、他の教師のために自ら構築したコンテンツをネットワークに公開するだろう［注7］。教師がこうしたユーザー・ネットワークに自ら参加することが、生徒中心の学習への移行に対する組合の反発を大いに和らげるだろう。

生徒中心の学習を、バリューチェーン型のカリキュラム採用システムを通じてではなく、ユーザー・ネットワークを通じて促すことは、それまで消費がまったく存在しなかった状況、つまり「無消費」と対抗させるという試金石をクリアする。こうした教育用ツールを開発することも売買することもできなかった教師、親、生徒にも、それが可能になる。ある日突然コンピュータが導入され、教科書を一網打尽にするわけではなく、当初ユーザー生成型ツールは、個別指導用のツールとして単独で使われる。数年の間はほとんどの教師や生徒が従来の教科書を使うだろう。だが教科書は、コンピュータベースのオンラインコースに徐々に道を譲るはずだ。そして生徒中心、ユーザー生成型の学習ツールによって、コースの拡張が進む。ユーザーや教師がさまざまなツール・モジュールをつなぎ合わせ、学習者のタイプ別のコースを丸ごと構築するようになれば、破壊の生徒中心の第二段階は主流へと移るだろう。

いつかある時期に、学校管理者、教育委員会、教員組合は、明示的な決定を一度も下さないままに、生徒中心の学習が主流になってしまったことに気づくだろう。第四章の代替曲線の分析は、これが起こる時期がオンラインコースが高校の全履修課程の二五パーセントのシェアを獲得する二〇一四年頃――本書が刊行されてから六年後――であることを示唆している。生徒中心の学習は遠い先の話ではないのだ。

The Impact of the Earliest Years on Students' Success

第6章

幼年期が生徒の成功に与える影響

マリアに望み通りアラビア語の授業を提供してやれたことに満足して、意気揚々とした面持ちでオフィスに座っていたステファニー・オールストンは、立ち上がってドアを閉め、ハイヒールを蹴り脱いで、ストッキングに包まれた足をほんの束の間机の上に載せた。

マリア・ソロモンか……。生徒が全員彼女のような思考回路を持っていたらどんなに楽だろう。

しばらくするとステファニーは体を起こし、足を下ろしながら手を前に伸ばして、ファイルキャビネットをぐいっと引き出した。マリアの問題は解決したが、全員の問題が解決したわけではない。ステファニーはサム・スピッツという名の一年生の記録が詰まったファイルを取り出した。マリアとは何という違いだろう! ステファニーは読解力に問題があるサムのために、すでにありとあらゆる手を打っていたが、ほとんど効果が上がっていないのだ。サムの三年時のテスト得点は低く、五年時の得点は低く、七年時の得点は低く、しかもそれはかれの努力が足りないせいではなかった。かれは精一杯努力していたし、記録によれば小学校入学以来ずっと特別な支援を受けている。何だかまるで、学習プロセスが非常に幼い頃に形成されてしまったために、どうやってもそれを変えることができないような感じだった。

サムの幼い頃に何があったのだろうか? 遠い昔に始まったパズルに欠けているのは、どのピースなのだろう? ステファニーはもう一度サムのファイルに手を伸ばし、足を机の上に投げ出して、最初のページに目をやった。

ここまでの議論の大半が、学校が生徒の能力を最大限に伸ばし、本書の巻頭に示したその他の目標の実現を支援するために、どのような改革に取り組む必要があるかという問題に焦点を当ててきた。だが最終章でも説明するように、教育に革命をもたらし得る多くの機会が、幼稚園から高校卒業までの（K－12）学校教育制度の外側に存在する。またこうした改革を開始すべき時期が、小学校、中学校、高校はおろか、幼稚園でも遅すぎることを示す、驚くべき研究結果が明らかになりつつあるのだ。一部の推定によれば、教育支出の九八パーセントまでが、基本的な知的能力がほぼ決定した後の子どもを対象に行なわれているという。

幼児教育に章を割くのは、育児書や児童発達学の教科書だけで十分と考える人もいるだろう。だがこれらのテーマは二つの理由から、もはや切り離すことはできない。一つには、第二章で見たように、現在学校は落ちこぼれをなくし、貧困を根絶するという任務を課されている。学校がこれを任務とする以上、また幼稚園入園前の経験が子どもの成功する見込みを実際に大いに左右するのであれば、このテーマは学校の評価を高める上で重要だと言える。二つには、政治家や政策立案担当者の間で、学ぶ準備ができていない子どもが学業面で成功する機会を促すための仕組みとして、幼稚園前教育の普遍化を支持する声が高まっている。だがこれから議論するように、この種の計画は、子どもたちに学校の準備をさせるという課題に取り組むためのツールとしては効果がない、とわれわれは結論づけた。学校の予算が限られている時代に、成功するはずのない計画に資金が回されていることが、本章が学校にとって重要である第二の理由である。

幼稚園入園前になされるべきことがうまくなされれば、学校の仕事はかなり楽になる。入学前の課題は、次の三点を核としているとわれわれは考える。

1◆幼児期に知的能力を開発すること

2◆強い、肯定的な自尊感情――核となる自己像――を養うこと。自尊感情は生涯にわたって育まれるが、その基盤は幼児期に確立される

3◆生涯にわたって学習を継続する動機となる、知的好奇心を触発すること

入学前の〇歳から四歳までの時期にどのような変化をもたらす必要があるかというテーマを扱うには、少なくとも本一冊分の長さの論文が必要だ。この短い章では、この研究から明らかになりつつある数々の重要な成果のうちの一つを説明することで、政策を立案し公教育に資源を配分する担当者が確実に失敗する計画で資源を無駄にすることなく、最大のインパクトがある計画に資金を投じる一助になればと考えている［注1］。

この分野の研究は、人間の知的能力の大部分が生後三六カ月の間に決定されることを教えてくれる。知的能力が決定される方法に関する研究の第一人者であるトッド・リーズリーとベティー・ハートは、大規模な標本調査により、家庭生活における親と子どもの身体的、言語的なふれあいを、生後二年半までの間にわたって観察、記録した。かれらの推定によれば、親は平均して一時間あたり平均一五〇〇語の言葉を子どもに話しかけた。だがこれは平均値だ。「おしゃべり」な大卒の親が、一時間あたり平均二一〇〇語を乳幼児に語りかけたのに対し、研究者たちのいわゆる「生活保護家庭」の乳幼児は、親から一時間あたり六〇〇語しか語りかけられなかった。リーズリーとハートの推定によれば、おしゃべりな大卒の親のもとに生まれた子どもが、生後三六カ月までに親から四八〇〇万語を語りかけられたのに

対し、生活保護家庭の子どもは一三〇〇万語しか語りかけられなかった。興味深いことに、子どものその後の認知成績という点から見て、このうち最も強力な影響があったのは、子どもの人生の最初の一年間、つまり子どもが親の言うことを理解できているという、目に見える証拠が何もない時期に語りかけられた言葉だった。喋り始める一二カ月頃まで親から真剣に語りかけられなかった子どもは、生まれたときから盛んに語りかけられた子どもに比べて、その後も知的能力が一貫して劣っていた。

会話経験におけるこのような違いは、どのような影響を及ぼしたのだろうか？　ハートとリーズリーは、調査対象の子どもたちの成長に伴い、認知成績がどのように変化するかを追跡調査した。三歳の時点で行なったスタンフォード・ビネー知能テストの結果、子どもが耳にした言葉の数と子どもの語彙の相関係数は〇・六と、両者の間に強力な直接的相関関係が認められた。子どもが耳にした語数から「用向きの話」を除外し、いわゆる「余分な話」（以下で説明）だけに注目したところ、子どもに語りかけられた語数と子どもの知能指数の測定値の間の相関係数は〇・七八だった。これはおよそ計測可能な最も高い相関値に近い［注2］。

その後も子どもたちの進級に伴い、追跡調査が行なわれた。子どもが三歳になるまでに聞いた余分な話の語数と、九歳（三年生）時に実施されたピーボディ絵画語彙検査の得点の相関係数は、〇・七七だった。語彙の広さと読解力テストの成績との間には、強力で十分な裏づけのある相関関係が存在する。

◆◆◆ 言葉のダンス

では子どもの知的能力とこれほど強く結びついている「余分な話」とは、一体何なのだろう？　ハートとリーズリーは調査を行なう中で、親と乳幼児との間で交わされていた会話には、二種類あることに気がついた。かれらが「無口」と称した親は、子どもに「用向き」、つまりやるべきことを伝えるだけのことが多かった。「早く食べなさい」「手を出して」「車に乗りなさい」「寝る時間よ」といった具合に。乳幼児を相手に行なわれる用向きの話は、豊かでも複雑でもない。それは単純で、直接的で、即決を要する会話だ。先に述べたように、「用向き」に関わるやりとりが認知発達に与える影響は比較的限定的である。

本当に重要なのは、ハートとリーズリーが「言葉のダンス」と名づけた態度で語りかけられる言葉だ。親は乳幼児と面と向き合って、完全に大人の、洗練された、くだけた言葉を使って、あたかも乳幼児がその発言を聞き、理解し、完全に返事をしているかのように語りかける。言葉のダンスが起こるのは、子どもをショッピングカートに乗せているときや、洗濯物をたたみながら、授乳中、おむつ替えをしながら、抱っこしながら、といったときだ。それは意識的で、妥協のない、私的な大人の会話なのだ。

用向きの話をいくらしても、言葉のダンスにはならない。言葉のダンスとは、たとえば「こうなったらどうする」「覚えているかい」「こうしなくていいの」「ああした方がいいんじゃないの」といった会話で、乳幼児に身の周りで起こっていることについて深く考えさせる質問という形を取ることが多い。言葉のダンスは、おしゃべりをしたり、考え事を口にしたり、子どもの行動について意見を言ったり、自分の行動や計画についてあれこれ話したりするときに起こる。この種のやりとりは、子どもたちの好奇心を育むことが証明されている。

子どもに語りかけられる言葉の数が、語彙と認知発達にそれほど重大な影響を及ぼすというのなら、忙しい親は乳幼児をテレビの前に座らせておけばよいのではないだろうか？　あるいはベビーチェアを隣に置いて商談を行なえばよいのではないか？　いや、それほど簡単なことではないのだ。この種の「背景雑音」は、子どもの知能にほとんど影響を与えない。

また読解力に影響を与える最も強力な要因が、聴覚処理能力であることを示す研究もある。そして、洗練された大人の言葉で語りかける親の声に乳幼児が耳を傾けるときに研ぎ澄まされるのが、まさにこの能力なのだ［注3］。

神経科学と言葉のダンス

神経科学の分野で解明されつつある物理的な脳の働きと、余分な話、つまり言葉のダンスが聴覚処理能力を高め、ひいては学習能力の向上をもたらすという見解は、強く結びついている。人間の脳はおよそ一〇〇億個から一〇〇〇億個のニューロンと呼ばれる神経細胞でできている。ニューロンは昼夜を問わず情報をやりとりしている。それぞれのニューロンには、信号を伝える役目をする軸索（アクソン）と呼ばれる管状の繊維が一本と、信号を受け取る役目をする樹状突起と呼ばれる拡張子が何本かある。樹状突起は木の枝のような構造をしていて、先端には「野球のミット」状のものがついている。ニューロンの軸索が、隣接するニューロンの樹状突起と機能的結合を形成する部位は、シナプスと呼ばれる。脳の重要な活動のほとんどがシナプスで起こる。

細胞は別の細胞と情報をやりとりするとき、隣接する細胞の樹状突起の近くに位置する軸索の末端の小さな枝、つまり軸索終末に、軸索を通して電気信号を送る［注4］。情報を送る側の軸索と受け取る側の樹状突起の間のシナプス間隙に電気信号が伝わることで、神経伝達物質と呼ばれる化学物質が放出される。この神経伝達物質が樹状突起の受容体によって検出され、受容体に結合するとき、隣接する細胞が情報を受け取る。

二つの細胞間または細胞系統間のシナプス回路が繰り返し活性化されると、ニューロンが「結合」し、一方の活動が他方を活性化する可能性が高くなることを示す十分な証拠がある。結合した細胞を繰り返し共活性化すれば、シナプスに物理的な変化が生じ、ニューロンは結合が構築される前よりもずっと効率的に、シナプスを介して信号を伝えるようになると考えられている。逆に、二つの細胞が習慣的に信号を伝え合わないとき、細胞間のシナプス間隙と呼ばれる隔たりはあまり効率的でなく信号が失われることもある。

親が余分な話をする――乳幼児が生後三六カ月を迎えるまでの間に四八〇〇万語を語りかける――とき、子どもの脳の中では多くのシナプス回路が使われ、精密化される。このおかげで、続いて起こる思考パターンが一層楽に、速く、自動的になる。乳幼児にとっての主な認知的課題は、思考プロセスを促すようなシナプス回路を発達させ、使いこむことだ。生後三年間で四八〇〇万語を耳にした子どもは、一三〇〇万語しか耳にしていない子どもに比べて、三・七倍の数の十分潤滑されたシナプス結合を持っているということではない。一つ一つの脳細胞は、最大約一万個のシナプスによって、何百もの細胞と結合することができる。つまり、余分な話を惜しみなく注がれた子どもは、そうではない子どもに比べて、認知的に計り知れないほど優位な立場にあるのだ。このような子どもの脳には、シナプス回路がそれほど広範に発達しておらず使いこまれて潤滑されていない子どもの脳に比べて、はるかに高度な思考回路ができ上がっている［注5］。

強い自尊感情は、子どもが困難な学業課題や、人生に関わるさまざまな問題に取り組むために必要な自信を与える基盤になる。このような方法で認知能力が拡充された子どもは、学校で初めて出会う学習課題に立ち向かい、成功したとき、自己効力感――困難な知的課題を成し遂げられるという興奮と自信――を開花させる。だがこの準備ができていない状態で入学する子どもは、最初の学業経験が苦しみと失敗に満ちたものになるため、自尊感情を破壊され、勉強を威圧感を与えるつまらないものだと考えるようになる。

◈◈◈ 世代を超えた呪縛？

脳科学の研究成果と乳幼児期における認知能力の発達を考え合わせると、恐ろしい結論が導かれるかもしれない。それは、スラム地区に住む、低所得者層の、教育水準が低い親は、世代を超えた学業不振と貧困の悪循環にとらわれるということだ。かれらが親たちから洗練された完全に大人の余分な話を語りかけられていなければ、かれらの子どもたちは非常に不利な状態で学校生活を始め、そこからさらに落ちこぼれることになる。自信も学習意欲も消え失せ、またかれら自身が親になれば、子どもたちに同じ不利を負わせることになるだろう。残念ながらこれは大体において、スラム地区の学校を改善することがほとんど不可能な課題となっていることを十分説明する。

「生後三年間は、乳幼児が養育と言語のすべてを、完全に大人に頼り切っているという点で、人間の一生の中で他に類を見ない時期である」とハートは『ニューヨーク・タイムズ』紙に寄せた記事の中で述べている。「四歳に達した子どもを対象とする、教育または療育プログラムにせいぜい期待できるのは、社会的に恵まれない子どもたちがさらに落ちこぼれるのを防ぐことくらいのものだ」［注6］。実際、公立学校の成績の分散の八〇パーセントを、学校の影響ではなく、ここまでで概説した家庭の影響が説明する［注7］。

だが希望はある。リーズリーとハートの研究から得られた最も重要な成果の一つは、親の所得、民族性、教育水準が、子どもの獲得した認知能力の水準に対して、まったく説明力を持たなかったことだ。**それは親が行なう言葉のダンス、つまり単なる用向きの話以外に行なう余分な話の量によってすべて説明される。余分な話の量は、文字通りすべての結果の分散を説明した。**

リーズリーは次のようにまとめている。「別の言い方をすれば、貧困層の働く親の中にも、子どもにたくさん語りかけていたケースはあり、その場合子どもの成績は非常に良かった。また裕福な共働きの親たちにも、子どもにほとんど話しかけないケースがあり、子どもの成績は非常に悪かった……。人種間にも分散はない。結果の分散はすべて、乳幼児が三歳になるまでの間に家庭内で行なわれた語りかけの量によって説明された」［注8］。

対処法

ここまでで説明した因果関係の定義がおおむね正しいとすれば、公共政策や法案の中には、善意だが誤った考え方に根ざしているものがあることになる。つまり因果関係ではなく、相関関係に基づいているものだ。たとえばマサチューセッツ州知事のデバル・パトリックは、小学校前教育の普遍化を、公教育改革に向けた取り組みの最重要項目として掲げている。かれだけではない。同様の提案が他の複数の州でも検討されているのだ。根拠は明らかなように思われる。幼稚園に上がる子どもたちの準備状況にあまりにも明白な格差があるため、恵まれない子どもたちを早く教え始めれば、学校に上がる時点での準備状況の格差を少しは縮められるかもしれないという考えだ。リンドン・ジョンソン大統領が始めたヘッド・スタート計画にも、同じような意図があった。この種のプログラムの問題点は、一人ひとりの子どものために、言葉のダンスを面と向かって何百時間にもわたって行なう直観と才能を備えた代理親を雇わない限り、成果が期待できないことだ。実際、入学前のプログラムで子どもに語りかけられる言葉のほとんどが、必然的に「用向きの」言葉となる。この種のプログラムには何十億ドルもの費用がかかるが、ほとんど効果はないとわれわれは予測する。

生後間もない子どもが耳にする完全に大人の会話が、子どもの最終的な認知能力に非常に大きな影響を及ぼし得るということは、あまり理解されていない。子どもにできるだけのことをしてやりたいという気持ちが強い高学歴の親や、こうした親たちの相談に乗る専門家にさえ、十分理解されているとは言い難い。たとえばアメリカ小児科学会は、生後二年までの乳幼児を持つ親たち向けに、月刊のニューズレターを発行している。だがこの刊行物は、乳幼児が一般に喋り始める生後一二カ月頃までの間に語りかけをすることの重要性にすら言及していない。

人を雇って入学前の語りかけに成功していない親の代わりをさせる計画に資金を提供するよりも、親になる前の子どもに、親になるとはどういうことなのかを教えた方がおそらく効果が高いはずだ。それほど遠くない過去のある時期には、ほとんどの高校が家政学、自動車修理、木材金属加工といった教科指導を行ない、若い人たちに大人としての生活に対する心構えを持たせていた。高校は、将来の親たちに乳幼児期の認知発達を促す方法を教えるべき場なのかもしれない。その恩恵は広く社会に及ぶだろう。生後間もない時期にどのような方法で子どもとふれあえば、子どもの学業面での成功を助けてやれるかという知識は、世代を超えた学業不振と貧困の悪循環に子どもともにとらわれてきた、スラム街の若いシングルマザーに大きな利益をもたらすだろう。またこの知識は将来の共働き夫婦にも役立つだろう。親になったばかりの共働き夫婦は、出産後できるだけ早く職場復帰しようとするあまり、乳幼児を早い時期から保育士の手に委ねることが多い。だが大勢の子どもを預かる保育士は、用向きの話で手一杯なのだ。高校にこのような課程があれば、より良い情報に基づいた選択ができるようになるだろう。

アルバート・アインシュタインが言ったとされる名言には、本章のテーマと関連性の高いものが二つある。一つは、「問題が起きたときと同じレベルで考えていても、その問題を解決することはできない」[注9]というものだ。二つめの名言は狂気の定義である。「狂気とは、同じことを繰り返しながら、違う結果を期待することだ」[注10]。親になる準備不足に多くの家庭が苦しめられていることは、何十年にもわたって見過ごされてきた。学校が組み込まれている制度全体の問題をとらえるようなレベルで考え、学校さえ改革すれば学校の問題を解決できるという思いこみを捨てない限り、成功はあり得ない。

Improving Education Research

第7章

教育研究を改善する

ステファニーは溜息をついた。サムの役に立てないことが歯がゆくて仕方がないくせに、マリアの役に立てて嬉しいのだ。校長には表向き、お気に入りの生徒などいてはならない。だが校長も人間である以上、当然気に入った生徒はいる。そしてマリアはすでにオールストンのお気に入りの一人だった。もしかしたらこの学校を立て直すのは思ったほど困難な戦いではないのかもしれない。マリアは頭の良い順応性のある子だ。だが賢明なオールストンは、こうした新しい試みに胸を躍らせるのが、マリア一人ではないことを知っていた。

オールストンは家族や学生時代の思い出に浸る。彼女は優秀な一家に育った。兄のデイブは技術者で、姉のエレノアは医者だ。彼女はと言えば、法律の道に進むことも真剣に考えたが、大学時代に十代の若者たちで行なったボランティア活動で、自分の本当の興味が教育にあることを知った。別の高校で歴史の教員として数年教壇に立った後、新米の校長としてある中学に派遣された。そして昨春、指導監督官のオフィスに面談に呼ばれたのだった。

「ランドール・ハイスクールについて、どんなことをご存知ですかな?」指導監督官は尋ねた。

「失敗校に認定されかかっている高校の一つですよね?」ステファニーは問い返す。

「そうですよ」

「なんてタフな仕事なんでしょう」ステファニーは同情を込めて言った。

「いや、実はトム・ブリッグスが引退したがっているんですよ。それで、あなたにこのタフな仕事に取り組んでもらえないかと思ったんですがね。タフなお方がタフな仕事に就かれてはいかがでしょう?」

「ランドールでは生徒の半数以上が、数学と読解力の習熟水準に達していないそうじゃないですか!」

「そうですよ。それを変えてみようとは思わないですかな? ぜひこの申し出をあなたへの信任投票だと思って下さい」指導監督官は言った。

オールストンは夏中かけて、新しい任務のために調査をした。教育管理者向けの「再建スキル」養成キャンプまで探し出してきた。ランドールほど、再建を必要としている高校はないように思われたため、キャンプに申し込み、参加し、山のような資料をもらって帰ってきた。与えられた文献の多さにも気が滅入ったが、キャンプでは文献を読み解く方法を教わらなかったことに気づき、さらに落胆した。研究はばかばかしいほどの矛盾に満ちていた。ある研究が、大規模校を小規模に分割することを称賛していたかと思えば、影響力の高いゲイツ財団による別の研究は、同財団が設立した小規模校が「玉石混淆」である素晴らしい学校もあれば、学業面で期待はずれの学校もある――ことを示唆していた。彼女の関心分野であるコンピュータの有効活用に触れた本もあったが、別の研究は、技術が成果を大幅に変えることはないと断定していた。彼女は強い校長でいることを信条としてきたし、彼女自身、強い管理者のいる学校でうまくやってきた。だが最近では校長を置かずに、教師による合議制で学校を運営すべきだという考えをもとにした新しい運動が起こっていた。オールストンは内容を改めて検討しながら、自分が校長を務めていた中学でも、似たような試みが行なわれたことを知っていた。以前の上役たちが、技術や学級の人数、果ては授業時間に対する新しいアプローチを試すのを、彼女は目の当たりにしてきた。だがこうした戦略を取り入れた多くの人が――彼女が一目置いていた人たちでさえ――結局は失敗に直面しているのだ。

オールストンはふたたび椅子に体を埋めて、目の前に積まれた「ベストプラクティス」の山に向かって、しかめっ面をしてみせた。結局どういうことなのよ？　でもうまくいきそうなアイデアが――現実の生徒のための現実的で使えそうな解決策が――一つは見つかって本当に良かったこと。その頃廊下の向こう側では、マリアが「アラビック二〇〇〇」のウェブサイトにログインしていた。

ステファニー・オールストンの感じた失望は現実の問題だ。教育分野では数多くの研究が行なわれている。統計的証拠を積み上げた研究があるかと思えば、ランダム化比較試験の事例を検証した研究もある。だが研究が統計的に有効だからといって、何の解決にもならないことが多い。ほとんどの研究が互いに矛盾している。それに校長や教師や政策立案者が研究を現場に活かそうとしても、まったく効果が上がらないことがある。このような現状で、オールストンのような立場にある人に何を期待できるだろう？　これほど多くの才能ある献身的な人たちが、公立学校の改善にこれほど必死に取り組みながら、期待はずれの結果しか得られないのはなぜだろう？　なぜかと言えば、かれらが指針とする研究が予備的で不完全な研究だからだ［注1］。

なぜそうなのだろう？　それに、本書でこれまで紹介した研究成果も同じそしりを免れないのではないか？　教育以外の分野では、研究の結果さまざまな行動の結果を予測することができるようになっている。だが教育は他とは違うのだから、そんなモデルは構築できないと、教師から研究者に至るまでの教育関係者が口をそろえて言う。教育というものは科学ではなく、芸術であり、確実性などあり得ない、というのがかれらの言い分だ。

われわれはそうは考えない。教育は確かに独特で、今後も多くの要素が芸術の領域にとどまることは確かだ。たとえば自分の見識をもとに、生徒を理解して気持ちを通わせることのできる熟練した教師は、学校にとって貴重な存在だ。だが教育研究者がどっぷり浸っている支配的なパラダイムの中では、学校を確実に改善するための研究を行なう機会すら与えられない。なぜなら現行のパラダイムの下では、研究を中途半端な状態で終わらせようとする力が働くからだ。そのため相関関係に関する言明はあっても、因果関係に関する言明がない。そんなことから、教育研究は意見の一致よりも論争をもたらすことの方が多い。ついでに言えば、経営研究の大部分も同じ状況にある。相関関係にとどまり、因果関係を見出せずにいる。そのため現場の経営者の役に立たない研究がほとんどなのだ。

興味深いことに、「一切の現象が底知れぬほど複雑なために、結果を予測することは不可能だ」との主張が聞かれるのは教育分野だけではない。たとえば一七〇〇年以前は、自然界についても同じことが言われていた。不可解きわまりない現象には、神の怒り以外にもっともらしい説明は考えられないほどだった。だが科学的手法が発達したことで、事情は様変わりした。今では身の回りで起こる多くの現象を理解し、確実に予測することができる。たとえば重力を理解することで、崖から足を踏み外せば落ちることが予測できるようになり、この問題に関して実験データを集める必要はなくなった。特定の素材にどの程度の圧力をかければ砕けるか、特定の元素が別の元素とどのような状態で化学結合を起こすか、といったことも予測可能になった。

教育分野でも同じように確かな理解を築くことはできる。だがそのためには、支配的なパラダイムから脱却しなくてはならない。ベストプラクティスの研究や、教育全体にわたって平均的に何が役に立つかといった研究は、もはや通用しない。医学の研究者が症状ではなく原因から疾患を理解しようとするように、教育研究も生徒や学校の集団にとって平均的に何が最も有効かではなく、さまざまな状況に置かれた一人ひとりの生徒にとって何が有効かを理解する方向に向かわねばならない。

では優れた研究とは何であるかを説明する一章を、本書のこの箇所に含めるべき理由は何だろうか？

本書は、この章の冒頭のミニドラマで紹介した一般的な教育研究のパターンとは明らかな一線を画している。われわれは、インパクトの大きなイノベーションの開発と導入を成功させる方法に関する理論を、規制の有無にかかわらず、あらゆる営利組織、非営利組織、政府組織に適用可能な、イノベーションの汎用モデルとして構築した。この理論を用いて、イノベーションをさらに確実に成功させることができるようになった。この研究は帰納的に構築され、さまざまな分類にわたって、また例外的事例（アノマリー）を通して演繹的に検証されている。ここまでの六章で、破壊が教育にもたらし得る可能性を検討した。この議論は、学習意欲に乏しい生徒が多いのは学校が状況に応じて個別化した方法ではなく、一枚岩的な方法で生徒を教えるからだという考えをベースとしている。これからの二章の議論の根拠になっているのも、教育以外の研究分野で構築された理論から得られた別の状況的証拠だ。われわれの手法は、ある集団の学校、生徒、手法の平均的な成績を他の集団と比較するのではなく、イノベーション理論というレンズを通して教育の現況を検証し、学校改善が困難な理由をより深く理解することで、どのような措置をとれば望ましい成果がもたらされるか、もたらされないかを予測するというものだ。そのようなことから、ここで提案する方針や慣行を改革するための処方箋が、単に新しい、または斬新なだけのものと取られないことを願っている。本章の目的は、どのような取り組みが学校を改善するか、あるいは改善しないか、そしてそれはなぜなのかを確実に予測するために、教育研究がどのようなプロセスを経る必要があるかを説明することにある［注2］。

◆◆◆記述的理解の体系はどのようにして構築されるか

研究者は二つの主要な段階に分けて理解体系を構築する。それは、記述的段階と規範的段階である。記述的段階は、**予備**段階である。一般に、より高度な、またはより規範的な理解体系を生み出すためには、避けて通れない段階だからだ。記述的研究を行なう研究者は、観察、分類、関連づけという三つのステップをたどることが多い。

ステップ1◆観察

理解体系を構築するための第一ステップは、〔図表7・1〕のピラミッドに表したように、現象をできるだけ正確に記述することだ。学校、学校の校舎、学校が所属する地域社会、教育方法、生徒・教師・校長のタイプ等はすべて現象であり、それを注意深く記録することが重要な基盤となる。後続の研究者が現象の記述に同意できなければ、理解体系の改善は難しくなるからだ。

研究者はすべての詳細に意味づけをするために、このステップで**構成概念**を提示する。構成概念とは、研究対象の現象の本質を理解するのに役立つ抽象概念である。たとえば第一章で紹介した、「さまざまなタイプの知性が存在する」という概念は、生徒によって学び方や情報を処理する方法が違うという特定の観察を統合する構成概念だ。同じように民族性も途方に暮れるほど詳細な記述をとらえる、重要な構成概念、または抽象概念である。

ステップ2◆分類

現象を観察・記述した研究者は、続いてその現象を特性別に分類する。たとえば研究者は学校を調べた結果、一定の生徒数に満たない学校を「小規模校」、一定数を超える学校を「大規模校」と定義するかもしれない。教育でよくある分類としては、チャータード・スクールと学校区学校、私立学校と公立学校、都市部の学校と郊外の学校といったものが挙げられる〔注3〕。その他研究者がよく行なう分類に、学級規模、教師が受けた研修の種類、学校管理者のリーダーシップ類型などがある。第一章で紹介したハワード・ガードナーの多元的知能は、説明的な分類体系だった。人がどのように思考し、学習するかを解明するという、まだ生まれたばかりのこの研究分野では、適切な分類は何であるかという問題をめぐって、まだ多くの研究者が議論や研究を続けている。

研究者が分類を行なうのは、こうした分類の特性と、目的の結果との間に意味のある関係が存在することを強調するためだ。たとえば学校の規模によって、カリキュラムの幅や生徒に対する個別的配慮の度合いが異なり、その違いが重要であると感じられれば、学校を規模別に分類するだろう。

ステップ3◆関係を定義する

現象を観察・分類した研究者は、続いて分類を特徴づける属性と目的の結果との間の関連性を検討する。たとえば、大規模校と小規模校のテスト得点と中退率の間の相関関係を測定するなど。この種の予備研究を通して、ある集団が別の集団よりもおしなべて得点が高いと言明することはできる。だが相関関係を示す指標では、特定の生徒、学級、教師、学校区が、平均的な傾向に従うかどうか、または従うはずかどうかを予測することはできない。

アメリカ教育省が発表した二つの研究が、このことをよく表している。一つめの研究は二〇〇六年七月に発表されたもので、学校を私立学校と公立学校に分類して、四年生と八年生の読解力と数学の全米教育進度評価（NAEP）の学力調査の得点を、目的の結果として比較した。性別、人種、民族性、障害、母国語、また規模や立地といった学校の特性などの要因を調整すると、公立学校は四年生の数学では私立学校を上回ったが、読解力は際立って良くも悪くもなかった。八年生の得点は、読解力では私立学校が公立学校を上回ったが、数学ではそれほどの違いはなかった［注4］。

図表7·1◆理解体系の構築プロセス

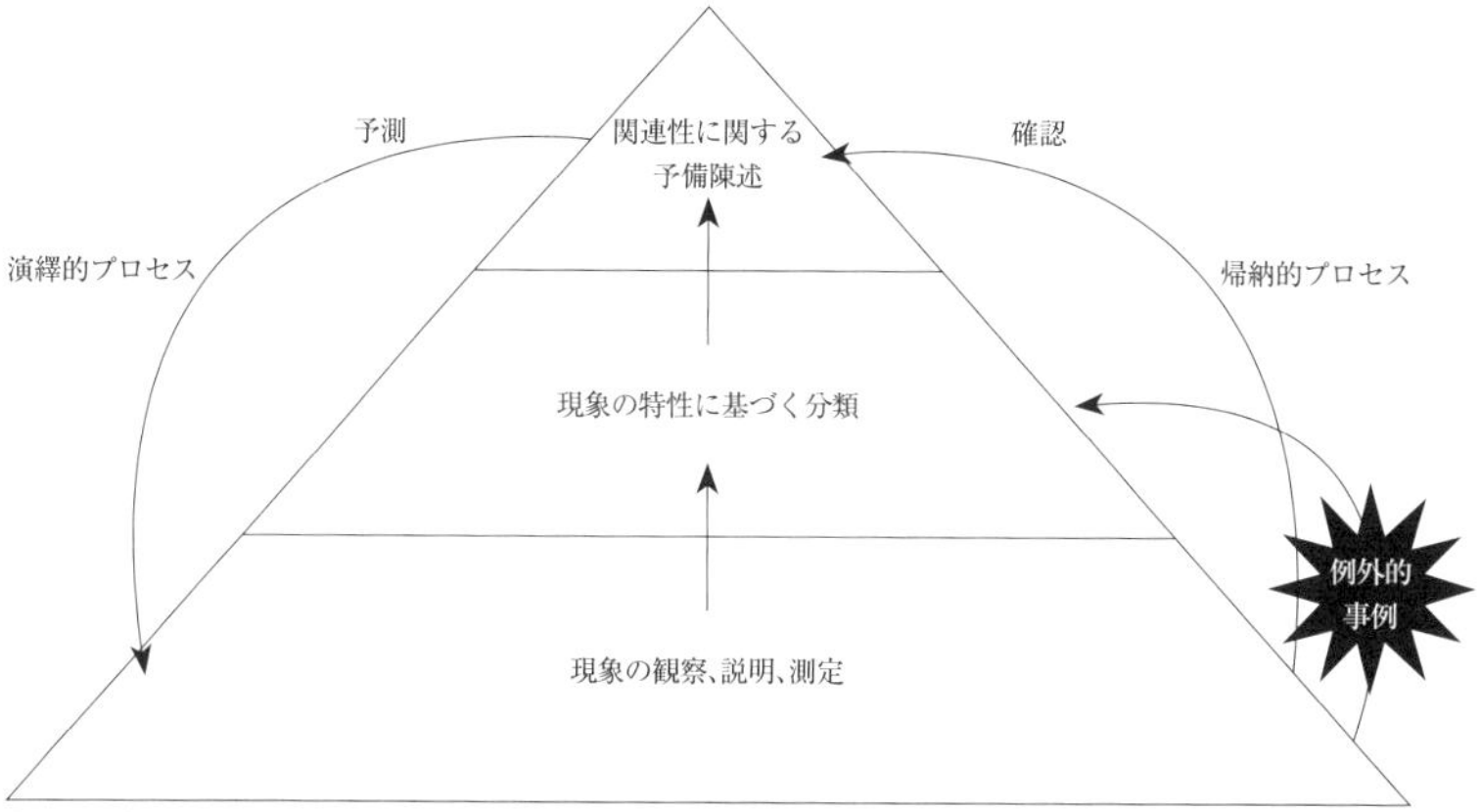

Copyright © Clayton M. Christensen

ほぼ同時期に教育省が発表した別の研究は、一五〇校のチャータード・スクールと六七六四校の伝統的な公立学校の四年生のNAEP評価を比較した。伝統的な学校区に所属するチャータード・スクールの平均点は公立学校並みだったが、より独立的な環境にあるチャータード・スクールの平均点は公立学校を下回った[注5]。

こうした相関研究は、確かな理解体系へと向かう途上の予備的なステップでしかない。だがほとんどの教育研究がこの段階にとらわれ、その先に進んでいない。これが停滞を引き起こしている。なぜなら相関研究、つまり記述的理解の体系は、特定の人がある平均的な方式に従った場合に、特定の状況で期待した結果が得られるかどうかについて何も教えてくれないからだ。確かに教育省の研究では、特定の私立学校が特定の公立学校を上回る成績を上げていた。だがそれがどのような学校なのか、なぜそうなのかはわからないのだ。一般に研究パラダイムが――そして特にこの研究が――断言できることと言えば、せいぜい「平均的に言って、そうは言えない」ということだけだ。どのような行動が、特定の状況における特定の学校に望ましい結果をもたらすのかを知るには、この分野における規範的理解の体系の発達を待たねばなるまい。そしてそこに到達するには、記述的研究を改善するしか道はないのだ。

記述的理解の体系を改善する

予備的な記述的理解は、ほぼ必ず帰納的に導かれている。つまり相関関係が、一連のデータから導き出されたということだ。このような研究は出発点であり改良が必要だ。だが研究者がこのピラミッドの帰納的な側面を上った半周地点で勝利を宣言すれば、教育についての理解の構築はそこで行き詰まってしまう。相関関係で立ち止まった研究者は、相関性の高さの競争に終始するようになる。そのような研究はマスコミに大々的に取り上げられこそすれ、学校を改善することはない。先に挙げた私立学校と公立学校、チャータード・スクールと伝統的な公立学校の比較研究が、まさにこの例だ。チャーター・スクール政策の反対者は、こうした研究成果を引いて、チャーター運動そのものが頓挫するだろうと主張し、賛成者はこれと正反対の結論を導く別の研究を挙げた［注6］。

他の分野では予備研究を改善するために、記述的研究によって特定された平均的な傾向に対するアノマリーと呼ばれる例外的事例を探し出すという手法が用いられる。つまり［図表7-1］に示したピラミッドの逆側の側面を、演繹的手法を用いながらふたたび下りていき、「もし認められた相関関係が一般的に成立するならば、さらに多くの現象を検討したときにも同じ関係が認められるはずだ」と考える。もし実際に他のデータの相関関係を検証したときに同じ関係が認められれば、確かにその関係は裏づけられるが、だからといって**理解体系が改善されるわけではない**［注7］。予備的な相関関係では説明できない例が発見されない限り、研究者は理論を改善することはできないのだ。例外的事例は、実は朗報だ。なぜなら研究者はこう考えることができるからだ。「ここでは何か別のことが起こっている」。そしてまさにその考えがより良い理解をもたらすのである［注8］。

［図表7・1］が示唆するように、一般に例外的事例が発見されるということは、分類方式が「何かちょっと違っている」ことを意味する。研究者は例外的事例を利用して、ピラミッドの基層を改めて検討し、より曖昧でない方法で現象を定義、測定したり、現象を別の分類に分けたりする。そうして初めて例外的事例を説明し、**かつ**以前の属性と結果の関連性も説明できるようになる。前述の学校区の公立学校とチャータード・スクールの比較研究で言えば、生徒の得点が他の学校よりも高かった独立型のチャータード・スクールに有益な例外的事例が潜んでいる。伝統的な公立学校を実際に上回る成績を上げた私立学校やチャータード・スクールが見つかれば、予備的な分類方式が正しいはずがないことがわかるはずだ。何と言っても、「チャータード・スクール」という呼称は、単にその学校が設立された経緯を説明しているに過ぎないのだから。これはただの法律用語で、学校の学習方略や、特別な教育サービス、果ては規模についてですら、何も教えてはくれない。ウィスコンシン州教育委員会の広報担当者は、二〇〇六年にいみじくもこう述べている。「(この研究は)自家用車はリース車より燃費がいいと言うようなものだ。リース契約は車の性能とは何の関係もないのに」

記述的理解の体系から規範的理解の体系への移行

トーマス・クーンは今から五〇年前に、この記述的段階では混乱と矛盾が一般的だと書いている。

チャータード・スクールと伝統的な公立学校、あるいは小規模校と大規模校の学習成果の比較研究が例証するように、クーンの知恵は今も生きている。一般にこの段階には、分類スキームが量産されるという特徴がある。現象にはいろいろな属性があるのが普通だからだ。またこの段階では、反論のしようもないほど卓越したモデルは存在しないことが多い。どのモデルも、他のモデルの例外的事例は説明できても、自らの例外的事例に悩まされる。まさにこの地帯で身動きが取れなくなっている教育研究が多い。

この混乱がようやく解消し始めるのは、注意深い研究者が詳細な経験的観察や参与観察を通して、相関関係の言明を乗り越えるときだ。[図表7・2]に示したように、このような研究者は規範的理解の体系のピラミッドを頂点に向かって一足飛びに上がっていく。そしてこの理解体系の最高峰が、目的の結果をもたらすのは何かという言明なのだ。規範的理解の体系は記述的なものよりもはるかに予測力が高い。その理由は以下で説明する[注9]。

規範的理解も、その前段階の記述的理解と同様まだ改善の余地がある。そのため、記述的段階と同じステップを経る必要がある。因果関係の言明をあたかもレンズのように装着して、ピラミッドの底辺に戻りながら、演繹的な方法でその言明を検証していく。そうして初めて、「このような措置が講じられるときには、このような結果が観察されるはずだ」と言えるようになる。例外的事例が発見されれば、それを説明するためにピラミッドの下位層に戻り、分類のステップを徹底的に掘り下げる。

だがここでも大きな違いが一つある。規範的理解の体系を構築しようとする研究者は、現象を属性別に分類する代わりに、学校管理者や生徒、教師が置かれる**状況に**応じて分類するのだ。例外的事例に直面したとき、かれらは「因果関係が異なる結果をもたらしたのは、状況にどのような違いがあったからだろうか」と考える。例外的事例を探し求める研究者は、ピラミッドを上へ下へとめぐるうちに、最

図表7·2◆記述的理解から規範的理解の体系への移行

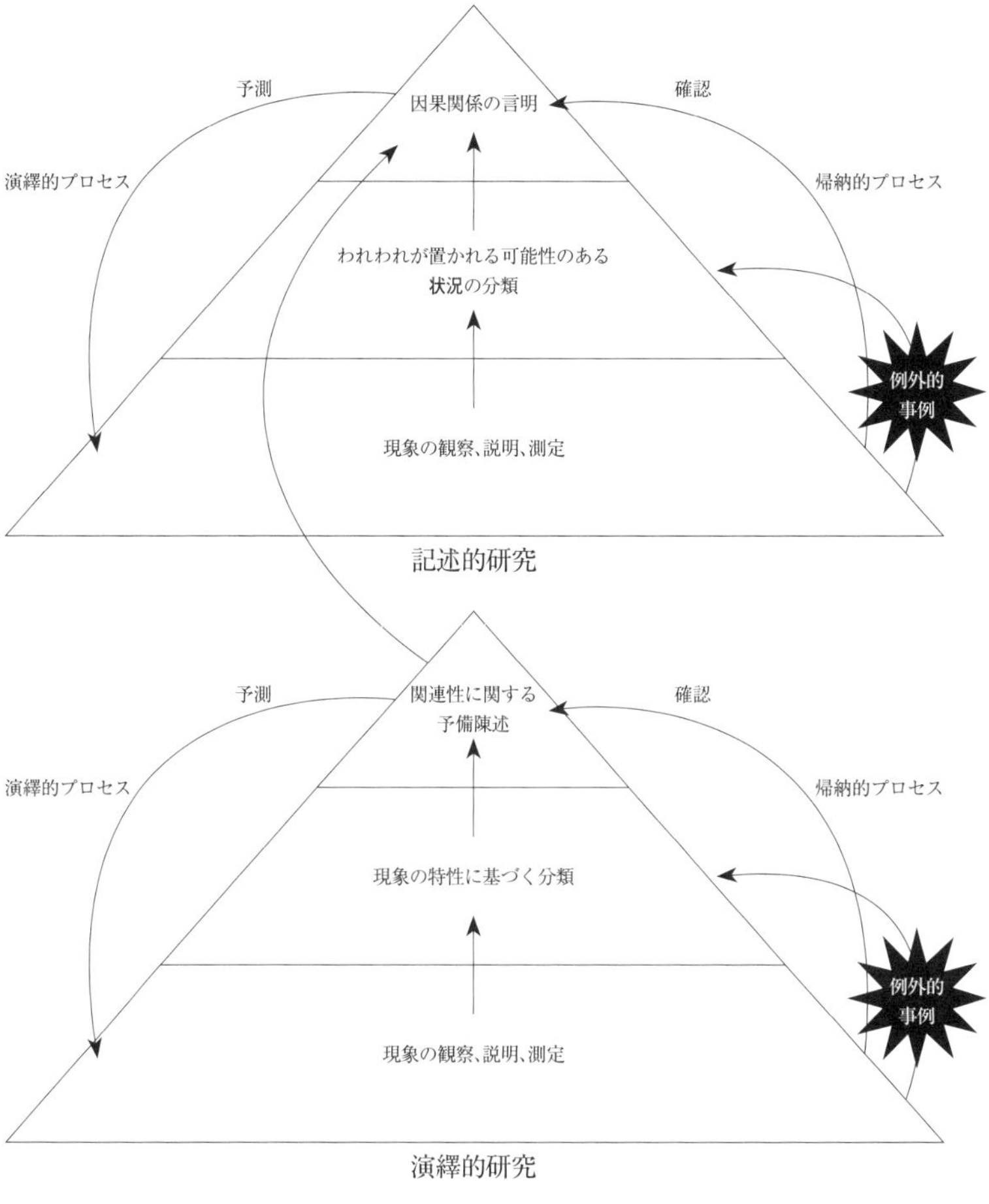

終的に、目的の結果を追求する学校管理者、教師、生徒が置かれる可能性のある、さまざまな状況を定義するに至る［注10］。

この規律ある研究手法が条件つきの因果関係の言明への扉を開く。つまり、因果関係が状況によって異なる結果をもたらす仕組みと理由を示すことが可能になるのだ。十分な調査で裏づけされた状況分類に基づく規範的研究があれば、学校管理者や教師は、自分たちの置かれた状況でどのような行動が望ましい結果をもたらすかを予測することができるため、何をなすべきかがわかる［注11］。このプロセスで生まれる研究が、以前よりも微妙な差異を伝える有益な言明をもたらすのだ。記述的研究から導かれる結論が、「平均すると、フォニックスを使って読み方を教えた方が成果が上がる」といったものであるのに対し、規範的研究の場合はこんな感じだ。「このタイプの知能に優れた生徒に対しては、フォニックスで教えた方が良い成果が得られるだろう。だがこのタイプの知能に優れた生徒には、ホール・ランゲージ法で教えた方が成果が上がるだろう」

有人飛行の歴史

記述的理解から規範的理解への移行が起こる仕組みをイメージするために、有人飛行の歴史について考えてみよう。中世に空を飛びたいと考えた人は、飛行可能な動物を観察して、飛行できない動物と比較した。飛べる動物のほとんどが羽毛の生えた翼を持ち、飛べない動物のほとんどが羽も翼も持っていなかった。これは記述的言明だ。またたとえばダチョウなどの「外れ値」が、羽毛の生えた翼を持っていても飛べなかったのに対し、コウモリは羽毛のない翼で飛ぶことができた。だが翼・羽毛・非行の相関性が非常に高かったことから、当時の飛行家は、こうした「成功事例《ベストプラクティス》」の飛行家たちのような翼と羽があれば飛べるはずだと信じて、飛べる動物の重要と思われる特性を模倣した。こうしてかれらは例外的事例を無視して、翼をこしらえ、羽毛を貼り付け、大聖堂の尖塔から飛び降りて、強く羽ばたいた。だが何度試してもうまくいかなかった。

当時は分類手法をめぐって意見の相違があった。つまり鳥のどの属性や行動が、本当に飛行を可能にしているのかということだ。たとえばイギリスの哲学者ロジャー・ベーコンは、大きな影響を与えた論文の中で、鳥を他と区別する特性は含気骨だと述べている。ベーコンは、人間は骨に空洞がないから飛べないのだと考えた。そして硬骨の不利点を克服するほどの力で羽ばたける飛行機の設計を提案している。だがそれでもうまくいかなかった［注12］。相関関係の記述的言明だけで武装した飛行家は、その後も命を落とし続けた。

その後ダニエル・ベルヌーイが、流体力学の注意深い研究を通じて翼型と呼ばれる形を特定した。翼型が空気を通り抜けると、**揚力**と呼ばれる力が生じ、翼型は上に持ち上げられる。ベルヌーイの法則と呼ばれるこの因果関係が特定されたおかげで、飛行が可能になったのだ。だが当時の飛行はまだ確実ではなかった。この言明は、揚力を利用した翼のついた飛行機を作れば飛べることを予測した。だがまだ墜落事故はあった。これが、ベルヌーイの法則が説明できなかった例外的事例だった。だが墜落が起こったおかげで、研究者は分類手法に立ち返ることができた。このとき研究者は、飛べるもの、飛べないものの属性ではなく、状況によって世界を分類した。かれらはこう考えた。「飛行家の置かれた状況の中の何が墜落をもたらしたのだろうか?」このように考えたおかげで、技術者は機器や技術を改良したばかりか、状況依存的な因果関係の言明を編み出すこともできた。「通常はこのように飛行機を操縦します。しかしこのような状況では、墜落を避けるために操縦方法を変える必要があります」

因果関係の発見が飛行を可能にした。そしてパイロットが遭遇する可能性のある、「意味のある状況」の分類が予測を可能にするような環境を確立したのである。

状況によって定義された分類法が規範的研究の構築にとってそれほど重要なら、分類を最も正しく定義する境界線と、結果を正確に予測し理解するうえで意味がない境界線を、どうやって区別するのだろうか？　この飛行の事例で言えば、状況を分類する「意味のある」境界線は、パイロットに操縦方法の変更を要求するような境界線だった。状況が違っても操縦方法を変える必要がなければ、それは意味のある分類とは言えない。学校管理者や教師についても、同じことが言える。望ましい成果を得るために、行動や組織のあり方を変えなくてはならないような状況に置かれたとき、意味のある境界線を越えて別の分類に足を踏み入れたことがわかる。

教育研究における前進

このことはどんな分野や活動にも当てはまる。政策立案担当者や学校管理者、教師が取るどんな行動も、「これをすれば望ましい成果が得られる」という、一つまたは複数の推論に基づいている。政策立案担当者や学校管理者は、自分たちの組織のいわばパイロットとして因果関係を適切に理解すれば、望ましい成果を実現できるようになる。また研究者はどのような状況でどのような行動が必要かという言明を提示することができれば、改善に向けた取り組みを確実に成功に導くことができるようになるだろう。

教育の分野には研究の改善に向けた新たな意気込みが感じられる。もちろん、必ずしも因果関係のない学校の多様な特性と成果を相関づける記述的研究がまだ続々と行なわれてはいるが、事情は変わりつつある。現在ではK－12の連邦資金援助計画の多くで、ランダム化比較試験に基づく研究を指針とすることを学校に求めている[注13]。

メレディス・I・ホニッグは、新著『教育政策の実施における新しい方向性』(New Directions in Education Policy Implementation: Confronting Complexity) の中で、教育研究の不備について述べている。ホニッグによれば教育研究の中には、状況に適した確実に成功する行動を取れるよう教育関係者や学校管理者を助けることに主眼を置くものもあるが、ほとんどがそうではない。教育研究の実態を楽観的に見た場合、一定の政策が実施に移され、「一定の場所で一定の期間成果を挙げている……。そのため実施に関しては、単に『何が実行可能で、何が有効か』ではなく、何が実行可能で、何が、誰にとって、どこで、なぜ有効か、という本質的な質問を投げかけるべきだ」[注14]。

◆◆◆研究から導かれた言明が妥当であるための条件

研究の裏づけのある言明が**信頼**に値すると判断できるのは、どんな場合だろうか？　判断基準は三つある。第一の基準は、言明の**信頼性**である。この基準で重要なことは、観察された関係が統計上の偶然でないことを確認するために、標本規模をできる限り大きくして、計測された相関値がゼロになる確率を最小にすることだ。第二の基準は、**内的妥当性**である。内的に妥当な研究とは、前提から結論を論理的に導くことができ、計測された相関関係に対する納得のいく説明がほかに存在しないようなものをいう。

信頼性の第三の基準は、**外的妥当性**である。外的妥当性は、大規模データや統計的有意性を確保しても確立することはできない。目的の結果を得ようとする当事者が置かれる可能性のある状態や状況の完全集合を定義したとき、初めて確立される。状況の分類が相互に重なりがなく、全体として漏れがない方法で定義されたとき、初めてこう言えるようになる。「わたしはこの状況にあるのだから、成功するためにはこの方法でやる必要がある。だがあの状況になったら同じ方式ではうまくいかない。あのやり方でやらなければ」。外的妥当性は正しい分類によってもたらされる。だが分類は、支配的な教育研究パラダイムの下では無視されがちだ。

分析単位が学校の集団である場合、研究者には学校の母集団全体について説明することしかできない。もちろん、学校管理者が集団全体にとって平均的に効果のある方法を実行に移し、かれらの置かれた状況でもうまくいくことが証明されるケースもあるだろう。だが平均的に言って最も望ましい行動だからといって、ある特定の状況で最良の結果をもたらすとは限らない。ジャレド・ダイアモンドは著書『銃・病原菌・鉄』の中で、かれなりの方法で次のように述べている。「環境が及ぼすきわめて広い範囲にわたる影響――過去一万三〇〇〇年間の世界中の人間社会への影響――を検証する本をまるまる一冊読む前に、もっと小規模なテストを通して、そのような影響が本当に重要だったという確証を得たいと考えるのは当然のことだ」[注15]。同じように、たとえばＫＩＰＰ（「知識こそ力」プログラム）などの手法が、特定の種類の生徒に効果があるかどうかを知りたい人もいるだろう。また、山のようなデータを信頼する前に、プログラムがほかの状況で、ほかの子どもたちに効果を挙げた仕組みを確かめておきたい人もいるだろう。

これからの二章で見ていくように、望ましい成果を得るためにどのような行動を取るべきかを決定するには、自分がどの分類に属するかを理解することが鍵となる。政策立案担当者、学校管理者、改革者の多くは、自分たちの置かれた状況にふさわしくない行動を取ることが多い。このような改革の基盤となった研究が、推奨された行動が成功する分類や状況を定義していたなら、失敗は事前に予測できたはずなのだ。

第8章

変革に向けたコンセンサスを形成する

Forging A Consensus For Change

その日最後の授業となる七時間目になっても、ステファニー・オールストンは喜びに浸っていた。だがそのときアシスタントのグラディスがドアをノックして、メモを手に入ってきた。転校生の件でマシュー・キーズ高校と電話中だったステファニーは、そこに置いてちょうだい、と身振りで示した。受話器を傾けてメモを見た。サッカーの控えフォワードのダグ・キムが、不良行為のせいでまたしても選手資格を抹消されかかっている。彼女は溜息をついた。ダグの問題は学業に限ったことではない。家庭環境に問題があるのだ。悲しいかな、学校は成績優秀なマリア・ソロモンのような生徒ばかりではなかった。

ステファニーは校長との電話をさっさと切り上げて、グラディスを呼び戻した。

「グラディス、ダグにサッカーの練習が終わったらここに来るように言って下さるかしら？　ＰＴＡの会合が終わり次第、戻りますから」

オールストンは時計を見てうめいた。長い夜になりそうだった。ダグとの面談をこれ以上先延ばしにするわけにはいかない。だがまずはＰＴＡと渡り合わなくては。「わたしは親でも教師でもない。この問題について論ぜよ」オールストンは独りごちる。保護者も教師も、彼女をまだ信用していない。だがそのくせ彼女が会に出席すると当然のように決めてかかっていることを彼女は知っていた。

五時半になって、会場の広々としているがすすけた音楽室に足を踏み入れると、パティ・バーキンズがもう来ていて、数人の父兄と大げさな身振りを交えながら話していた。オールストンがランドール・サークルの地域社会に関わるようになってからまだ間もないが、バーキンズ夫人の持つ力には注目しないわけにはいかなかった。バーキンズは、学校がどのように運営されているかをオールストンより知り抜いていると、父兄の大半と教師の多くが思っている。実際、そうなのかもしれない。バーキンズは四人の子どもを通わせながら、学校に関する知識を仕入れてきたのだ。二人はすでに卒業したが、里子を定期的に預かり、学校に通わせている。ランドールの生徒の身に起こったことは、必ずバーキンズの耳に入る。オールストンは彼女に微笑みかけた。バーキンズには感服せずにいられない。この婦人の教育に対する意気込みは、オールストンにも引けを取らない。実際、バーキンズは彼女の母親を彷彿とさせるのだった。

オールストンはほとんどの父兄と初対面だった。彼女は縮れ毛をかき上げると、父兄の輪の中に入っていった。「新しい校長のステファニー・オールストンです」彼女が明るく話しかけると、父兄も口々に名乗った。

「バーバラ・ソロモンです」マリアと同じ顔をした黒人女性が話しかけてきた。ステファニーは、彼女の娘がどれほどの喜びであるかを伝えようとしたが、他の父兄の手前、思いとどまる。そんなことをしては彼女が後ろ指を指されることになるのをよくよく知っているからだ。婦人の手をしっかり握り、隣の男性に顔を向けた。

「ラルフ・ジェームズです」男性は言った。「妻がどうしても来られなくて。オールストン博士、ようこそわが校へ」

部屋に父兄がぞろぞろと集まり、雑談し、入り交じり、席に着き始めると、オールストンは人の間を縫うように歩きながら、さまざまなグループを回り、トレードマークの微笑みを浮かべて力強い握手を交わした。彼女の落ち着きや物腰は上司役に称賛されることも多いが、開会の辞を言ってしまえば、誰とでもうち解けられる能力など何の役にも立たなくなることを彼女は知っている。彼女は不愉快な真実を告げるために、今日ここにいるのだ。ざわめきが収まり始めた頃、パティ・バーキンズが部屋の前方からオールストンを手招きした。「そろそろ始めてもよろしいでしょうか」パティがマイクに向かって言うと、オールストンはその教師のような口ぶりに、何とか笑いをこらえる。「皆さん、新しい学年を迎えて希望に胸を躍らせていることと思います。ランドール・サークルに拍手を！」

父兄は笑いながらも盛んに拍手を送る。まるでチアリーダーのようなパーキンズだが、そんなところが彼女の愛されるゆえんなのだ。彼女の子どもが全員卒業してしまうときが来るのを誰もが怯えて暮らしている。そうなったら、一体誰がこれほどの意気込みを持ってあとを継いでくれるというのだろう？

「本日は新しい校長先生をお迎えできて大変嬉しいです。皆さん、ご出席下さってありがとう。オールストン博士もきっと皆さんにお会いできて嬉しく思ってらっしゃることでしょう！」。こう言うと、マイクをオールストンに手渡した。ステファニーはその場にたたずみながら、高校の弁論部時代の思い出にふけっていた。教育会議や総合研究大学でスピーチをしたこともある彼女だが、これほど恐ろしい聴衆に向かって話したことは、いまだかつてなかったかもしれない。

「パティ、ありがとう」そう言うと彼女は一息ついて、目にかかった髪をまた払いのけた。「本日はこうして皆さんにお目にかかれて、とても嬉しいです。また皆さんのお力を借りながら、ランドール・サークルをますます発展させていけることを大変嬉しく思っています。これから皆さん一人ひとりにお会いして、今年度のPTAが学校のために何ができるかを話し合うのを楽しみにしています。

今日は現在学校が直面している最大の問題について、お話ししたいと考えています。それは、テスト得点という〝基準《スタンダード》〟です。わたしがランドール・サークルに赴任しましたのは、ランドールに新しい方向性が必要だからです。とはいえ、わたしがこの仕事を引き受けたのは、新しい道が必ずや見つかると信じてのことなのです。

わたしたちの学校は実に多様です。裕福な家庭の子どもがいるかと思えば、給食費の補助を受けている子どももいます。読解力の習熟水準に達していない生徒は、五割を超えています。素晴らしいテニスプレーヤーや物理オリンピック優勝者がいるかと思えば、先週は数名の生徒が逮捕されました。警察が覚醒剤の密造をかぎつけたのです。ここではいろいろなことが起こっています。すべての生徒のニーズを、一つの学校でどうやって一度に満たせばよいのでしょうか？」

ラルフ・ジェームズが間髪を入れずに勢いよく手を挙げる。

「子どもたちを学習スタイル別に分ける、っていうのはどうでしょうか？」とかれは尋ねる。「うちの子は賢いのに、普通の指導方法では必ずしも成果が上がってなくてね」

「お言葉ですが、教師は一人ひとりの生徒に何もかもを合わせるわけにはいかないんですよ」カルロス・アルベーラが即座に抗議する。「わたしは一二〇人の生徒を受け持っていますがね、それぞれ学び方が違います。その中で、最善の努力をするのが生徒の務めというものです。それにジェームズさん、悪く思わないで下さいよ、その姿勢は家庭から始まるんです」

バーバラ・ソロモンが割って入った。「この状況を改善するために親として何をすればいいんでしょうか。わたしたちはみな所得階層も違えば仕事も違います。わたし自身、二五年前にはこの学校の生徒でしたし、娘もここでよくやっています。でもそれは、娘が自分に合ったツールを自由に使えるからなんですよ。ここで興味が満たされない子どもたちは、どうすればいいんでしょうか？　うちの娘だって、ランドールにないものを求めることが多いですし、課外授業で良い作文講座があったらいいのにといつも言ってます。それとも、芸術の授業を拡張するという手もありますね。もし生徒が夢中になれるもののために学校に来るなら……」

「その金はどこから出るんです?」別の親が尋ねる。

「えー、ここで自由討論会を始めるつもりはなかったんですが……」オールストンは過ちに気づくが、時すでに遅しだ。議論に花を咲かせ始めた父兄に、彼女は思わず両手で頭を抱えたくなる。そんな議論はランドール・サークルの役に立たない。だが一体何が役立つというのだろう?

世界中のどの地域社会にも、こと教育に関しては大きな意見の隔たりがある。序章の冒頭で示したおおまかな原則については合意できても、その詳細となれば、人によって教育に求める目標も、関心も、あるいはどのような行動がどのような成果をもたらすかという考え方も、千差万別だ。新聞ではこうした集団間の論争が、大々的に取り上げられることが多い［注1］。

こう考えると、学校や学校制度の運営が実に大変な仕事だということがわかる。ほとんどの人が学校に通った経験があるため、誰もが一家言持った専門家で、誰もが学校で起こっていることに何らかの不満を抱いている。わが国の学校指導監督官の在任期間がそう長くないのは、驚くに値しないのかもしれない。こんな環境で、一体誰がうまくやれるというのだろう? そして、この環境でうまくやれる人が誰もいないのなら、本書で提案する解決策に一体どれほどの希望が持てるというのだろう?

実はこんな状況であっても、状況に適したツールを使ってうまく切り抜ける方法はあるのだ。だがこれから見ていくように、必要とされるツールは必ずしも穏当なものとは限らないし、民主主義下では使えないものさえある。もしそうなら、これまでの議論に一体何の意味があるというのだろう? もうまったくどうしようもないのだろうか?

合意のマトリクス

ビジネスでは、組織が向かうべき方向が決まれば、経営者は目標地点に一丸となって到達できるように、従業員、仕入れ先、販売店、顧客を説得しなくてはならない。経営者が協調行動を促すために利用できるツールには、動機づけのツールや先見性のあるスピーチから、あからさまな脅しに至るまで、いろいろある。このようなツールをまとめて、「協調ツール」と呼ぼう。協調ツールはよく利用されるが、ほとんどの場合意図した効果を上げていない。変革を進めようとする経営者は、こうしたツールのせいで信頼も活力も資源も失い、失敗することが多い。

組織が置かれている状況によって、協調ツールの効果が異なる。これを［図表8・1］に示した［注2］。縦軸は**目的**——人々が企てに参画することに求める成果や、価値基準や優先順位、成果を実現するために行なう用意のある取捨選択といったこと——に関して、関係者がどれだけ合意しているかを表す。合意度は、ゼロ（最下部）から完全な合意（最上位）までの範囲を取り得る。二つめの次元は、それを**実現する手法**——つまりどのような行動が望ましい結果をもたらすか——について、関係者間にどれだけの合意があるかを表す。実現手法に関する合意度が高いということは、目的とする結果を得るために用いられるべき手段について共通認識があるということになる。

［図表8・1］の左上の領域に位置する組織の従業員は、組織の一員として実現したい目的については合意しているが、その願いを実現するために取るべき手法については必ずしも意見が一致しない。一九九五年のマイクロソフトはこの状況にあった。当時マイクロソフトは、ネットスケープのウェブブ

図表8·1◆合意マトリクス

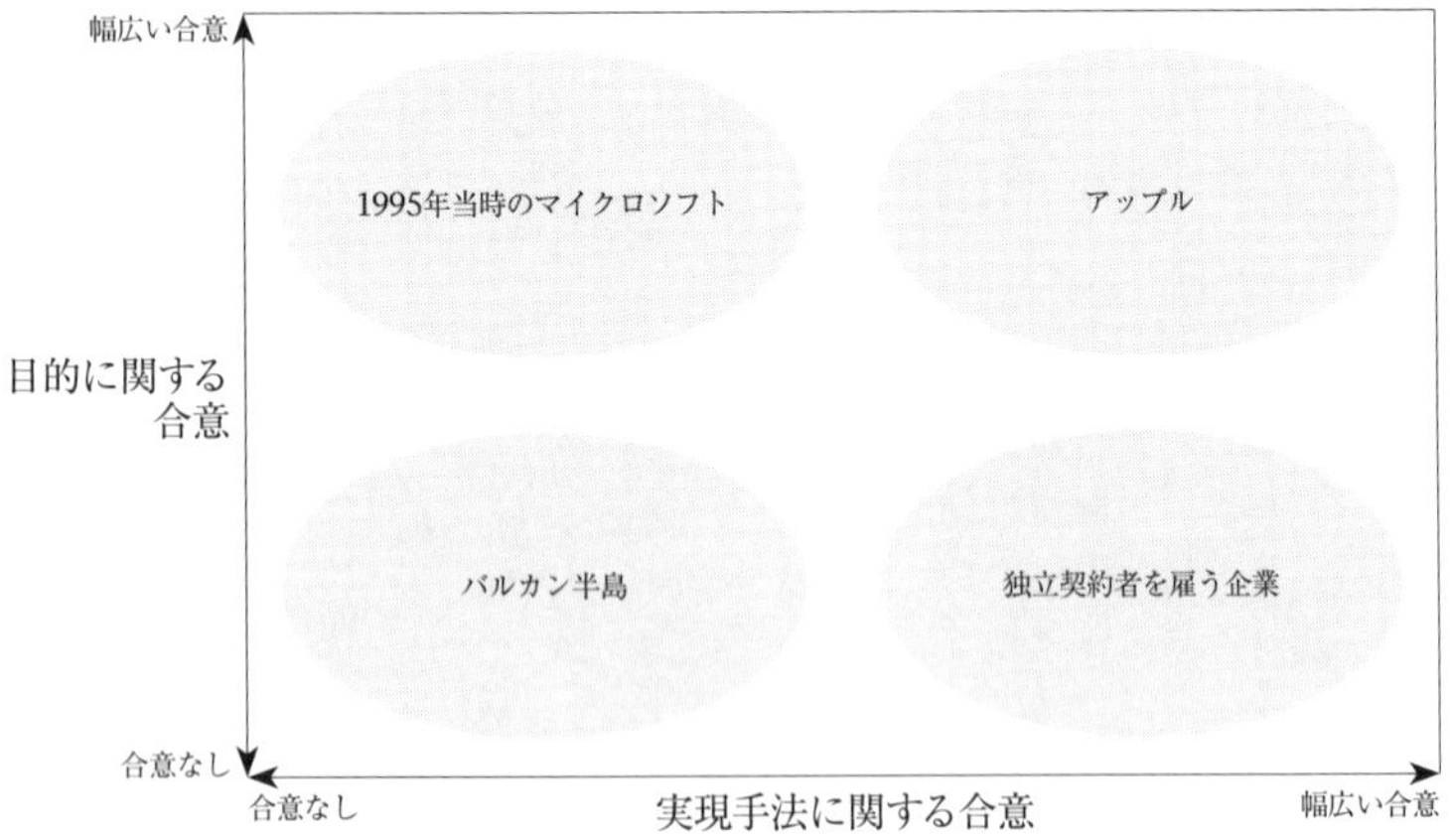

ラウザによって、コンピュータ利用の「主ウィンドウ」の座を脅かされていた。同社の従業員や管理職のほとんどが同じ目的を持っていた、つまりデスクトップ上のマイクロソフトの支配を維持したいと考えていたが、それを実現する手法に関しては、当初ほとんど合意が見られなかった。

　これに対し、独立契約者や組織労働者を雇う企業の多くは図の右下に位置する。このような労働者は、企業目標への思い入れがほとんどなくても、指定された手法が望ましい成果をもたらすという認識があれば、進んでその手法に従う。

　右上の領域に位置する企業では、何を目的とするか、またそれをどうやって実現するかについて、従業員の間に合意がある。このような組織では、どちらの次元についてもはっきりとした共通認識があるがために、変化を拒む文化が醸成される。従業員は組織の一員としての目的に満足し、現状を維持するための手法に合意している。アップルはこの領域に位置する。シリコンバレーでは、「アップルは文化《カルチャー》にカルトを持ち込んだ」と言われている。

最後に、左下の領域に位置する企業では、目標についてもそれを実現する手法についても、従業員間に合意が見られない。この典型例がバルカン半島の争いの絶えない国々だ。

このマトリクスでは、どの状況に位置するから「ベスト」だということではない。経営者にとって大切なのは、自分の置かれている状況がマトリクスのどの状況に最も近いかを判断し、その状況に有効な協調ツールを選ぶことだ。この単純なモデルは、家庭ほどの小さな単位から、事業部、企業、学校区、果ては国家にも当てはまるとわれわれは考える。

移動を促す要因

この合意マトリクス内で組織の移動を促す要因には二つある。一つめの要因は成功だ。集団は結成当時、マトリクスの左下の領域からスタートすることが多い。だが成員が仕事を繰り返し成功させるうちに、成功を通じて両方の次元で合意が形成されることが多い。そうこうするうちに、集団内に強力な文化が醸成されていく。やがてそれまで成功を導いてきた手法が効果を失い、組織が危機的状況に陥れば、合意は弱まる。つまり成功は組織を右上方向に、失敗と危機は左下方向に移動させる作用がある。

移動を促す二つめの要因は、組織の成員が共通の言語と問題を定義する共通の手法を与えられることだ。成員が何らかの確かな理論をあまねく理解したとき、この要因が働く。改革へ向けた話し合いでは、参加者の話がかみ合わないことが多い。たとえば学校という環境で言えば、学級の人数を問題視する人がいるかと思えば、教員組合を目の敵にする人もいる。また学校管理者の交代が必要だと主張する人もいる、といった具合だ。各自が自分の解決案について語るだけで、議論がかみ合わない。また問題の共通の定義が存在しないために、解決策について合意が得られない。合意形成の必要条件は、成員が共通の言語と問題を定義する共通の手法を持っていることだ。たとえばインテルは一九九〇年代半ばに、サイリックスやＡＭＤの販売する非常に安価なマイクロプロセッサによって、市場の底辺層を破壊されつつあった。インテルの会長アンディ・グローブは教育セミナーを開催して、二〇〇〇人の上級管理職に（これは大仕事だったのだ！）クリステンセンの著書『イノベーションのジレンマ』の破壊モデルを学ばせた［注3］。これをきっかけとして、インテルは市場の底辺層にセレロン・チップを投入したのだった。これはインテルの「金を稼ぐ方法」についての共通認識にそぐわない、きわめて破壊的な戦略だった。そしてこの戦略は、破壊を仕掛ける企業をかわす上で**絶大な**効果があった。グローブは後にこの頃のことを振り返って、クリステンセンにこう語っている。「破壊モデルは答を教えてくれたわけじゃない。だが共通の言語と、問題を定義する共通の方法をくれた。そのおかげで、それまでの常識に反するような行動方針にコンセンサスを得ることができたのだ」。言い換えれば、全員が確かな因果関係のモデルを共有し、それを通して共通の言語と問題を定義する共通の方法を持てば、組織を［図表8・1］の右上の領域に動かすことができるのだ。この手法の成功はもちろん、成員が進んで学習するかどうかにかかっている。つまり、移動のメカニズムとしては成功ほど強力ではない。ただし成功よりも即効性がある。

合意から協調への移動

「目的」と「実現手法」という二つの軸での合意度によって、どのような協調ツールが有効かを示し

図表8·2◆協調ツール

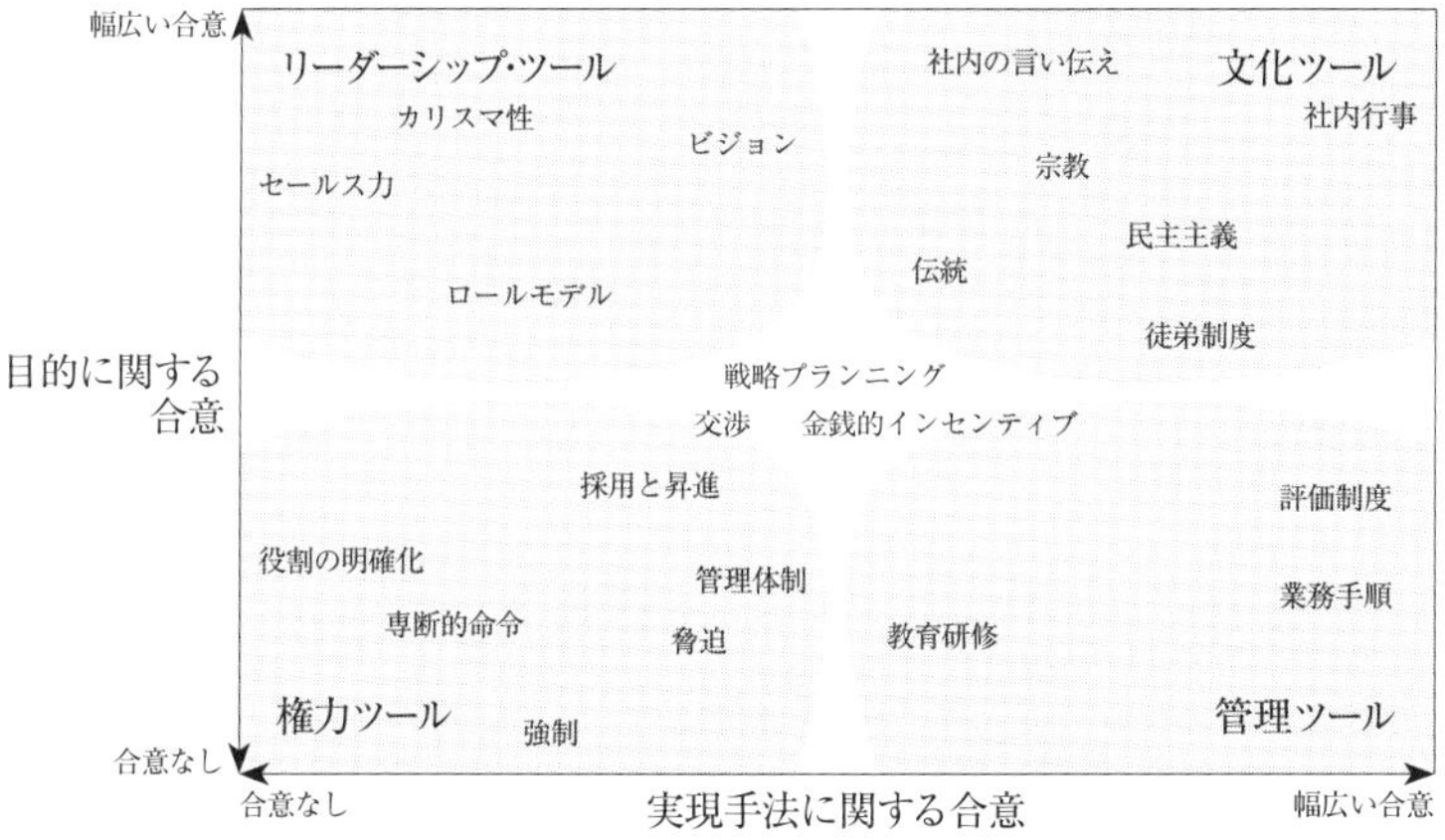

たものが［図表8・2］だ。有効なツールを区切る境界は厳密なものではないが、この大まかな分類で、どのような状況でどのツールが有効か、大体の感触をつかんでほしい。

権力ツール

組織の成員の間に、どちらの次元でも合意がほとんど見られないような状況で、新しい方向に進むための協調行動に協力を促すことができる唯一のツールは「権力ツール」だ。これには専断的命令、強圧、強制、脅迫などがある。

ＪＰモルガン・チェースのＣＥＯジェイミー・ダイモンは、かつて自らが会長を務めていたバンクワンとの統合を進めるにあたって権力ツールを使った。従業員の報酬が手に負えない状態になってしまったと判断したダイモンは、数百人の従業員を対象に、二〇から五〇パーセントの給与カットを断行した。また、社内に氾濫するＩＴシステムについて、六週間以内に何らかの対策を取り決めなければ勝手に決めさせてもらうとIT要員を脅迫することで、単一のプラットフォームへの統合を推進した。ダイモンは指揮系統を変更し、それまでモーゲージの販売ノルマを達成すればささやかなボーナスを手にすることができた小売支店のマネジャーを、ノルマに達しなければ解雇した。かれの処置は功を奏した。

交渉、戦略プランニング、金銭的インセンティブといったツールは、合意がほとんどない状況にはあまり効果がない。先に説明したように、これが功を奏するのは、マトリクスの両次元でわずかながらも合意がある状況に限られる。敵対的対立が存在するような環境では——中東であれ、イースタン航空の経営側と機械工労組側の悪評高い対立であれ——交渉は成功しない。リーダーが戦略プランニングによって組織の方向性を明らかにしても、両次元でまったく合意が見られなければ、戦略プランニングだけでは、そこに到達するために必要な協調行動を促すことはできない。また金銭的インセンティブ——原則として、従業員に経営者と同じ目標を持たせるために支払われる——は、合意度の低い環境では逆効果だ。インセンティブの目標に同意しない従業員からは、よそ事のような反応しか返ってこない。

合意度の低い状況で唯一効果があるのは権力ツールだ。そして最も肝心なことは、組織の権力層の手でこれを用いることだ。民主主義国家では、このような手段の多くが法律で禁じられているため、公共部門の幹部はなすべきことをなすための権力を持てずにいる。この点については、本章の後半でふたたび立ち返ることにしよう。

管理ツール

合意マトリクスの右下の領域の状況で協調を促すためのツールには、相互協応的でプロセス志向という特徴がある。管理ツールには、教育研修、業務手順、業績評価制度などがある。この種のツールが効果を発揮するには、集団の成員が実現手法に合意している必要があるが、目的に関しては必ずしも合意は必要でない。

一例として、多くの企業で、製造部門の労働組合員は、マーケティング担当の上級管理職とは違う目的を持って出社してくる。だが新しい製造手順に従えば品質・コスト両面で優れた製品ができるという共通認識があれば、どちらの集団も協力して手順に従うだろう。

また別の例として、インテルでは全レベルの従業員の間に創設以来二〇年にわたって、ウェハーあたりの粗利益率の最大化が、利益性の向上をもたらす性能指標だという共通認識があった。七〇年代に高い粗利益率を誇っていた同社のＤＲＡＭ［＊］製品は、八〇年代に入ると日本との競争に押されて苦戦した。組織内のさまざまな部門の中間管理職は、この一般に認められた指標を頼りに――しかも上層部による明確な指令のないままに――一丸となって製造の重点を、ＤＲＡＭから利益率が拡大していたマイクロプロセッサに移した。中間管理職が上級管理者の指令を受けずに、インテルをマイクロプロセッサ企業に変身させたのである。

逆に関係者が、新しい手法が古い手法より望ましい結果をもたらすという共通認識を持っていなければ、新しい業績評価制度や業務手順の教育研修を受けても、それまでと違う行動は期待できない。研修の効果は、研修そのものの質よりも手法に対する共通認識の度合いによって決まる。

［＊］ＤＲＡＭとはダイナミック・ランダム・アクセス・メモリの略である。ほとんどのパーソナル・コンピュータで用いられているのがこの種のメモリである。

リーダーシップ・ツール

合意マトリクスの左上の領域では、プロセス志向のツールよりも結果志向のツールの方が効果が高い。それは、従業員の間で目的についての合意度が高いからだ。たとえば尊敬を集めるカリスマ的リーダーは、仕事のやり方は指示しないことが多い。やるべきことをやる気にさせるのだ。

ビル・ゲイツは、一九九五年の「押し寄せるインターネットの波」と題した有名なメモで、ビジョンというリーダーシップ・ツールを使って効果を上げた。このメモはマイクロソフトの従業員に、ソフトウェア業界での支配を維持する（＝かれらの目的）ためには、ワールドワイドウェブがやがて担うであろう重要な役割を認識する必要があることを気づかせた。これはほとんどの従業員の信念に反する考え方だった。これをきっかけとして、同社のインターネット・エクスプローラ担当部署は、ネットスケープの脅威に積極的に立ち向かい、抑え込むことができたのだった。

合意マトリクスの左上の領域に位置する従業員が、士気を高める先見性に満ちた行為と見なすものを、下方の領域の従業員は無視または軽視することも多い。たとえば目的について合意度が高い状況では、従業員はビジョン声明に励まされるだろう。だが目的に関する共通認識がない状況では、ビジョン声明はあきれた表情を引き出す以外、ほとんど何の効果も及ぼさないことが多い。

文化ツール

マトリクスの右上の領域に位置する組織では、従業員は同じ方向に向かって進み続けるためにほとんど無意識に協調行動をとる。かれらの間には、優先事項についても、その優先事項を実現するために取るべき手法についても、深い共通認識がある。文化はあいまいな使われ方をすることが多い用語だが、マサチューセッツ工科大学（ＭＩＴ）のエドガー・シャインは著書『組織文化とリーダーシップ』の中で、文化に具体的な定義を与えている。かれは文化を「集団が外的な適応と内的な統制の問題を解決するうちに学習した基本的前提の共通パターンであり、それまで十分な効果を上げてきたために有効だと考えられ、したがってこのような問題について認識し、思考し、感知する正しい方法として、新しい成員に教えられるもの」としている［注４］。言い換えれば、強力な文化を持つ組織では、成員が同じような選択肢を直観的に優先し、またそれをどのようにすれば実現できるかについて共通の認識があるために、最善の実現手法について話し合う必要もほとんどない。

だがこのような組織は、まさにこの強みのせいで変化にまったく対応できなくなることがある。［図表8・2］の文化の領域における協調ツール、たとえば社内の行事や言い伝え、民主主義などには、現状を維持するための協調行動を促す効果しかない。つまり変革を起こすためのツールではないのだ。この領域でもリーダーシップ・ツールや管理ツールは使えるが、既存文化を強化するだけの効果しかない。たとえばこの領域で、経営者が従業員の目的にそぐわないビジョン声明を行なってもうまくいくはずがない。ヒューレット・パッカードのカーリー・フィオリーナは、「ＨＰウェイ」に対抗しようとして、このことを身をもって知った。従業員や取締役会との衝突は衆目の知るところとなり、その後の追放劇につながった。

分離

ときには協調行動が求められる関係者の間に根本的な意見の相違があるために、行動方針についてどうしても合意が得られず、しかも協力を強制できるだけの権力を蓄えている人が誰もいないような状況がある。このような状況で、すべてのツールが失敗した場合に使える切り札がある。このツールは合意マトリクスの中にはない。これを「分離」と呼ぶこととする。つまり、対立を抱えた関係者を別々の集団に分離して、集団の内部で強い合意を保たせながら、他の集団と合意する必要を取り除いてやることだ。たとえばチトー亡き後のバルカン諸国では、チトーのように平和維持に必要な権力を蓄え行使することは誰にもできなかった。そこでクリントン大統領がカリスマ性を、ブレア首相がセールス力を試した。民主主義や交渉が試された。経済制裁や経済的インセンティブも試された。どれもうまくいかなかった――分離を除いては。半島をそれぞれの民族集団から成る国家や地域に分割することによって、敵対する民族集団が分裂を超えて協調する必要が取り除かれたとき、バルカン半島に平和がやってきた。

破壊的イノベーションの研究でも同じ現象が観察された。産業のリーダー企業が、従来技術で優位を保ちながら破壊の波にあってもリーダーになれたのは、指導者が分離ツールを行使した場合に限られた。傘下に独立的な事業部を設置し、独自のビジネスモデルを通して破壊的な機会を追求する、無制限の自由を与えたのだ。持続的イノベーションの担当者と破壊的イノベーションの担当者が同じ事業部内で働いていれば、新規顧客と既存顧客のどちらを重視すべきか、市場の高価格帯と低価格帯に進出するのではどちらが成長機会が大きいかといった問題で、終始対立するようになる。このような状況で効果のある方策は分離しかない。

マトリクスにおける公立学校制度

学校制度は合意マトリクスのどこに当てはまるだろうか？　左下の領域に位置する場合がほとんどだが左上にも形跡が認められることがある。教師、納税者、学校管理者、親、生徒、政治家は、それぞれ優先事項が異なり、学校を改善する方法について意見が激しく食い違う。第二章で説明したように、社会が学校に課している任務は、生徒を民主主義社会で生きていけるように社会生活に順応させることから、貧困の軽減まで多岐にわたる。だが利害が違えば優先すべき任務も異なる。またどの集団も、学校を改善する手法について違う考えを持っている。たとえば予算を増額する、コンピュータを増やす、教師の質を高める、学級規模を縮小する、学校の権限を拡大または縮小する、等々。

学校が左下の不和の領域に位置するという認識があれば、改革者がこれまで試行してきた改善策がなぜ効果を挙げていないかが理解しやすくなる。たとえばこのモデルは、教師の能力給といった金銭的インセンティブのツールに効果がないことを示している。このツールは、数十年前から多くの学校区でさまざまな形で用いられている。だがこうした計画のほとんどが失敗に終わっているのは、目的とそれを実現する手法について、合意が少しも存在しない状況では、効果がないからだ［注5］。ほとんどの学校区の教育委員会が、ビジョン声明とそのビジョンを実現するための戦略計画を定めている。だが委員会はこうしたツールを使っても、意見を異にする関係者が一致団結して計画を推進したためしがないことに気づいている。関係者は左下の不和の領域につきものの、絶えない衝突と妥協にとらわれているのだ。

この状況に関して恐ろしいことがある。それは、法の下で許される主要なツールである民主主義が有効なのは、右上の状況、つまり目的とそれを実現する手法について、予め幅広いコンセンサスが存在する状況に限られるということだ［注6］。さらに悪いことに、民主主義はマトリクスの文化の領域で有効なすべてのツールと同じように、抜本的な変革をもたらすのに有効な手段ではない。とすれば、公立学校を変えるのは不可能なのだろうか？

われわれは変革は可能だと信じている。この章を執筆したのは、改革者に分別を持ち、現実的になるよう呼びかけるためだ。本書が公教育の未来に向けてのロードマップの役割を担うようになることがわれわれの願いである。だが、なすべきことを知るのは出発点に過ぎない。それを実現するために必要な協調行動を促すのは、厄介な仕事になるだろう。これまで民主主義、言い伝え、カリスマ性、セールス力、業績評価制度、教育研修、交渉、金銭的インセンティブといったツールが試されてきたが、ことごとく失敗に終わっている。われわれが見込みがあると考えるツールは三つだけだ。それは共通の言語、権力、そして分離である。

共通の言語

先に述べた通り、共通の言語を与えることは移動を促す要因である。つまり、うまく使えばマトリクス内の他の協調ツールが有効な領域に集団を移動させることができる。共通の言語と問題を定義する共通の手法があれば、戦略プランニングや業績評価制度、セールス力といったツールの効果も期待できるというわけだ。本書で公立学校を苦しめている根源的な問題を特定することにこれだけの紙面を割いた重要な理由は、本書が読者に共通の言語を与える役割を担うことを期待しているからだ。本書に示した分析と解決策のすべてが正しいとは限らないが、われわれは『イノベーションのジレンマ』がインテルのために担ったのと同じ役割を、本書で概括した認識が教育関係者や一般社会のために担うことを願っている。つまり、共通の言語と、問題を定義する共通の手法を生み出すことによって、目的とそれを実現する手法に関する幅広い合意を形成するという役割である。

権力

抜本的な学校改革を求める政界や学校の指導者は、今ほど抵抗を感じずに権力を蓄え行使しなくてはならない。なぜなら他の協調ツールは、せいぜい消極的な協調をもたらすに過ぎないからだ。たとえば、テネシー州のスラム地区であるチャタヌーガは、小学校の質の低下に苦しんでいた。学校指導監督官ジェシー・レシスターは権力ツールに訴え、一人を除く全員の校長をすげ替えた。また学校の教師全員に、教員試験を受け直し、合格することを求めた。削減されなかった一〇〇名の教師については、実際に解雇することはできなかったが、スラム街の学校から転出させ、社会基盤からより多くの支援を得ることができる、チャタヌーガ郊外の学校に転任させた。以来、この学校区の学校は劇的な改善を示している[注7]。

学校区は通常、教育委員会によって運営され、一般に教育委員が多数決によって、学校区の目的とそれを実現する手法を決定する。当然ながらこうした委員会の中で、学校の戦略に決定的な変更を加える力を持っているものはごく少数だ。民主主義のツールは、多くの教育委員会の会合を特徴づける埒のあかない論争に、コンセンサスをもたらすようにできてはいない。この一〇年ほどで市長が教育委員会を解散して、学校区を直接指揮するケースが増えている。市長は同じビジョンを共有する指導監督官を任命することができ、指導監督官は互いに矛盾する改革のビジョンを持った、かみ合わない教育委員の機嫌取りに終始せずにすむ。落ちこぼれ防止法や州の説明責任制度も、州や地域社会の指導者に、学校を支配、閉鎖し、置き換える権力を与えることで、この動きを後押ししている。

分離

最後の可能性が分離ツールである。このツールは［図表8・2］のどこにも見当たらないが、その理由は、不一致の環境で、かつ指導者が協調行動を強要する権力を持たないような状況でしか効果を発揮しないからだ。だが注意しなくてはならないのは、地域社会が、アンディ・グローブがインテルで確立したようなプロセスを踏めずにいる場合には、都市部の多くの学校区の経験が示すように、指導者は分離ツールを用いるために権力ツールに訴える必要があるかもしれないということだ。関係者が必要な行動方針に大筋で合意できないような状況では、学校に求める目的や、それを実現する方法について強く合意している新しい教師、親、学校管理者の手で、新しい学校を設立することは、重要かつ強力なツールとなる。これがチャータード・スクール運動や、ボストンなどの都市における試験的学校計画、バウチャー制度の存在意義なのだ。

このような制度の利点を説く人たちは、教育委員会や学校管理者の責任が、各々の地理的地域の子どもたちを教育すること、それもうまく教育することにあるのであって、以前その地域に作られた特定の学校を守り、擁護することにあるのではないと主張する。［図表8・2］の両軸における合意度が非常に低く、必要な改善を導入するのにどんな協調ツールも効果がないような状況では、改革のツールの中で分離が非常に重要な選択肢となる。それがなぜかということは、第九章でじっくり見ることとしよう。

Giving Schools the Right Structure to Innovate

第9章

イノベーションに適した構造を学校に与える

一時間後に会合がお開きになると、ステファニー・オールストンは時計を見上げ、オフィスに戻った。ダグに言うべきことを考えるのに、あと半時間ある。かれは四階のロッカーにいたずらしているところを見つかったのだ。彼女はダグが本当は好青年だということを知っている。何か別のことが起こっているのかもしれない。かれの最近の出席状況はいずれにしても進級ぎりぎりだった。たった一日で、ロブとダグは運命を交換したのだ。一缶の黒ペンキのために。彼女はダグに最後の練習を許したことを後悔してはいなかった。

オールストンは夏に参加した訓練プログラムのことを思い起こしていた。そこで、「知識こそ力プログラム」（ＫＩＰＰ）学校の前校長たちに出会ったのだ。ヒューストンとニューヨークから来ていたかれらは、チャータード・スクールの大きな利点を物語る興味深いアイデアをいくつか紹介してくれた。ＫＩＰＰ学校では子どもたちに対し、学習に役立つ方略に従うよう、はっきりと命じる。たとえば特にダグのように、親が経済的に苦しいために、同級生に比べて親と一緒に過ごす時間が短く、放っておかれている子どもたちに、注意して聞く方法を教えるというように。オールストンはダグ・キムの両親の事情を知っているだけに、かれを一日中学校にとどめ、朝食を食べさせ、ちゃんとこちらを向きなさい、と自ら一喝したかった。彼女はダグの授業風景を二度ばかり見かけたことがある。かれはノートを取っているふりをする技を身につけているが、ほとんどの教師とは違って彼女の目を欺くことはできなかった。かれはいたずら書きをしていたのだ。それも素晴らしく念の入ったいたずら書きを。ダグのノートを初めて一瞥したとき、彼女はギョッとした。かれはいつからこんなことをしてお茶を濁してきたのだろう？　だがかれが才能にあふれていることも一目瞭然だった。もしかしたらダグはもっと型にとらわれないカリキュラムの学校の方が向いているのかもしれない。芸術、創作文、音楽などの課程の多い学校が。ランドール・サークルに、そのような課程を提供するインフラも資金もないのは残念なことだ。かれがしかるべき配慮を受けることができればどんなにかいいだろう。かれは極度に活動的で注意散漫な子どもなのだ。実際、オールストンのオフィスのドアまでやって来たダグは、悪びれる様子もなく歌を口ずさんでいた。

「うわさで～聞いたけれど～」鼻歌を歌っている。「こんちは、オールストン先生」

「お入りなさい」と彼女は言う。

かれは席を勧められてもいないのに腰を下ろし、微笑みながら彼女を見つめてくる。思わずつられて微笑みを返しそうになったが、なんとか踏みとどまった。つんつんに尖らせた髪は青みがかっており——前回の面談の時には見なかったものだ——練習後のシャワーを浴びたばかりで濡れている。

「ダグ、ペンキはこれまでのいたずらとはわけが違いますよ。学校の器物を破壊すれば、自動的に五日間の停学ってことを知っているの？」

かれの表情は曇った。「チームでやった悪ふざけだったんです」

「ダグ、チームの誰もそんなことをしていませんよ」

ダグは黙っている。

「あなたのお母さんの電話番号を教えてちょうだい」彼女はデスクの近くの受話器を取って尋ねた。

「オールストン先生、母さんは今仕事中なんです。夜勤で。母さんの邪魔をしなくてもいいでしょう。僕が拭き取るか、弁償するか、とにかく何でもしますから」。ダグは口早に言った。

「ダグラス・キム。お金が問題じゃないの。それほどはね。それにあなた、いくらかかると思っているの？用務員さんの手間やら、新しいペンキ代やら、あなたが汚したロッカーの数やらで、軽く八〇〇ドルは超えますよ」

ダグは驚いて口が半開きになった。かれはののしり文句をつぶやいたが、オールストンは聞こえないふりをすることに決めた。かれはもう十分厄介な立場に立たされているのだ。

「あなたがお母さんに電話をかけるか、わたしが警察を呼ぶか。どちらか選びなさい」

彼女にも自分の仕事を呪いたくなる日がある。これが別の学校で別の機会であったなら、ダグ・キムに芸術賞の受賞を告げていたかもしれないのだ。だが現実に彼女がかれに差し出しているのは電話だった。ゆっくりと気が進まない様子でかれはダイアルを回した。ダグがフォワードのレギュラーの地位を脅かしていた時代が終わろうとしていることを、ロブ・ジェームズは知るよしもなかった。

ステファニー・オールストンは歯がゆい、そしてありがちな苦境に立たされている。彼女は問題を認識しており、可能な解決策がいくつかあることを知っている。だが彼女の置かれた状況では、そして彼女の学校の制約の中では、その解決策を提供することができない。これまでの章のミニドラマで見てきたように、オールストンはオンラインコースを導入して生徒がそれまで取れなかった授業を受けられるようにすることで、学校のモジュール性を高める方法をいくつか見つけた。だが教師が担う職務の中には純粋な教授活動ではないために、コンピュータが解決策にならないものもある。また生徒の中には、伝統的な学校が決して提供できないものを絶対的に必要とする状態の者もいる。オールストンは他の種類の学校——おそらくはＫＩＰＰ学校のようなチャータード・スクール——が問題を解決する様子をありありとイメージすることができた。だが現行組織の制約を受けた彼女には、とてもできない話だった。

ある学校に可能だったことが別の学校にはできない理由が、学校の意欲や独創性の違いにあることはほとんどない。これから示すように、その理由は、独創的な試みを成功させるために必要な組織構造を生み出す意志を関係者がどれだけ持っているかということと関係がある。そして教育界の指導者はこれを行なうために、分離ツールを用いなくてはならない場合が多い。

組織の魂

トレーシー・キダーのピューリッツァー賞受賞作品『超マシン誕生――コンピュータ野郎たちの540日』の中で紹介されたエピソードは、組織のイノベーション能力がどれほど組織構造の影響を受けるかを物語っている。七〇年代末にボストン近郊のデータ・ジェネラルという名の新興企業が、次世代ミニコンピュータの設計で業界大手のDECを猛追した。データ・ジェネラルの従業員の一人、トム・ウェストがDECを追い落とすプロジェクトを指揮した。

DECはすでに新しいミニコンを発売していたため、データ・ジェネラルは巻き返しを図らなければならなかった。ウェストのチームは過酷な長時間労働の末に、記録的な速さで新製品の設計を終えた。だがある疑問がかれらを悩ませ続けた。それはDECの製品がどれほど優れているかということだ。たまたまDECの新製品を購入した会社の友人が、構内に潜入してDECのマシンを分解してもいいよとウェストに言ってくれた。ウェストはマシンにどんなことができるのかだけでなく、マシンがどうやってそれを実行するのかを分析しようと考えた。

冷戦時代のスパイ行為のような緊張感が漂う中、ウェストはDECマシンのねじを回し、カバーを開いて、なかのアーキテクチャを吟味しようとした。ウェストはマシンの中を覗き込んだとたん、DECが競争に勝たなかったことを知った。データ・ジェネラルは、性能効率と費用効率でDECをはるかに優る設計を作り上げたのだった。「(ミニコン)の中を覗き込んだウェストは、DECの組織図を見たような気がした」とキダーは書いている[注1]。DECの技術部の組織構造が、同社に製造できる、あるいは製造できない種類の部品を決定した。DECの組織構造が、同社のコンピュータの設計を実質的に支配し、したがって制約を課していたのだった。

DECはあらゆる組織が経験する変遷をたどっていた。初期の製品は少人数のチームが双方向的に設計していた。当時はメンバー全員が、一つひとつの部品やサブシステムの仕様に寄与していた。だが最初の数製品が市場で成功し始めると、次世代製品を設計する責任を分担する必要が生じた。そこでデータ記憶システム、論理回路、オペレーティング・システムなど、各サブシステムの設計を改良するために、サブチーム、つまり部署が設置された。同社の技術者は、各部署の作業が、他の部署の設計するサブシステムとかみ合う方法を定義するルールやインターフェース標準を確立した。言い換えれば、製品のアーキテクチャが、組織の編成――どのような集団があり、それぞれが何を担当し、他の集団とどのように連携するかといったこと――を決定した。

各部署の社員が、DECのコンピュータ内の担当部品の改良に数世代にわたって取り組むうちに、サブシステムの専門知識は深化していった。これはかれらが繰り返し成功させた仕事だったからだ。だがその一方で、コンピュータの各部品が連携する方法を、まったく新しいアーキテクチャの中で再構成する能力は衰えていった。なぜなら、コンピュータの部品やサブシステムがどうあるべきか、どのようにかみ合うべきかを定義するという課題は、創設当初にしか取り組まれなかったからだ。そのため、組織設計と製品設計の関係はやがて逆転した。いまや組織構造が製品のアーキテクチャを決定するようになったのだ。

このような因果関係の逆転は、成功したすべての組織に起こり得る。個々の部品を改良することだけが課題であれば、組織構造のおかげで改良に取り組みやすくなる。だがシステムを抜本的に再構成する必要がある場合、細分化された組織構造は組織がやらなければならないことを阻害する。したがって、経営者がイノベーションを成功させるためには、社内チームにその課題の性質に合った構造を持たせなければならない。そしてそのためには、分離ツールを使わなくてはならない場合が多い。

組織設計のモデル

イノベーションに携わる人が直面する問題には四種類ある。これらの問題に取り組むには、それぞれ異なるタイプの組織が必要となる。問題の種類とそれに対応する組織構造を、［図表9・1］に示した。縦軸には変化の複雑さまたは度合いを取った。変化の度合いは、部品レベルの問題（最下部）からアーキテクチャに関わる問題（最上部）までの範囲を取り得る。これから紹介する例は主に技術的な問題だが、これから見ていくように、その教訓は学校にも当てはまる。

［図表9・1］に示したように、最も単純な種類の改良を「機能的」問題、または部門別の問題と呼ぶ。この種の問題は、製品の部品レベルで、または単一プロセスの中の個々のステップで生じる［注2］。一つひとつの部品やモジュールの中で取り組みが自己完結するため、それぞれの部署の中で取り組みを完結させることができる。この種の問題を解決するために他の部署と連携する必要はない。各部署の部品

が他の部署の部品と整合する方法は変わらないからだ。

この種の問題をイメージするために、たとえばあなたがデルで改良型のパソコンを設計しているとしよう。デルのデスクトップ・コンピュータのアーキテクチャは、規格化されている。つまり、部品同士が連携する方法を規定する仕様が、業界標準にきわめて詳細に規定されている。実際あまりにも詳細に規定されているため、改良に取り組むチームが同じ会社で働く必要がないほどなのだ！　インテルはマイクロプロセッサを改良し、マイクロソフトはオペレーティング・システムをアップデートし、サムソンはDRAMチップの容量を増やすといった具合だ。インターフェース仕様が徹底的に規定されているということは、「チーム」内で独立的に機能する集団同士が積極的に調整する必要がないことを意味する。

この種の問題に最も効果的に取り組めるチームが、［図表9.1］の右下の説明図で示した「機能チーム」だ。ビジネスの機能集団は、一般に財務、営業、製造、技術といった専門分野ごとに設置される。こうした大まかな分野は、次に専門知識ごとに分割されることが多い。たとえば技術部門であれば電気、機械、ソフトウェア、会計部門であれば原価計算、予算策定、買掛管理、給与計算、貸付、回収など。詳細な仕様は、それぞれの機能集団が何をすべきか、各集団の仕事が他のグループの仕事とどのように整合すべきかを定義する。これを事前に規定することが可能で、かつ集団間に相互依存性がないとき、各集団は単独で仕事に取り組むことができる。

ときにある集団が、別の集団の仕事のやり方に影響を与えるような改良を行なうことを決定する。集団間の相互依存性が予測可能であれば、経営者はこのようなプロジェクトに取り組むための「軽量級チーム」を組織する必要がある。軽量級チームのマネジャーを、「協調的マネジャー」または「軽量級マネジャー」と呼ぶ。軽量級というのは、もちろん知的能力が不足しているという意味ではなく、責任の性

図表9·1◆問題の種類とそれを解決するのに適した組織の種類

図表中の●はチームの成員を表す。

実線は権限と責任のラインを、点線はコミュニケーションの経路を表す。VP＝各集団の統括責任者

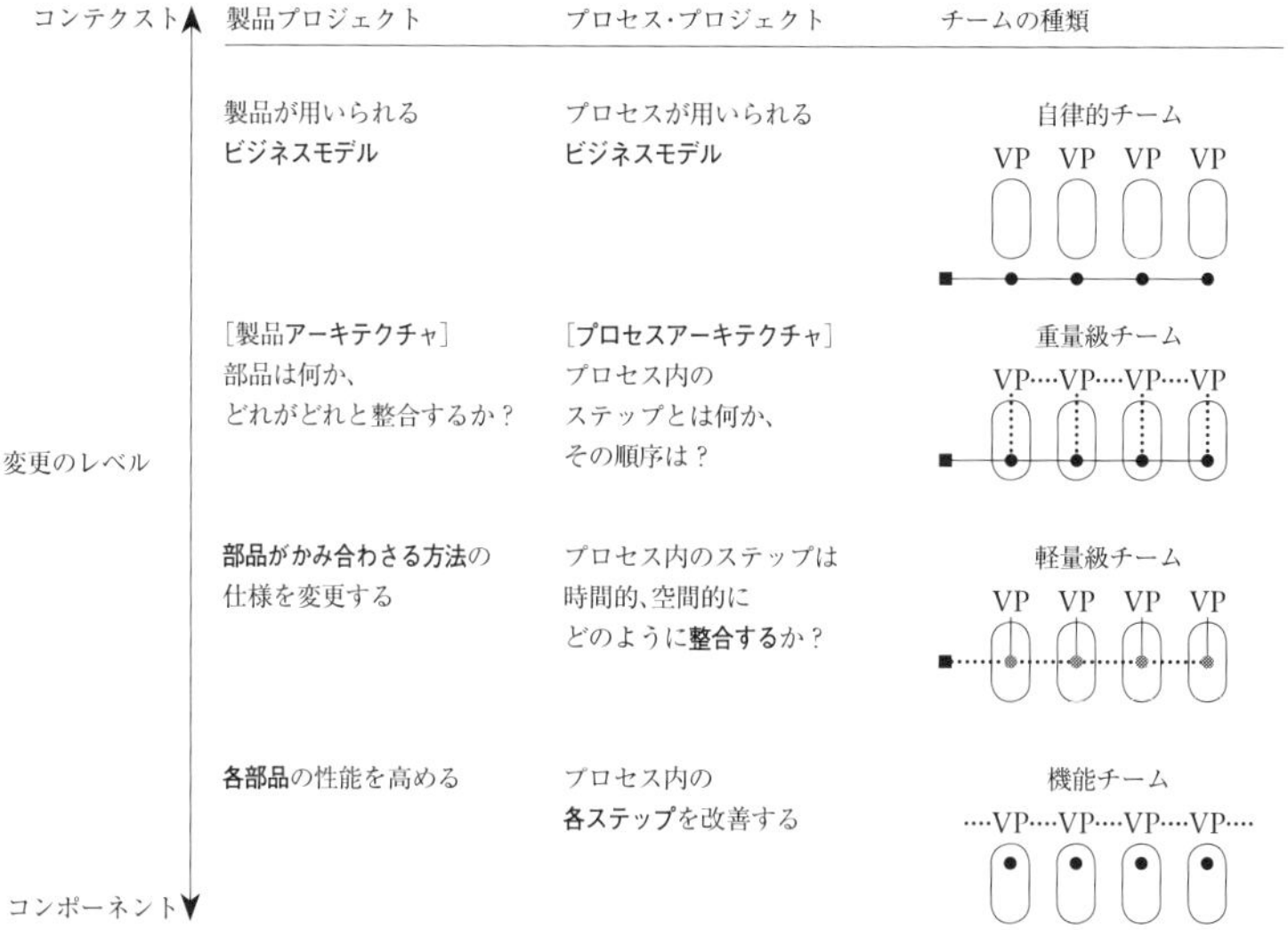

コンテクスト	製品プロジェクト	プロセス・プロジェクト	チームの種類
↑	製品が用いられる**ビジネスモデル**	プロセスが用いられる**ビジネスモデル**	自律的チーム
変更のレベル	[製品アーキテクチャ]部品は何か、どれがどれと整合するか？	[プロセスアーキテクチャ]プロセス内のステップとは何か、その順序は？	重量級チーム
	部品がかみ合わさる方法の仕様を変更する	プロセス内のステップは時間的,空間的にどのように**整合するか**？	軽量級チーム
↓ コンポーネント	**各部品**の性能を高める	プロセス内の**各ステップを改善する**	機能チーム

質を表している。軽量級マネジャーは、プロジェクトを行なう部署間を行き来して、互いの作業が整合するように取り計らう必要がある。［図表9・1］では、この任務をマネジャー（黒い四角）とチームの成員をつなぐ点線で表した。だが機能部門は、図の実線に示されるように仕事に対する主要な責任を持ち続ける。各機能集団の代表はチーム会議に出席し、各集団の単独作業が予定通り進んでいて、他の部署の作業と適切に整合していることを確認する。また代表は、会議での決定が担当部門の利益やニーズにかなっていることを確認する。ほとんどの「マトリクス型」組織が、協調的で軽量級的な性質を持っている。

だが製品またはプロセスのアーキテクチャが変化する必要があるときには、予測できない相互依存性が生じることが多い。部品は事前に予想または特定できない方法で、他の部品と連携しなくてはならなくなる。そのため、ある部署の人が従来とは違う部署の人たちと、違う事柄について不定期にやりとりする必要が生じる。このような予期できない相互依存性を解消するために、自分の部署の利益を犠牲にして、他の部署の利益を追求（トレードオフ）しなくてはならないような状況がしばしば生じる。ときにはシステム全体の最適な性能を実現するために、他の部品を不要にするような新しい部品が開発されることがある。こうした難問に取り組むためには、重量級チームを設置しなくてはならない。重量級チームでは、メンバーは機能的組織の境界を越えて、それまでとは違った方法で連携できるようになる。このようなチームが効果的に任務を果たすには、いくつかの際立った特性を備えていなければならない。メンバーは同じ場所に配属され、非常に大きな権限を有するマネジャーがチームを先導する。メンバーは重量級チームに機能分野の専門知識をもたらすが、チーム内で話し合う際に、自分の所属する機能集団の利益を「代表」するような考え方をすることは許されない。むしろ、プロジェクト全体の目標を達成するために、さまざまな物事をうまく結び合わせる方法を考え出すことに共同責任を負っているという自覚が必要となる。プロジェクトの基幹的側面での予期しない相互依存性に関係するすべての機能部門が、このチームに人を送り込まなければならない。重量級チームは、新しい協働のあり方を創造するツールなのだ。これに対して軽量級、機能チームは、既存プロセスを活用するためのツールである。

四つ目の種類のチームは自律的な事業体だ。この種類のチームが不可欠な状況は、マネジャーが新しい製品やプロセスを生み出すためにイノベーションを行なうのではなく、破壊的なビジネスモデルを必要とするイノベーションに取り組むときだ。社内の既存の事業体が、あるプロジェクトに優先的に投資することができないようなとき、そのプロジェクトは破壊的であるという。そのような場合に、自律的チームは新しい対象市場を優先し、利益を出しながら市場のニーズを満足させる、新しい経済モデルを生み出すツールとなる。［図表9・1］ではこのチームを、会社の主流の部門構造から商業的にも技術的にも完全に独立した存在として描いた。

これを第八章の用語を使って説明すると、重量級チームと自律的チームは分離ツールだ。この二つのツールは、合意に達することが難しい部署別の環境から人々を引き出し、独自の目的を持った独立的なチームにまとめる。

トヨタが目的に合ったチームを用いることの効力を示す、良い例を与えてくれる。トヨタでは、車の設計を機能チームにやらせている。なぜこれができるかと言えば、同社のエンジニアが、一つひとつの自動車モデルについて、各部品に必要な性能基準を何冊ものバインダーにせっせと記録しているからだ。またこうした要件を確実に満たすように各部品を製造する方法や、部品同士が整合する、つまりかみ合う方法についても明細に記している。このような詳細な仕様が、すべてのエンジニアや製造部員の作業を調整するという問題を、最小限にとどめているのだ。誰もが自分のやるべきことを心得ており、それが他の人の作業とどう関わっているかを知っているため、会社は調整のための諸経費をほとんど必要としない。このためトヨタは改良モデルの車を短期間でコスト効率よく設計することができる。トヨタは構想から発売まで二年以内で新しいモデルを投入することができる。これほど複雑な製品にしては、驚くべき能力だと言えよう。

だがトヨタはプリウスのハイブリッド車の開発に、機能チームを使うことはできなかった。ハイブリッド車は、従来とはまったく異なるアーキテクチャを持っていたからだ。トヨタは斬新な方法で整合する新しい部品を開発しなければならなかった。車への動力供給の機能は、内燃機関と電気モーターが分担し、状況に応じて適切な方がその機能を引き受けなければならない。ブレーキはただ車の速度をゆるめるだけでなく、電気を発電しなければならない。またそのために、バッテリーがシステム内で担う役割が完全に変わってくる。このように、部品が従来とは違う機能を果たすようになったために、エンジニアはすべてを整合性のある全体に統合する新しい方法を考え出さねばならなかった。

このような問題を効果的に解決するために、トヨタは各部署から重要な人材を引き抜き、まったく別の場所に集めて重量級チームに仕立て上げた。かれらはチームに専門知識をもたらしたが、かれらの役割は所属部門の利益やニーズを代表することではなく、専門知識を駆使してまったく新しいアーキテクチャを生み出すことにあった。分離されて明快な使命を与えられたおかげで、かれらは自分の所属する集団の利益を別の集団の利益とトレードオフすることができるようになった。たとえば、ある場所にコストをかけ別の場所でコストを節約するか性能を改善する、あるいは特定の部品を組み合わせたり、いくつかの部品を完全に排除したり、新しい部品を考案する、といったことだ。このチーム構造が優雅なマシンの創造を促したのである。これに対し、トヨタの競合企業のほとんどが軽量級チームを使ってハイブリッド車を設計した。こうしたメーカーの車はプリウスほど性能がよくない。プリウスは競合するハイブリッド車よりも性能に優れており、はるかに高い売上を誇っている。

トヨタは第二世代プリウスのために重量級チームを温存して、アーキテクチャを精緻化させ、システムの各部分が連携し合う方法を確実に把握させた。だがこれを十分理解したいま、エンジニアは次世代プリウスを機能チームで設計できるように、各部品を製造する方法や、各部品が関係する他のすべての部品と整合する方法を、精力的に体系化している。誰もが自分のやるべきことを心得るようになれば、トヨタは重量級チームが調整に要する高額の諸経費から解放される。

ところで、部門別の〝サイロ〟(縦割り組織)で働かねばならないことに不満を漏らす従業員が多いのに、またサイロで働くことがもし本当にそれほど惨めなものなら、なぜ経営者は従業員をそこで働かせ続けるのだろうと、読者の皆さんは不思議に思ったことはないだろうか? 事業や部品に漸進的変化を要求するような問題は、一年に何度も生じるが、新しいビジネスモデルを生み出すようなイノベーションを実現するという挑戦は、ほとんどの会社で一〇年に一度か二度しか起こらない。また製品やプロセスのアーキテクチャの再編は、数年に一度程度しか起こらない目立たない挑戦だ。そのため重量級チームが、製品やプロセスのアーキテクチャを定義し、システムの各部分のインターフェースを作り上げた後もそのまま温存されれば、過剰で不必要な諸経費を生むことになる。そのようなことから、重量級チームは一時的な存在であり、これに対して機能チームは永久的、標準的な組織形態である。

従業員は、取り組んでいる問題を部署内の確立されたプロセスを用いて解決できるときには、サイロで働くことに不満を漏らさない。だが経営者が製品やプロセスのための新しいアーキテクチャを生み出すよう命じ、それを部署の制約の中で実現するよう求めるとき、機能的サイロでの仕事は苛立たしいものになる。なぜなら部員はシステムレベルの選択決定を下そうとするたびに、機能部門の細かな制約に阻まれるからだ。

公立学校におけるイノベーションと組織構造

組織構造がイノベーションに及ぼすこの影響こそが、多くの公立学校が改革を成功させることができない根本原因なのだ。公立学校はほとんどの確立された組織と同様に、生産物のアーキテクチャを反映した構造を持っている。学校は機能チームと軽量級チームを中核とした作りになっている。たとえば高校に英語、科学、数学、社会、外国語の学科があるのは、そのような分類で教科指導が行なわれるからだ。各学科の教職員が機能チームに相当する。たとえば科学科が新しい化学の実験を導入しても、すべての学科にわたって活動を調整する必要はない。学科が管理する課程の中で変更を行なえばすむことだ。このような活動は学校では日常業務の一環である。同様に、小学校では学年別のチームが機能チームの役割を担っている。

典型的な学校には軽量級チームもたくさんある。高校では教科主任が軽量級チームとなって、さまざまな科目分野にわたって活動を調整することも多い。たとえば世界史の教師が大がかりな研究課題を生徒に与えたとしよう。課題の範囲や規模を考えれば、生徒が他の授業の宿題ができなくなるおそれがあることが教師に前もってわかるため、他の学科に配慮を求める必要が生じる。同様に小学校で二年生の教師が算数のカリキュラムのある単元を省略したなら、そのことは各学年の主任から成るチームを通して三年生の教師に伝わり、翌年はそれを考慮に入れた計画が立てられるだろう。このような事例をもう一つ紹介しよう。八〇年代に実際に起こったもので、当時多くの学校区が「学科横断的な作文教育」と呼ばれるものを学校に導入した。さまざまな学科の教師が協力して、英語であれ、理科、社会であれ、授業で作文教育に力を入れた。その他の全校横断的な企画チームも、一般には軽量級チームに分類される。

学校にとっての「アーキテクチャの変化」とは、たとえば科目を統合する、担当職務や職務を遂行する方法を見直す、コンピュータが担うべき新しい役割をイメージする、プロジェクトベースの課題を導入する、授業時間を変更する、といったことだ。歴史と文学を一つの教科にまとめ、一方の分野をもう一方の分野を使って研究する試みは、アーキテクチャ・イノベーションの例である。もう一つ例を挙げよう。昔から「単純で基本的な基礎知識を教えてからでないと、複雑な概念や問題は教えられない」という考え方がある。たとえば技術工学を学ぶには、まず微積分を学習する必要があるとほとんどの人が考えている。だが一部の研究によれば、複雑な概念という枠組の中で基本的な基礎知識を学ぶことができる人もいる。この場合で言えば、技術工学について学びながら微積分を学べるということだ。この方式を取り入れるには、カリキュラムにアーキテクチャレベルの変更が必要になる。

だが、学校改善のためにアーキテクチャの抜本的変更が必要な状況で、学校管理者や規制当局が、分離ツールを使って重量級チームを設置することを学校に認めないとき、問題が生じる。再編の任務が学科という制約の中で働く教師たちに与えられれば、果てしのない議論、嫌々ながらの妥協、微々たる変化を生むだけで終わってしまう。軽量級チームはこのような状況では成功できない。こうした任務で学校を抜本的に再編できるのは、重量級チームだけなのだ。

教育における重量級チーム

ここまで機能チームと軽量級チームの例を見てきた。だが学校区は一体どうやって重量級チームを設置できるのだろうか？　重量級チームは、学校区内の既存の学校の物理的な枠の外に、または学校区外に設置することができる。いくつかの形態が考えられる。

チャータード・スクール

チャータード・スクールは、重量級チームの重要な役割を担うことができる。われわれがイノベーション研究のレンズを通して教育研究に取り組み始めたとき、まず直観的にやったのは、チャータード・スクールを破壊的イノベーションとしてとらえることだった。だが再考の結果、正しくないことがわかった。ほとんどのチャータード・スクールは持続的イノベーションだ。なぜなら学校区が教育するその同じ生徒たちに、より良い教育を与えることを目的としているからだ。チャーター条例は、革新を試みる教育関係者に分離ツールを与えてくれる。この条例のおかげで、学校区学校の学科別の構造から足を踏み出し、チャータード・スクールの教職員を新しい学習のアーキテクチャを生み出す柔軟性を備えた重量級チームのメンバーとして迎え入れる自由が得られるのだ。われわれのイノベーション研究では、業界の実績ある大手企業は、持続的イノベーションを追求する新規参入企業をほぼ必ず排除している。第二章で説明した予測可能な理由から、ここで学校区も同じことをしようとしている［注3］。だが学校区はチャータード・スクールを駆逐してはいない。なぜ駆逐していないのだろう？　それは学校区が必要とされるアーキテクチャのイノベーションや改良を、既存の公立学校の構造の中で行なうことを通して、チャータード・スクールの攻勢に対処してきたからだ。先に述べたように、この方法は必ず失敗に終わる。したがって、革新的な学校を学校区の外側から生み出す必要性は根強く存在する。

革新的なチャータード・スクールは、学校区がこれまで概して取り組めずにいる問題に応えることができる。それは、特定の生徒の状況に合った学校モデルを探し出すことだ。一般に学校区の公立学校は、特定の地理的区域の全ての生徒を対象とする普通科学校である。生徒の個人的環境は配慮されない。だがすべての生徒が同じような生活環境にあるわけはなく、異なる学校アーキテクチャを必要とする生徒はたくさんいる。過去三〇年間で生徒の多様化がますます進む中、このニーズも拡大の一途をたどっている。

これがどういうことなのかを理解するために、第七章の優れた研究を構築する方法についてもう一度考えてみよう。有用なモデルが、一つの枠組を多様な対象にあてはめる画一的な声明から成り立っていることなど、まずない。［図表7・1］の研究のピラミッドの重要な中間層は分類である。研究者は、われわれが置かれる可能性のある状態や状況に応じて世界を分類することによって、状況に応じた「もし〜なら」を含む言明を行なうことができる。「もしこのような状況にあるなら、こうするべきだ。だがもし別の状態にあるなら、そうしてはいけない。それではうまくいかないのだ。代わりにこれをしなくてはならない」。優れた研究の助けを借りれば、特定の状況に置かれた人が何かをしたときの結果を前もって予測できるようになる。このことこそが、予測可能性をもたらすのだ。翼型が揚力を生み出す因果関係を理解することで、飛行が可能になった。だが有人飛行を確実に成功させることを可能にした進歩は、異なるルールや飛行方法が必要となる、さまざまな状況が定義されたことだったのだ。

今日の社会で用いられる学校の支配的な分類方式とは何だろうか？　お気づきでない方が多いかもしれないが、実は地理的分類なのだ。バージニア州フェアファックス郡界隈に住む子どもたちは全員、近隣地域の学校に通わなければならない。地理的な分類方式は、普遍的教育が社会の最優先事項となった一九〇〇年代初めには、まったく理にかなっていた。この頃自家用車や公共交通機関はほとんど存在せず、生徒が学校に何とか行き着くためには、徒歩圏内の学校に振り分けられることが絶対的に必要だったからだ。当時交通を制限していた要因、そしてひいては教育にこの地理的な分類方式を押しつけていた要因は、今ではほぼ解消している。それなのにわれわれは、「一つの学校アーキテクチャが、特定の地理的区域の子どもたち全員に最も役立つ」ということを暗黙の前提とした政策に、いまなお従い続けているのだ。

小学校の生徒を地理別に分類するのは、おそらく理にかなったことなのだろう。社会が小学校に課す基本的な任務の一つは、人々を地域社会に溶け込ませ、違う環境に育った人たちを交流させることによって民主主義を育むことにある。これは社会にとってだけでなく、子どもたち自身にとっても価値のあることだ［注4］。概して小学校は上級学校に比べて、子どもたちの多様なニーズに対応するのにずっと適した構造を持っている。教室内での活動がより柔軟な性質を持っているからだ。

だが学年が上がるにつれ、地理的分類はそれほど意味をなさなくなっていく。伝統的な中等学校《セカンダリースクール》のアーキテクチャの硬直化が進み、多様な生徒に対応できなくなっていくにつれて、この分類の効果がますます薄れることを、テスト得点の格差は示唆している。二人の生徒が一ブロック離れたところに住んでいるというだけの理由で、二人が自動的に学校教育に同じものを求めるなどということがあり得るだろうか？　だが地理的分類は、われわれがまったくその通りだと考えていることを示唆する。

革新的なチャータード・スクールは、生徒の環境に合ったタイプの学校を提供する試みでなければならない。問題がこのような方法で定義されて初めて、こう言明できるようになる。「このような背景を持ち、このような生活環境にある生徒は、その特定の状況に合わせて設計され、そうした状況に働きかけることを目的とした、このタイプの学校に行くべきだ」。このような状況に応じた「もし～なら」言明が可能になって初めて、一人ひとりの生徒が社会の求める基準に到達する手助けをしてやれる。

もし学校区が自らの任務を、「さまざまな分類の生徒に最も適したカリキュラムのアーキテクチャを模索し続けること」として定義するようになれば、チャータード・スクールに対する見方も変わってくるはずだ。学校区はこんな風に考えるようになるだろう。「あるタイプの学校が、すべての生徒の役に立たなくてもかまわない。いろいろな学校が必要だ」。学校区はチャータード・スクールを「重量級研究所」と見なすべきだ。その設立趣意《チャーター》は、突き詰めれば、特定の状況に置かれた生徒に合った学校の類型を特定する状況適合理論を開発することにあるのだから。

チャータード・スクールの成績を、学校区学校の成績と比較するのが愚かであるように、すべての生徒を伸ばせるかどうかという基準で、実験校のアーキテクチャを承認、却下するのも愚かなことだ。言い換えれば、チャータード・スクールは、画一的な成績仮説を試すものであってはならない。チャータード・スクールは、分類方式を正しく理解するための試みとして枠づけされなくてはならない。

トヨタが重量級チームを用いてハイブリッド電気自動車のプリウスを設計したことを思い出してほしい。重量級チームは第二世代プリウスでアーキテクチャを精緻化した後で、各部品が完璧に連携するように作る方法を体系化し始めた。トヨタの目的は、プリウスを設計・製造の主流部門に戻すことにあった。学校区学校は、チャータード・スクールを隔離されるべき競争相手とみなしてはならない。むしろその成功を見届け、従来と異なるアーキテクチャがより良い解決策となるのはどのような状況であるのかを解明しなければならない。そうして初めて学校管理者は、特定の状況に置かれた生徒を、その状況に働きかけることを目的とした学校に差し向けることができるようになる。

　ある特定の生徒集団に対して、驚くほどの成果を上げている学校アーキテクチャの例を紹介しよう。このアーキテクチャは、この主義に従う学校のうちの最も目立つ例、つまりＫＩＰＰ学校として識別されることが多い。新しいアーキテクチャを率先して導入した学校は、ＫＩＰＰ学校とチャータード・スクールのアミスタッドとノース・スターである。この例としてアーキテクチャの一つの側面を説明する。ＫＩＰＰの創設者たちは、同じ地理的区域に住んでいる生徒でも、ニーズや出身階層が異なることを認識していた。これがＫＩＰＰの授業態度「ＳＬＡＮＴ」の背景にある基本原理である［注5］。ＳＬＡＮＴは「きちんと《S》座り、耳《L》を傾け、質《A》問をし、うなずき《N》、話《T》し手の目をしっかり見る」よう生徒を指導する。ＫＩＰＰ学校の共同創設者の一人デイビッド・レビンは、こう述べている。「ある特定の環境で育ったアメリカ人は、こうした情報収集法を幼い頃に身につけ、無意識に使っています。ですがＫＩＰＰ学校の生徒には、改めてはっきりと教える必要があるのです」。ＫＩＰＰ学校は、特にこの任務を果たすことを目的としており、それが生徒の学習に役立っているという［注6］。

　批評家は、ＫＩＰＰのアーキテクチャが多くの生徒の問題を解決するわけではないと正しく指摘する。だが、まさにそこが肝心な点なのだ。たとえばＳＬＡＮＴが全学校の全学級に、段階的手法として導入されたとしよう。これが役に立つ生徒も少しはいるだろうが、多くの生徒にとっては時間の無駄で、実際、学習の妨げになるだろう。またＫＩＰＰは授業時間が長く、それは一部の生徒にとっては大切なことかもしれないが、その他の多くの生徒にとっては意味がなく学習を妨げるだろう。ＫＩＰＰのもう一つの要素は、子どもの教育への一定の関与を保護者に義務づけ、学校と契約を結ばせることだ。ＫＩＰＰ学校に向いているように思われる生徒の中にも、親が要求事項を満たすことができず義務づけがうまくいかないケースもある。

　ＫＩＰＰは生徒が成功するために身につけていなければならない、基本的な必要条件のいくつかを特定しているのだろう。だがこうした必要条件をすでに備えている生徒もいれば、それを習得するのにより多くの、または違う種類の助けを必要とする生徒もいる。ＫＩＰＰがすべての生徒のニーズに応えることを目的としていないのは、当たり前のことだ。ＫＩＰＰは単なる一つの学校の分類としてとらえられるべきだ。そんなことから、われわれの「もし～なら」理論の言明は次のようになる。「もし生徒がスラム街出身で、ある特定の家族構成を持ち、学校の要求事項を満たすことができ、特定分野の知識が不足しているのであれば、学業で成功できるようにＫＩＰＰ学校に入れなさい。それが他の生徒にふさわしいアーキテクチャでなくても、そんなことは問題ではない。それで助けられる生徒がいるなら与えないすべはない」

　教育における重量級チームの別の例として、プロジェクトベースの学習（ＰＢＬ）方式の学校がある。典型例が、ロードアイランド州プロビデンスのメトロポリタン・スクール（メット）だ。メットやそれに類似する学校は、教科を廃して従来とは異なる方法で高校のカリキュラムに取り組んでいる。生徒は実社会の実務研修に送り込まれ、自分の選んだ課題に取り組む。教師がいない代わりにアドバイザーがいて、学校生活全般にわたって生徒に目を配り、数学や読解、その他の一般的な技能や学習内容を、生徒の課題に組み込む。多くの生徒にとって理想的な体験ではないかもしれないが、一部の生徒はこのやり方を大いに好み、テスト得点から判断する限り学習成果は上がっているようだ。またその他の指標で見ても、生徒は基本的なテストや基本的なカリキュラムの枠をはるかに超えた、貴重な技能を習得しているように思われる。

メットについても、KIPP学校と同じように、プロジェクトベースの学習方式がすべての生徒に最適な方法だと考えるのは誤りだ。むしろ、このアーキテクチャの研究を通して、意味のある分類方式を探し求めるべきなのだ。こうすることで初めて、生徒をそれぞれの置かれた状況に最も的を絞ったアーキテクチャを持つ学校に差し向けられるようになる。

KIPPもメットもともに新しい学校教育のモデルであり、通常の公立学校にとっての持続的イノベーションだ。だが本書を通して論じてきたように、これが学習にまつわる最も基本的な問題を解決するとは考えにくい。一人ひとりの生徒に合わせて学習を個別化し、全員のモチベーションを高めるためには、生徒中心の技術を導入して、教室内で生徒が実際に体験することを破壊することが、絶対的に必要なのだ。たとえばある分野を学習する生徒にはプロジェクト方式が有効だが、その生徒が別のことを学び始めれば効果が薄れる、といったケースはあるだろう。コンピュータの導入を通じて実現される生徒中心のカリキュラムは、学校の境界を越えることができる。この破壊を導入すれば、学校の運営方法や、教師の担う役割、教師養成方法などを見直す必要が出てくることが十分考えられる。チャータード・スクールは、関係者が必要な資源、プロセス、役割について見直す手伝いをする、研究開発の重要な機能を果たすことができる［注7］。

サンディエゴのハイテック・ハイスクールは、まさにこれを実践するチャータード・スクールの一例だ。同校も伝統的な学校教育モデルにとっての持続的イノベーションだが、際立った点は技術の使い方にある。伝統的な教育実践の上に技術を塗り重ねているのではない。ハイテックでは、技術は学習体験のための基盤として位置づけられる。同校の校長兼CEOラリー・ローゼンストックの言葉を借りれば、技術は「学校を生徒にとっての実社会にする」。かれはこうも述べている。「確かに当校では技術は至る所に導入されています。ですが、消費のためではなく生産のための技術なのです。実際当校では、ここ二年間で数人の生徒が特許を取得しているほどです」[注8]。

ここでハイテックの例を紹介したのは、すべての学校が目指すべき将来像として提示するためではない。同校は、重量級チームがカリキュラムの立案者に途方もない自由度を与えることを示す実例なのだ。ローゼンストックは、子どもたちに刺激を与えて自らの学習に責任を持たせることに関心を抱いている教師たちを注意深く集めた。この学校の雰囲気の中では、教師はコーチに近い存在である。教師は講義を行なうことはほとんどないが、つねに生徒を手助けし、導き、評価している。

ローゼンストックは、教員免許と指導能力との間に信頼できる相関がないと判断し、高校に教育大学を併設する構想を立て、カリフォルニア州から認可を得た。この学校を通じて、最初はゼネラリストとしてスタートする教師も、職務に役立つあらゆる技能を習得することができる。

これこそが、ハイテックを特別なものにしているのだと、かれは言う。この学校の特徴はチームであり、生徒とのやりとりである。そうでなければ、MITが長年手がけている「チーム指導型、集団学習型、経験的評価法」の手法と何ら変わらなくなってしまう。生徒がホバークラフトを造っていても、それが地面から浮き上がるという保証はないではないか?

重量級チームのその他の形態

チャータード・スクールは、公立学校の管理者が利用できる唯一の分離ツールというわけではない。学校区の構造の中であっても、重量級チームを設置することはできる。たとえばボストン公立学校区は、社会が伝統的に学校を分類してきた方式——規模、地理、法的形態など——を打ち破る、新しい学校教育モデルを開発する重量級チームの役割を担う試験的学校を生み出している。学校長は学校のそのまた中に学校を作り、重量級チームがカリキュラムのアーキテクチャを見直す権力と権限を持てるような環境を作り出すことができる。

こうした実験は、実行に移された経緯や場所という細部では違っていても原則は同じだ。分離は学校改革者に利用可能な、数少ない協調ツールの一つなのだ。アーキテクチャの変更には重量級チームが欠かせない。われわれが携わっているのは、すべての生徒にふさわしい、唯一最高のアーキテクチャを見つける取り組みではない。われわれに必要なのは、「もし〜なら」を含む言明なのだ。特定の状況に置かれた生徒に最も有効な学校のアーキテクチャを定義しなくてはならない。状況の定義はまだ着手されたばかりだが、特に小学校四年生以上の生徒を地理別に分類することは、学校を改善しようとする取り組みにとって大きな障壁であると、ある程度の確信をもって断言することができる。

新しいアーキテクチャを広め、体系化する

学校区は、チャータード・スクールと試験的学校を重量級チームや研究所として用いることで、一人ひとりにふさわしい新しい学校のアーキテクチャを生み出すことができる。KIPP、メット、ハイテックは、どれもこの方向に向けた出発点だ。だがこれを効果的に行なうためには、次の相互に関連した同時並行的な三つのステップを踏む必要がある［注9］。

第一に、トヨタが重量級チームの成功の秘訣を精力的に体系化して、効率よく再現し、十分理解されたプロセスの形に変えているのと同様に、われわれは学校についても同じことをやらなければならない。つまり、特定のタイプの生徒にとって有効であるように思われる学校モデルが出現したならば、それを

研究し、その成功の秘訣を積極的に体系化するのだ。これを首尾よく行なうにはいくつかの方法がある。まずチャータード・スクールは、そのままの形でこのプロセスに取り組むことができる。あるいは州議会が、チャータード・スクールや試験校と連携してこれを行なうような組織を設立することもできる。そうすれば学校区は、この急成長中の研究所を有効活用できるようになる。最後に、慈善団体は、有効なモデルの研究や体系化に取り組む研究者に研究資金を提供することができる。

このような学校のアーキテクチャを体系化することで、チャータード・スクールを取り巻く状況は劇的な変化を余儀なくされるだろう。ＫＩＰＰのようなチャータード・スクールについてよく聞かれる批判は、教師が数年経つと精力を使い果たしてしまうというものだ。この種の学校の教職員の離職率が標準的な学校区学校と比べて実際どれほど違うかという議論はさておき、こうした学校は確かに消防訓練的な性質を持っていることが多い。つまり、教職員が繰り返し起こる問題を解決するために、その場その場で似たようなプロセスを生み出しているように思われるのだ。自ら物事を解明し、独自の解決策を見つけるという自主性を求める教師には、魅力的に映ることもあるだろう。だが同様の意図を持つ学校が、同じような解決策や授業計画を生み出しているのだ。体系化が進めば、教師が重複する解決策を生み出すために費している、時間と労力の莫大な「諸経費」の大半を削減することができるだろう。またまったく新しいイノベーションを起こす機会に魅力を感じる教師は、新しい重量級チームでそれだけに専念できるようになる。もちろんアーキテクチャを体系化すれば、こうした問題がすべて解決するわけではないが――たとえばＫＩＰＰ学校の教師は、それでもやはり生徒の質問に夜遅くまで応じなければならないだろう――役に立つことは確かだ。

第二のステップは、成功しているように思われる学校を体系化すると同時に、状況に基づく因果関係の言明を導き出すことだ。つまり、これまでにも述べているように、ある特定の状況に置かれた生徒の学習に最も有効なのが、どのアーキテクチャの学校かという言明だ。財団はここでも重要な役割を担うことができる。どのような生徒にどのような学校が理想的に適合するかを定義する、意味のある状況の完全集合を探し出そうとする研究者を支援するのだ。もちろん厄介な作業になるだろうし、はっきりと識別できる境界で区切られた重要な状況なるものは、当面は出現しないだろう。短期的には、ある生徒集団に効果のあった学校モデルが発見されれば、こうしたモデルを学校区という「場に出して」、子どもやその家族がどれが最も役立つかを自ら判断し、自ら決定できるようにしてやる。このようにして学校区や財団は、どの選択が最も理にかなっているかという問題に指針を示すことができるだろう。すでにボストンのシティズン・スクールズという組織が、生徒に最適な学校選びを手伝うことで、この役割をいくらか果たしている。

最後に、学校が体系化され、自分にとって最も意味のある学校に通学することをすべての生徒に認める措置が、議員たちの手で講じられるのと並行して、もう一つ行なわれなければならないことがある。それは、成功しているさまざまな学校モデルをすべての学校区で「複製」して、どの学校区の生徒にも各人のニーズに合った学校教育の選択肢を提供することだ。このようにして、学校区が自ら学校を設置するケースが増えるうちに、チャータード・スクールの多くがビジネスモデルの大幅な変更を余儀なくされるだろう。だが方法はいろいろありそうだ。学校区は学校を新設する仕事をチャータード・スクールに任せてもよい。またチャータード・スクールが重量級チームの学校を創設するインセンティブを保てるように、州や財団などが対価を支払ってモデルをライセンスしたり、モデルの開発やさらなる研究に費用を提供することもできる。とにかく、学校区学校にとって大切なのは、こうしたチャータード・

スクールを――そしてチャータード・スクールが設立する試験校を――競合相手としてではなく、重量級チームまたは研究所として扱い、それらを活用して、さまざまな生徒集団に有効な学校のアーキテクチャを特定することだ。

この複製のプロセスでは、もう一つの大きな落とし穴に気をつけなければならない。これまでにも、学校区内に新しいタイプの学校が創設されている[注10]。だがこうした学校が最終的に国民に拒否されたのは、新しい学校、たとえば先進的なプロジェクトベースの学習方式（ＰＢＬ）などが、「学校はこうあるべき」という世間一般の昔からの考え方に合わなかったからだ。このような国民感情が沸き上がることが多い理由は、政界に影響力を持つ社会の有力者が、伝統的な学校で最も成功するタイプであることが多いからなのだ。そんなわけで、かれらはこうした学校の「薄っぺらい」構想をうさんくさく感じる傾向にある。だが新しいタイプの学校は、次の二つのことを実行できれば、この昔からの問題を切り抜けることができる。まずこうした革新的な学校が万人向けでないことを公に認めること。むしろ、これまで伝統的な学校では成功できなかった特定の子ども向けの学校であることを認める。次に説明責任の厳密な基準に従って、そのような学校の生徒の学習成果が正当であり、伝統的な学校に通った場合よりも高いことを証明する。そうすることで革新的な学校の存在価値を証明し、伝統的なモデルとは違っていても、同じように揺るぎないものであることを証明することができる。

この最後の三つのステップを踏み、チャータード・スクールや試験校についての世間一般の固定観念を改めることにより、学校教育産業は確かな研究所を作ることができる。この研究所を活用して、学校教育の新しいモデルを生み出し、多様な子どもたちに最も役立つ方法を解明する状況適合理論を開発すれば、最終的にすべての子どもたちの学びが改善されるだろう。

結論

二五年後。ダグ・キム二世は、二〇〇〇人余名の生徒の一人として、南カリフォルニアの**オールストン・サークル・ハイスクール**で学んでいる。今では八時三五分に鳴るようになった始業の鐘が、開門一〇分前を告げた。このやせっぽちの二年生は、駐車場でたむろしている。ダグはバンド仲間と音楽の授業の話をしながら、楽譜を取り出して一人にリズムを教え始めた。かれは曲を知り尽くしているのだ。授業が待ちきれないかれらは、早々に教室へと向かった。青く塗られた玄関口に立ってかれらを眺めるロバート・ジェームズは、微笑まずにはいられない。かれがここで教えるようになってから一〇年以上が経つ。だがひょろ長いティーンエージャーたちの教育体験は、かれ自身の体験とはあまりにもかけ離れていて、まだほとんど信じられないほどだった。

「ジェームズ先生、おはよう！」駐車場の向こう側から聞こえてきた声に振り向くと、いつものようにマリアが駆け寄ってきた。

「やあ、ソロモン先生」とかれは言う。

「やれやれ、今朝はうちの子たちがぐずぐずしていてね」

「ここの生徒にはそんなことはないよ！」かれは答える。

二人はそれぞれの教室に向かった。かれらは隣接するが、まったく違う技術を装備した教室で教えている。ロブの受け持つ音楽と美術の生徒は、ダグ・キムとかれの取り巻きを筆頭に、もうコンピュータを起動させていた。隣の教室では、マリアの生徒が、外国語と理科のどちらに取り組もうか、それぞれ思案している。教室を隔てるガラスの壁を通じて、ロブにはマリアがかれの娘サラの上にかがみこんで、画面を指さしているのが見える。今朝の朝食のとき、サラは個別指導が始まるのがほんとに楽しみだと言っていた。ロブは昔日本の友人の英会話の練習を手伝って、感謝されたことを思い出した。ウェブカム仲間は今や常識で、教育はますます個別化され、そのおかげで生徒の学習意欲はますます高まっている。サラは父親と同じく、聴覚学習や反復練習を使う方法が一番学びやすい。スクリーンに触れる彼女の指が止まり、アラビア語の映画を再生する。この映画は必要に応じて文法を分析してくれる。向かいに座っている彼女の双子の弟サムは、プログラムが読み上げる単語を復唱しいしい書き留めている。

ロブ自身の教室では、ヴァネッサが探しあてた楽譜の読み方を教えるプログラムを、ティムに見せていた。かれは苦戦中で、トランペットの練習で同じ間違いを何度も繰り返している。学年が始まった頃の二人は険悪な仲だったが、今ではこの黒髪の女の子がフットボール選手のキーボード上に身を乗り出しているほどだ。ロブはティムの真剣な顔に思わず顔が緩んだ。ヴァネッサがクリックすると、コンピュータがメロディを完璧に演奏する。「繰り返せる回数は決まってるから、これに頼らないで補助として使ってね」と彼女は言う。「楽譜の読み方は自分で覚えなきゃだめよ。でも間違ったらすぐ教えてくれるから」

ティムがプログラムにつないだマイクに向かってメロディを歌うと、プログラムはその歌を正しい楽譜の下の五線譜に再現した。「八音めが長すぎるし、出だしが遅れてる」ヴァネッサは指さしながら言う。

ロブ自身のコンピュータも、かれらを眺めている間に起動が終わっていた。そこでかれは最新の発見に目を通した。昨夜「カスタム・ラーニング・ネットワーク」で、ビートを保つのに苦労しているマットにうってつけのシェアウェアをとうとう見つけたのだ。かれ自身大学時代これを使っていれば、どんなに助かったことか！　これがあったら、ドラムを覚えるのにあれほど苦労することもなかっただろう。

いまどきの教室は昔よりも生徒寄りだ。生徒は一つところにいるが、それぞれが自分のやりたいことをやれる。「一人ひとりに合ったものを、か」とロブは考える。まだサッカー練習はバーチャルになっていないが、それだって役に立つかもしれない。アシスタント・コーチのダグ・キム一世と一緒に作ってみようか？　思い起こすに、かれ自身、化学で落第寸前までいったのだ。

この未来像は、突飛で雲をつかむような話だろうか？　ここ数年間の教育改革の取り組みは、消極的な進展しか見せていない。これまでの取り組みの中には、公立学校を直接改革しようとするものがあった。またチャータード・スクールを通じた改革の動きもあった。コンピュータが学校の救世主になると考えた人も多かった。このような例は挙げればきりがない。なのにわれわれは、「なぜ学校は、万人が望むように、生徒のために結果を出せずにいるのか」という問題にいつも立ち返ることになる。今回もどうせ同じではないのか？　もう諦めるべきではないだろうか？

いや、そうではない。今はやめてしまうのには最悪のタイミングだ。その理由を理解するために、まずは本書の五つの主要なメッセージをもう一度振り返ってみたい。

1◆生徒がうまく学べない根本原因に取り組む改革は少ない。ほとんどが、現行体制の仕組みや、体制に意図したとおりの変革を導入する方法に対する理解という導きがないまま行なわれている。このような導きがなければ、取り組みが難航するのは必至だ。だが見方を変えれば、今後飛躍的な発展のチャンスがあるということでもある。

2◆これまでの学校改革は、現行体制を激しく非難し、真っ向から対抗しようとするものが多かった。だがイノベーション研究は、破壊的イノベーションが既存体制への直接攻撃を通じて根を下ろすことはない、という大きな教訓を与えてくれる。むしろ得策は、既存体制を迂回し、その下を狙うことだ。これが、破壊を手頃で、使いやすく、便利で、即応性に優れたものにする方法なのだ。

3◆一人ひとりの子どもの学び方が違うことを認識すれば、現在の学校教育体制——すべての生徒に、同じことを、同じ時に、同じ方法で教える、一枚岩型のバッチシステム——では、子どもたちをそれぞれに合った方法で教育できないことがわかる。必要なのはモジュール方式の体制だ。

4◆現行体制を迂回し個別化を容易にする、モジュール方式の新しい教育体制を生み出す可能性が最も高い場所の一つが、新興のオンライン・ユーザー・ネットワークである。これは、第九章で説明した自律的ビジネスモデルにあたる。学校に導入する教材を決定するプロセスが集中化されている現状では、政治その他の強力な力がさまざまに作用しているため、変革や個別化を進めるのは不可能に近い。だが賢明な人たちのことだ。適切な環境に置かれさえすれば、賢明な行動を取るだろう。

5◆最後に、学校の管理者や指導者が本気でこのような変化をもたらそうとするのなら、権力ツールと分離ツールを用いなくてはならない。こうしたツールを最も利用しやすいのは、チャータード・スクールと私立学校の領域だ。教育委員会や政府官僚は、管轄内の特定の学校を監督することではなく、当該地域内の子どもたちを教育することを、自らの責務ととらえなければならない。制度全体にわたる改革には、全体的な視点、つまりすべての学校を網羅する視点が必要だ。教育関係者にとっての設立趣意《チャーター》が、落ちこぼれを防止することによって貧困を根絶することにあるのなら、子どもたちの基本的な学習能力が形成される、家庭環境も重要である。

公教育の世界には、地域レベルから州、連邦レベルまでの学校管理者に始まり、選出官僚、慈善家、改革者、研究者、企業重役、果てはビジネススクールの教授まで、多様な利害関係を持つ数多くの当事者が関わっている。上記の認識をもとにして、このような変革をもたらすためには、それぞれの当事者は何をする必要があるだろうか?

学校教育制度を先導する、選出官僚や学校管理者へ

変化をもたらすのに適したツールを使ってほしい。どういうわけか自分たちだけは、組織の特性の法則を免れるなどという甘い考えは捨てること。学校制度の関係者の間には、目的について根深い意見の食い違いがあり、それを実現する手法についてはさらに根深い食い違いがある。このような世界では、抜本的な変革に向けた交渉は決して成功しない。権力ツールと分離ツールは、コンセンサスの大切さを叩き込まれた指導者には馴染まないかもしれないが、教育改革というパズルの主要なピースなのだ。

また財政危機や教師不足が生じたとき、問題を解決するために、既存体制内の取り組みをおろそかにするようなことがないようにしてほしい。破壊を促すことによって、解決するのだ。

資源配分プロセスはその性質上、新しい取り組みよりも既存体制に資源を優先的に配分するようにできている。そんなことから、各学校にオンラインコースの導入だけに専念する一名の担当者を――そしてゆくゆくは、その担当者に報告する一つの組織を――置く必要がある。この担当者は、学校や学校区の最高情報責任者や情報技術責任者とは別である。担当者は幅広い自主性を与えられ、学校長または学校区の指導監督官に直接報告する。学校ではそれ以外の教授に関わる責任を免除され、オンラインコースを導入するために必要なあらゆる手段を自由に講じて、学校の生徒が必要とするクラスを探し出す手伝いをし、利用できるようにしてやる。またこの職務で得た教訓を理解し、将来的に確かなプロセスに体系化する責任も負う。まるで学校の中の学校のようにも思われるが、このやり方が、学校に生徒中心の学習への移行を促すために必要な組織空間を与えるのだ。

さらに、オンラインプログラムが学校区からの資金を一手に吸い上げたり、学校そのものを既存体制

と真っ向から対抗させたりして、破壊を葬り去るようなことがないようにしてほしい。生徒がオンラインで履修可能な課程の数や、教師がオンラインで構築する課程の内容に、人工的な制限を設けないこと。オンライン授業を利用したり、コースの内容や授業を構築したいという要望があれば、必要なこと、やりたいこと、最も有効なことを自由にやらせてやってほしい。

慈善家や財団へ

この破壊への資金支援をお願いしたい。これまで慈善家や慈善組織は、十分に検証されたイノベーション理論を使えばほとんど効果がないと予測できたはずのイノベーションに、莫大な資金をいたずらに費やしてきた。従来型の教室へのコンピュータの導入、全生徒の学び方が同じであることを前提とする支配的な知能に合わせたソフトウェア、教師の能力給、学校や教師の属性と業績を相関づける記述的研究といったものは、学校を改善する役に立たない。そして同様に、チャータード・スクールは、アーキテクチャ・イノベーションであるというまさにその点に、存在意義がある。この種の学校の創設者が、従来型のカリキュラム構造を成功させるために一層努力を重ねるという構想を持っている場合には、資金を提供すべきではない。

その代わりに資金支援を行なってほしいのは、人によって学び方がどう違うのか、どのようにしてその違いを特定するか、多様な生徒がどうすれば自分自身やお互いを最も良く教えることができるのか、といったことを解明しようとする研究だ。そのような研究に対する投資は、計り知れないほどの、そして永続的な価値を生むだろう。なぜなら、学ぶ必要のある者たち全員に自発的動機づけを持って学習に取り組ませるには、こうしたことを解明するしかないからだ。社会が繁栄したために、かつて学習の大きな原動力だった外発的動機づけが学校から失われてしまったことを思い出してほしい。

企業家へ

子どもたちが仲間のために個別指導用のツールを作ったり、親が自分や他人の子どものためにツールを作ったり、教師が自分の生徒や他の教師のためにツールを作るといったことを可能にする、技術プラットフォームへの投資は、非常に大きなインパクトがある。なぜなら人に教えることで自分の理解も一段と深まるからだ。このようなプラットフォームや、学習ツールを交換できるようなユーザー・ネットワークに資金を提供する投資家は経済的に報われ、慈善家は経済的にも社会的にも報われる。生徒、父兄、教師が、自分たちの抱える学習や指導に関わる問題を、何としても分析し、解決したいと考えているという話を思い出してほしい。かれらはそのような意欲を持ちながらも、一人ひとりに合った解決策の前に立ちはだかる相互依存的なシステムに、これまで事あるごとに阻まれてきたのだ。

教育大学へ

一枚岩型、教師主導型の「コンテンツ配信」の世界で任務を果たし、各教科の支配的なタイプの学習者に対して教えられるテーマに生徒の関心を引きつけておくことを主な技能とする教師をこのまま養成し続けても、過去の教師を養成することにしかならない。未来の教師には、生徒中心の方法で学ぶ多様な学習者にマンツーマンで手を貸す技能が求められる。教師が未来のユーザー・ネットワークを使って構築し、配布するツールが、生徒中心の学習への移行で重要な役割を果たすだろう。次世代を担う教師は、さまざまなタイプの学習者のためのツールを構築する方法を学ばなくてはならない。

教育大学院へ

平均的な傾向を求める、記述的研究を超えて前進してほしい。例外的事例や外れ値を研究せよ。そこにこそ、最も豊かな洞察が潜んでいるのだから。研究者はそうして初めて、因果関係が解明されていない領域や、状況別に分類し切れていない領域を探し出し、なぜあるときは効果を上げた行動が、別のときはうまくいかなかったのかを理解できるようになる。やがて状況に基づく言明が出現すれば、学校の生徒全員に平均的に何が役立つかではなく、一人ひとりの生徒が何を必要としているかが理解できるようになる。その結果、この先数年のうちにさらなる前進がもたらされるだろう。

教師、親、生徒へ

学校に生徒が履修したい課程がなければ、オンラインコースを探して、学校に単位として認めるよう働きかけよう。概念を学ぶのに苦労している生徒がいたら、役に立ちそうなオンラインの個人指導教員やコンテンツを簡単に探せる、企業家のユーザー・ネットワークを見てみよう。また可能であれば、自分でこうしたツールを作り、恐れずに世界に公開してみよう。親は幼年期の子どものために、家庭で子どもと一緒に楽しみながらでき、それでいてかれらの興味や学習スタイルを明らかにし、独自性を称えることができるような、探求の機会を見つけてやろう。

われわれの地域社会には変革を起こす力がある。いま現在の教室のあり方を破壊すれば、教育関係者、親、生徒をこれほど長きにわたって苦しめてきた、根本的な障壁を打ち砕くことができる。こうした技術や組織のイノベーションは脅威ではない。それは学習への自発的動機づけを促し、教職を職業的に実り多いものに変え、そして学校を経済的、政治的なお荷物的存在から、解決策と力の源泉に変えることができる、刺激的な機会なのである。

解説

教育システムほど、常に批判を受け「改革」が叫ばれているものは少ない。おそらく、歴史上、一度も、「わが国の教育システムは完成した問題のないものだ」と語られた国はないだろう。そして、教育システムをめぐるほとんどの議論は、その問題の原因を誰かの怠惰や悪意に帰するという形で行なわれる。曰く、「先生方が真面目に仕事をしていない」「○○という団体が日本の教育をだめにした」というわけだ。

しかし、本書の著者である、クレイトン・クリステンセンらの発想はまったく異なる。本書は、教師達や教育に関係する団体（政府や組合など）が真面目に「改善」に取り組んでいるがゆえに、根本的な改革がかえって阻害されていると考える。この着眼は、クリステンセンの企業の製品開発（イノベーション）に関する研究から出てきたものである。この研究は、『イノベーションのジレンマ』ほか一連の書籍で展開されている。

その理論的メッセージを筆者なりにまとめると、以下の七つである。

1◆一般に、イノベーションによる性能改良は、顧客の要求（ニーズ）の上昇よりもはるかに速いペースで進む。

2◆イノベーションには、確立した市場での性能改良を追求する「持続的イノベーション」と、無消費（消費が何らかの障害によって妨げられている状況）を市場化する「破壊的イノベーション」がある。

3◆「破壊的イノベーション」による製品は、既存技術に比べてコストが安いが、最初は性能が劣っているため、既存顧客のニーズを満たすことができず、また既存技術の製品に比べて収益性も低い。

4◆その結果、既存技術の成功企業は「持続的イノベーション」の追求を優先する。

5◆一方、破壊的イノベーションは少しずつ改良され、やがて既存市場のニーズも満たすようになっていく。

6◆以上が「既存成功企業が新技術への転回に失敗することが多い」理由であり、産業のリーダー企業が長期的に入れ替わる理由である。

7◆既存企業がこのジレンマから逃れる方法は、既存製品との内部競合を恐れず、破壊的イノベーションを追求する組織を既存組織から分離して、完全に自由にその開発を進めさせることである。


クリステンセン理論における「技術」は、半導体製造技術のような狭義の技術だけでなく、組織が「労働力、資本、原材料、情報を、価値の高い製品やサービスに変えるプロセス」を意味し、イノベーションとは、この意味での技術の変化を意味する。したがって、教育の方法も技術の一種ということになる。

右記のメッセージは、教育システムに当てはめると以下のようになる。

1◆教育の手法改良は、生徒や保護者の要求(ニーズ)の上昇よりも速いペースで進む。

2◆教育の手法改良として、「すべての生徒に対して一つの教授方式を用いる」ことを前提にした「持続的イノベーション」と、「一人ひとりの生徒が異なる学び方をする」ことを前提にする「破壊的イノベーション」がある。

3◆後者(教育の個別化)を前提とした製品・サービスとしてコンピュータを利用した教育方式があり、最初のうちは、既存の教育ニーズを十分満たすことができない。

4◆既存の関係者(政府や教師など)の多くは、「すべての生徒に対して一つの教授方式を用いる」一枚岩教育手法の改善を優先し、その一部としてしかコンピュータによる教育を取り入れようとはしない。

5◆しかし本来、コンピュータを利用した教育方式の潜在的力は、もっと大きなものである。

6◆コンピュータを利用した教育方式が、その力を発揮するためには、それを「一人ひとりが異なる進度と異なるプロセスで学ぶ」という「無消費」への対応として、まず活用する必要がある。

7◆そのためには新しい教育システムを、既存の教育システムから分離して導入を進めるべきである。

以上の説明と処方箋自体も魅力的であるが、筆者はそれ以上に、クリステンセンの現実理解の仕方のほうにも魅力を感じる。かれの理論の魅力は、現実を「誰かの怠惰や悪意」によって説明するのではなく、人々の「努力や善意」こそが停滞をもたらすという人間性への深い理解にある。このような着想の秘密の一つは、かれ自身の経歴にあるのかもしれない。

クリステンセンは、一九七五年にブリガムヤング大学の経済学部を最優等で卒業した後、一九七七年にオックスフォード大学で経済学の修士号を、一九七九年にハーハード・ビジネス・スクール（HBS）でMBA（経営管理修士）、一九九二年に同大学で博士号を取得した。

MBA卒業の際には、ごく一部の優秀な学生に与えられるベイカースカラーの称号を得ている。その後、ボストン・コンサルティング・グループで製品戦略などの分野のコンサルタントとして活躍した。一九八四年、マサチューセッツ工科大学（MIT）の教授らとともにセラミックス・プロセス・システムズ・コーポレーションという研究開発型ベンチャーを起業し、社長、会長を歴任する。この会社は高性能セラミックや金属・セラミックの複合材などの企業であった。しかし、企業規模が大きくなり、会長となって現場から離れるに従って、クリステンセンは次のチャレンジへと向かうことになった。

かねてから持っていた「優れた企業がやがて失敗へと至るのはなぜか？」というテーマへの回答を求めて、クリステンセンは研究の道へと進むのである。HBS博士課程へ入学し、通常三年から五年かかる博士課程をわずか二年で修了する。彼の博士論文はインスティチュート・オブ・マネジメント・サイエンスからベスト・デイサテーション・アワード（最優秀学位論文賞）を受賞する。また、一九九一年にはその年の技術経営に関する最も優れた論文に与えられるウイリアム・アバナシー賞をオペレーションズ・マネジメント学会から得、一九九二年にHBSの教授陣の一員となる。一九九三年にはビジネス史の最優秀論文に与えられるニューコメン特別賞を、一九九五年と二〇〇二年には『ハーバードビジネスレビュー』に掲載された論文の中で最も優れたものに与えられるマッキンゼー賞を受賞する。これらの研究の集大成として一九九七年に出版されたのが、ベストセラーとなった『イノベーションへのジレンマ』（翔泳社）である。同書で提起された理論は、『イノベーションへの解』（翔泳社）『明日は誰のものか』（ランダムハウス講談社）『イノベーションへの解 実践編』（翔泳社）へと発展していく。この間、二〇〇〇年にイノベーション・コンサルティング会社（イノサイト）、二〇〇七年に投資会社（ローズ・パーク・アドバイザー）を設立し、HBS教授と兼務している。

本書はクリステンセンのイノベーション理論の異分野への応用として書かれたものである。かれのエネルギーはとどまるところを知らない。本書は、「ある分野で築かれた理論の異分野への応用」の優れた成果の見本となるものだろう。

ところで、クリステンセンの経歴は、学校→実務→学校→実務というリカレント教育（循環型生涯教育）システムが破壊的イノベーションである可能性も示しているのかもしれない。その意味では、コンピュータのビジネスへの活用を専門領域とするというだけではなく、ビジネスマンの教育を主な職務とする筆者としては、自分のミッションについての思いを強くする。

二〇〇八年一〇月

早稲田大学IT戦略研究所所長
ビジネススクール教授
根来龍之

ちに、ビデオゲームのこの可能性に大いに期待するようになった。だが今日の学校の既存カリキュラムが、技術の導入を阻む大きな障壁となっている。本章で述べたとおり、カリキュラムを見直すことのできる重量級チームがあれば、教育用ビデオゲームを学校に導入し、有意義な影響を及ぼすための道筋が開けるだろう。

[8]サンディエゴのハイテック・ハイスクールへの代表派遣団に対する、ラリー・ローゼンストックの発言より。カーティス・ジョンソン記録（2006年10月17日）。

[9]学校区が本当にこのような移行を実行に移せるのだろうかという、懐疑的な意見がよく聞かれる。テッド・コルデリーは、伝統的な公立学校の体制派が、いくつかの理由から変化を拒絶していると指摘する。たとえば、体制派が体制への批判を（どれほど現実的な批判であっても）かれら個人に対する批判であると感じる、あるいはインセンティブという概念に不快感を覚える、学校区が一部の学校に例外を認めにくい、個々の学校も例外的な行動を取りにくい、学校は変化する必要はなくただ改善すればよいという思いこみがある、伝統的な学校は変化を求める圧力をやり過ごすことができる、といった理由である。Ted Kolderie, *Creating the Capacity for Change: How and Why Governors and Legislatures Are Opening a New School Sector in Public Education*（Morris, Illinois: Education Week Press, 2004）, pp. 30-38.

[10]デイビッド・タイアックとラリー・キューバンは、いわゆる「灯台」学校や「明日の学校」、「壁のない学校」が、すべて一時的な流行としてもてはやされ、廃れていった経緯について説明している。David Tyack and Larry Cuban, *Tinkering Toward Utopia: A Century of Public School Reform*（Cambridge, Massachusetts: Harvard University Press, 1995）, pp. 94-13

統的な学校を補完している学校は歓迎される。また何らかのオンライン教育に参加する生徒のほとんどが、こうした破壊的なタイプのオンライン学校の受講生である。ただしディロンの論文は、いくつかのバーチャル・スクールの例を挙げて、こうした学校が、直接通常学校と競合するチャータード・スクールまたはその他の形態の学校として設立されたがために、強い反対に遭っていることを報告している。たとえばヒューストンと同じように学校区によって運営されたウィスコンシン州の学校のほか、コロラド州、ペンシルベニア州などの学校などである。こうした学校をのちに説明するハイテック・ハイスクールのように重量級チームとみなせば、この議論に別の観点から枠組みを与えることができる。Sam Dillon, "Online Schooling Grows, Setting Off a Debate," *New York Times,* February 1, 2008, http://www.nytimes.com/2008/02/01/education/01virtual.html?_r=1&ref=education&oref=slogin.

[4]問題は、もちろん、人々が自分と似た背景を持つ人たちのコミュニティに自発的に分かれてしまうことだ。したがって地理的分類がこの目的を必ずしも果たすとは限らない。

[5]カンザス大学のドン・デシュラー教授によれば。SLANTの動作手順を開発したのは、現アラバマ大学教授のエド・エリスだという。ドン・デシュラーから著者への2008年2月25日付の電子メールより。

[6]Paul Tough, "What It Takes to Make a Student," *New York Times Magazine,* November 26, 2006, http://www.nytimes.com/2006/11/26/magazine/26tough.html?ex=1182142800&en=f88b748bf061ed7e&ei=5087.

[7]ビデオゲームはある一面を取れば、親たちにとってはついつい文句を言いたくなる頭痛の種でしかない。だが適切な目的で利用すれば、子どもたちにいわゆる「21世紀のスキル」、つまり問題解決、意思決定、仮説、戦略などのスキルを教える手段となる。そのほか数学の基本原理を教えたり、読書に興味を持たせたりすることもできるだろう。何よりも正しく取り扱えば、ゲームは楽しいし、子どもたちはプレイするのが大好きなのだ。この「真剣なゲーム」運動については数々の研究がなされており、教育的価値があってしかも楽しいゲームの設計に取り組む設計者やプログラマーが増えている。マーク・プレンスキーはこのテーマに関する数々の著書がある。以下を参照のこと。Marc Prensky, *Digital Game-Based Learning* (New York: McGraw-Hill, 2000); Marc Prensky, *Don't Bother Me, Mom I'm Learning!* (New York: Paragon, 2006); 邦訳『テレビゲーム教育論』(藤本徹訳、東京電機大学出版局、2007年)、Ed. David Gibson, Clark Aldrich, and Marc Prensky, *Games and Simulations in Online Learning* (New York: IGI Global, 2006).

ジェームズ・ポール・ジーも、この分野における導きの光である。かれもこのテーマについて幅広く執筆しており、かれがMITで行なった研究は、教育用ゲームの刺激的な前進を切り拓いた。以下を参照のこと。James Paul Gee, *What Video Games Have to Teach Us about Learning and Literacy* (New York: Palgrave MacMillan, 2007).

われわれは将来の学校教育においてコンピュータベースの学習が果たし得る役割について考察するう

"Redesigning Teachers' Work," in Richard Elmore et al., *Restructuring Schools: The Next Generation of Educational Reform* (San Francisco: Jossey-Bass, 1990), Chapter 10.

[6]少し考えただけでも、この主張の正しさがわかる。ハイチであれナイジェリア、イラク、アフガニスタンであれ、国民の間に目的とそれを実現する手法について幅広いコンセンサスが存在しない国に、アメリカが攻め込み民主主義を強制しようとするたびに、社会的秩序の広範な破綻という結果を招いている。過去50年間で抜本的な規制改革を通じて急速な経済発展を遂げた諸国——韓国、台湾、シンガポール、チリ——はすべて、必要なことを実行に移すための権力ツールを行使する力を持った、比較的誠実な独裁者によって支配されていた。こうした国々では、繁栄に向かう中で二つの軸における合意度が高まったことで、次第に民主主義の素地ができ上がっていった。

[7]John Merrow, "Chatanooga (sic) Elementary Schools Struggle to Improve Low Test Scores: The NewsHour' s Special Correspondent for Education John Merrow Reports on Efforts to Fix a Group of Troubled Elementary Schools in Tennessee," The NewsHour, June 20, 2006, http://www.pbs.org/newshour/bb/education/jan-june06/chatanooga_06-20.html.

第9章

[1]Tracy Kidder, *The Soul of a New Machine* (New York: Avon, 1981), p. 32. 邦訳『超マシン誕生——コンピュータ野郎たちの540日』(風間禎三郎訳、ダイヤモンド社、1982年)

[2]Steven C. Wheelwright and Kim B. Clark, *Revolutionizing New Product Development* (New York: The Free Press, 1992).

[3]何かが破壊的ではないことを示す古典的な兆候は、既存組織がそれをつぶしにかかることだ。チャーター ド・スクールが、オンライン・バーチャルスクールとして創設されたものでを含め、破壊的ではないことを示す的確な事例が各地で見られる。これについては以前にもいくつか例を引いたほか、カーティス・ジョンソンもこうした事例を目の当たりにしている。ミネソタ州ヒューストンの学校区は、普通科学校に在籍していない生徒の関心を引くために、自らオンライン・バーチャルスクールを分離独立させた。同校は当該学校区だけでなく、地方全体の生徒を引き寄せているにもかかわらず、脅威と見なされている。教師の契約交渉が二〇〇七年に暗礁に乗り上げた理由は、オンラインスクールの教師が組合に加入していなかったからだ。本章でも後に説明するように、当然ながら、もしヒューストンがこの学校を重量級チームとして扱い、後に新しいタイプの学校として主流に戻すつもりであれば、いくらか違った結果をもたらすことができるかもしれない。

また『ニューヨーク・タイムズ』の記事を別の証拠として挙げることができる。たとえばフロリダ・バーチャルスクールなどのように、伝統的な学校が行なえないような授業を提供することによって、伝なのだが)、議会に働きかけることはないという。以下を参照のこと。Ted Kolderie, *Creating the Capacity for Change: How and Why Governors and Legislatures Are Opening a New School Sector in Public Education* (Morris, Illinois: Education Week Press, 2004), p. 162.

[2]協調ツールについて説明したこれらの段落は、次の二つの研究を幅広く引用している。Clayton M. Christensen, Matt Marx, and Howard H. Stevenson, "The Tools of Cooperation and Change," *Harvard Business Review,* October 2006. また以下の著書の第8章から第9章までを合成した。Howard Stevenson, *Do Lunch or Be Lunch: The Power of Predictability in Creating Your Future* (Boston: Harvard Business School Press, 1998). 邦訳『スチーブンソン教授に経営を学ぶ』(菊田良治訳、日経BP社、2001年)。デイビッド・サンダールも、この理論に重要な貢献をしている。

[3]Clayton M. Christensen, *The Innovator's Dilemma.*『イノベーションのジレンマ 増補改訂版』(前掲書)

[4]Edgar Schein, *Organizational Culture and Leadership* (San Francisco: Jossey-Bass, 1988), 邦訳『組織文化とリーダーシップ』(清水紀彦、浜田幸雄訳、ダイヤモンド社、1989年)、この著者は以下の論文の脚注に要約されている。Clayton M. Christensen and Kirstin Shu, "What Is an Organization's Culture?" Harvard Business School Press, August 2, 2006.

[5]リチャード・マーネインとデイビッド・K・コーエンが、このテーマに関する画期的な論文の中で、ほとんどの能力給プランが失敗に終わり、学校に存続しているものがほとんどない理由を説明している。理由に関するかれらの議論は、われわれがここで示したものと驚くほどよく似通っている。つまり、デイビッド・タイアックとラリー・キューバンの言葉を借りれば、「マーネインとコーエンは、能力給が教師を競わせることを意図する場合、成功することはまずないと主張する。なぜなら有効な指導とは何であり、それをどのように計測するかということについて、教師と学校管理者の間にほとんど共通認識がないからだ。一部の教師が"優れた"評価を得、残りの教師が"平均的な"評価を得れば、学校管理者の判断をめぐって内部闘争が起こる。マーネインとコーエンは、こうしたプランが存続している唯一の事例は、教師がプランの策定に手を貸し、また実際の指導が評価されるのではなく、通常の指導任務外に行なわれる学校関連の残業に対して割増手当が支払われるような場合に限られるという」。R. J. Murnane and D. K., Cohen, "Merit Pay and the Evaluation Problem: Why Most Merit Pay Plans Fail and a Few Survive," *Harvard Educational Review,* 1986. David Tyack and Larry Cuban, *Tinkering Toward Utopia: A Century of Public School Reform* (Cambridge, Massachusetts: Harvard University Press, 1995), pp. 130-131.

タイアックとキューバンは、このテーマに関するスーザン・ムーア・ジョンソンの研究も参照している。彼女の研究もこの理論と同様、教師がこの種のプランを嫌悪し拒否することの多い理由について詳細に説明している。Tyack and Cuban, pp. 130-131. また以下も参照。Susan Moore Johnson,

Fulfilling," *Academy of Management Review,* 2005.

[12]Brian Clegg, *A Brief History of Infinity: The Quest to Think the Unthinkable* (London: Robinson, 2003).

[13]アメリカ教育省による報告は、この種の研究の実施が医学と福祉政策に大きな利益をもたらしたことを説明し、教育にもその可能性があることを示している。たとえばある研究によれば、1年生から3年生までの読解で何らかの支援を必要としている"アットリスク"生徒たちに、能力のある家庭教師が一対一で個人指導を行なったところ、生徒は平均すると指導を受けなかった対照群の生徒の約75パーセントよりも淀みなく読むことができた。このような方法で研究が行なわれたことは、教育界にとっては改善であるが、それでもまだ十分とは言えない。家庭教師は学びのメカニズムを大まかに理解している――家庭教師は一般的な教師よりも、生徒中心の方法で指導を行なう能力が高く、生徒の学習ニーズにより良く応えることができる――ものの、これだけではある特定の政策を導入した場合、平均的にどのような結果がもたらされるかということしかわからない。つまりまだ図表7-2に描いた研究プロセスの記述側にいるということだ。教師や学校管理者は、個人指導を受けた生徒が満足のいく成果を挙げなかった場合に、生徒がどのような状況に置かれていたのかを確実に理解する必要がある。家庭教師がよくなかったのだろうか？　家庭教師は生徒に合わせて指導方法を変えなかったのだろうか？　それとも生徒に何か問題があったのだろうか？　こうした外れ値を理解し、分類方式について検討し直すことを通じて、言明の予測可能性を高めることができる。*Identifying and Implementing Education Practices Supported by Rigorous Evidence: A User-Friendly Guide,* U.S. Department of Education, December 2003.

また軍隊における別の研究では、個別指導を受けていた平均的な生徒の成績は、教室で教えられた生徒の98パーセントよりも高かった。防衛相事務局で即応体制と訓練政策プログラムの責任者を務めていたマイケル・パーマンティエの2000年春の先端的分散学習（ADL）のブリーフィングにおける発言より。

[14]Meredith I. Honig, ed. *New Directions in Education Policy Implementation: Confronting Complexity* (New York: State University of New York Press, August 2006), p. 2.

[15]Jared Diamond, *Guns, Germs, and Steel: The Fates of Human Societies* (New York: W.W. Norton, 2005), pp. 54-55. 邦訳『銃・病原菌・鉄』（倉骨彰訳、草思社、上下巻、2000年）

第8章

[1]テッド・コルデリーの著書が、これを裏づける。かれによれば教育界の風潮として、個々の教育委員会、学校区、学校指導監督官が、法律改正を求めて議会に働きかけることは期待されないという。学校区や教育委員会や指導監督官の連合であっても、会員間の意見が分裂している場合は（ほぼ必ずそう

拠として称えた。だが一部からは、こうした学校が特殊教育を必要とする生徒や、英語の能力が限られた生徒をあまり入学させない傾向にあることを指摘する声も上がっている。Julie Bosman, "Small Schools Are Ahead in Graduation," *New York Times*, June 30, 2007, http://www.nytimes.com/2007/06/30/nyregion/30grads.html?_r=1&oref=slogin.

[6]より正確に言えば、チャーター・スクール・リーダーシップ・リポートによれば、「過去のある時点での状況を考察した17の研究のうち、9つの研究が、一般にチャーター・スクールの生徒の成績が学校区学校の生徒を下回ることを示し、残る8つの研究は、チャーター・スクールの成績が学校区学校と同等、まちまち、あるいは一般に良好であることを示した」。Greg Vanourek, *State of the Charter School Movement 2005: Trends, Issues, and Indicators,* Charter School Leadership Council, May 2005, p. 14.

[7]ポパーは前掲書の中で、この段階にいる研究者は、自分が観察したことを理論が正確に予測できた場合であっても、自らの理論の検証または実験が理論を「裏づけた」または「反証できなかった」としか言明できないと断定する。

[8]たとえば以下を参照。Kuhn,（前掲書）Poole, Van de Ven, and Dooley,（前掲書）。

[9]われわれはこの理論構築モデルを数々の教授会セミナーで発表するうちに、絶対的真理は存在するのか、ましてやそれが何であるかを解明することはできるのか、という深遠な議論に巻き込まれることが多くなった。こうした議論を通じてわれわれが到達した結論は、理論の価値はそれが「真実」であるか否かということからは計れないということだ。われわれが望み得る最善のものは、真実に漸近的に近づいていくような理解体系である。したがって理論の価値は予測力によって評価される。規範的理論が記述的理論よりも高度であり、より有益であるとわれわれが断定するのは、この理由による。

[10]この集合を永続的かつ一義的な方法で定義できるかどうかという問題は、本章の後の方で取り上げる。

[11]ベイザーマンは、社会科学の研究者による研究が経営にほとんど影響を与えていない理由は、研究者のほとんどが規範的な記述を避けているからだと指摘する。実際、記述的理論でやめておくべきだという一種の文化が多くの社会科学者の間で見られるほどだ。ベイザーマンは、社会科学の分野で規範的理論を構築することが可能であるばかりか、望ましいことだと述べている。M. H. Bazerman, "Conducting Influential Research: The Need for Prescriptive Implications," *The Academy of Management Review,* 30, no. 1, January 2005, pp. 25-31.フェラーロ、フェファー、サットンは、規範的な社会科学理論が、ときには自己成就的な方法で人々の行動に大いに影響を与え得るという見解で合意しているように思われる。以下を参照のこと。Ferraro, J. Pfeffer, and R. I. Sutton, "Economics Language and Assumptions: How Theory Can Become Self-

Account of My Work in the Field of Organizational Behavior at the Harvard Business School (Cambridge, Massachusetts: Harvard University Press, 1977) ; Herbert A. Simon, *Administrative Behavior: A Study of Decision-Making Processes in Administrative Organizations* (New York: Free Press, 1976), 邦訳『経営行動——経営組織における意思決定プロセスの研究』(松田武彦、二村敏子、高柳暁訳、ダイヤモンド社、1989年)、R. Yin, *Case study research: Design and Methods* (Beverly Hills, California: Sage, 1984); Robert S. Kaplan, "The Role for Empirical Research in Management Accounting," *Accounting, Organizations and Society* 11, nos. 4-5, 1986, pp. 429-452. Karl E. Weick, "Theory construction as disciplined imagination," *Academy of Management Review,* Vol. 14, No. 4, October 1989, pp. 516-531; K. M. Eisenhardt, "Building theories from case study research," *Academy of Management Review,* Vol. 14, No. 4, October 1989, pp. 532-550; Marshall Scott Poole, Andrew H. Van de Ven, and Kevin Dooley, *Organizational Change and Innovation Processes: Theory and Methods for Research* (New York: Oxford University Press, 2000). そしてこの合成に、われわれ自身がハーバード、MIT、スタンフォード、ミシガン各大学の博士課程に学ぶ学生の研究努力を精査する中で得た所見を加味した。本章の数ページを執筆した目的は、教育研究者がこれまで非常に限られた研究に頼ってきたこと、そして帰納的、演繹的プロセスを、理解体系を構築するための相互依存的かつ全体的な活動としてとらえることが非常に有意義だということを示唆することにある。

[3]学校の緻密な分類法を生み出そうとする取り組みは、いまだ初歩的な研究にとどまっている。ミネソタ大学のマーク・ヴァン・リジンは、このような分類法を生み出すための研究に最近着手した。かれの研究の目的は、実証分析を通じて分類法を発見し、それによって単なる「伝統的」、「進歩的」といった類型的な記述子を超えて、生徒の学習成果と関係があるかもしれない重要な構造上、運営上の違いをとらえることを通して、はるかに価値のある学校の分類方式を生み出すことにある。この研究は現在予備変数が特定され、調査研究段階に向かっている。以下のウェブサイトで公開されている。http://taxonomy.pbwiki.com.

[4]Henry Braun, Frank Jenkins, Wendy Grigg, and William Tirre, *Comparing Private Schools and Public Schools Using Hierarchical Linear Modeling,* U.S. Department of Education, National Center for Education Statistics, July 2006, http://nces.ed.gov/nationsreportcard//pdf/studies/2006461.pdf.

[5]以下を参照のこと。Braun et al., *Comparing Private Schools and Public Schools.*
　この種の研究は教育分野に典型的である。もう一つの例として、ニューヨーク市長ブルームバーグの政権が2007年6月に発表した研究が挙げられる。これによれば、2002年以降に小規模化した学校の卒業率が73パーセントだったのに対し、学校区内の高校の卒業率の平均は60パーセントだったという。ブルームバーグ市長とジョエル・クライン教育長官はこの割合を、小規模校の成績の方が優れている証

[8]この引用や本節で用いたその他の用語の多くは、デイビッド・ボールトンによる、トッド・リズリー博士との未編集のインタビューからの抜粋である。以下を参照のこと。www.childrenofthecode.org/interviews/risley.htm（アクセス確認日: 2008年4月3日）

[9]以下を参照のこと。www.quotedb.com/quotes/11（アクセス確認日: 2008年4月3日）

[10]www.quotationspage.com/quote/26032.html（アクセス確認日: 2008年4月3日）

第7章

[1]他にも多くの論文が、本書とはまた違った見晴らしのきく地点から教育研究を批判している。その一つが全米科学アカデミーによるもので、教育研究を評価して、「方法論的に弱い調査、取るに足りない研究、専門用語の羅列、一時的流行に傾倒した結果の焦点の拡散」が見られるとしている。また一部の研究者は、こうした調査研究は往々にして教授学的要因やカリキュラム上の要因にのみ焦点を当て、その根底にある文化やそれが及ぼす影響にはまったく言及していないと指摘する。R. C. Atkinson and G. B. Jackson, *Research and Education Reform*（Washington, D.C.: National Academy of Sciences, 1992）. M. Fullan, *Change Forces: The Sequel*（London: Routledge, 1999）. Seymour Sarason, *The Predictable Failure of Educational Reform*（Hoboken, New Jersey: Jossey-Bass, 1990）.

[2]理論とは何かという定義や、それを構築し教える最善の方法に関しては数多くの見解がある。ここでわれわれが提示するモデルは、有効で信頼性の高い理論を構築する方法について、幾人かの研究者が述べていることを合成したものだ。ほかにも理論構築に関する有益なモデルはあるが、ここで用いる特定のモデルは、われわれ自身や多くの学生、同僚が、共同で理論構築研究を行ない、他者の研究を評価し、学生を養成し、コースを設計し指導を行なうなかで、実際に有効性が実証されている。ここで合成したモデルは、経営と社会科学の分野では以下の研究を参照した。Thomas Kuhn, *The Structure of Scientific Revolutions,* 1st ed.（Chicago: University of Chicago Press, 1962）. 邦訳『科学革命の構造』（中山茂訳、みすず書房、1971年）、Karl Popper, *The Logic of Scientific Discovery*（London: Routledge, 1959）. 邦訳『科学的発見の論理』（大内義一、森博訳、恒星社厚生閣、1972年）自然科学の分野では以下参照。D. T. Campbell and J. C. Stanley, *Experimental and Quasi-Experimental Designs for Research*（Chicago, Rand McNally 1963）; A. Kaplan, *The Conduct of Inquiry: Methodology for Behavioral Science*（San Francisco: Chandler, 1964）; B. Glaser and A. Strauss, *The Discovery of Grounded Theory*（Chicago: Aldine, 1967）; 邦訳『データ対話型理論の発見』（後藤隆、水野節夫、大出春江訳、新曜社、1996年）、Arthur L. Stinchcombe, *Constructing Social Theories*（New York: Harcourt, 1968）; F. J. Roethlisberger, *The Elusive Phenomena: An Autobiographical*

あり方に対するわれわれの考え方を、必ずや変えることになろう」。このテーマに関するその他の研究は、次のウェブサイトに掲載されている。www.lenababy.com

[2]相関係数が1.0になるのは、ある変数の変化と別の変数の変化との間に完全な一対一対応が存在する場合である。相関係数0.78は、スタンフォード・ビネー知能テストのようなテストにおける生徒の得点の分散を説明する上で、あり得る最も高い数値に近い。なぜなら同じ生徒がこの同じテストを二度受けたときのテストと再テストの得点の相関係数が0.81だからだ。

[3]たとえば以下を参照のこと。Kurt J. Beron and George Farkas (2004), "Oral Language and Reading Success: A Structural Equation Modeling Approach," *Structural Equation Modeling: A Multidisciplinary Journal,* vol. 11, no. 1, pp. 110-131.

[4]この説明は、認知フィットネスの分野における主要な研究拠点であるマサチューセッツ総合病院のニューズレター、『Mindmood and Memory』の2008年2月号からの抜粋である。詳細な情報は以下をクリックのこと。http://www.mindmoodandmemory.com.

[5]脳と学習の研究領域はどれも非常に歴史が浅いため、こうした考え方についてはまだ十分な研究がなされていない。だが多元的知能の存在は、脳内で神経経路が構築されるプロセスを起源としている可能性がある。言い換えれば、ハートとリズリーが観察した、余分な話をする親の子どもは、言語的知能を得意とするようになると考えられる。これまでさまざまな研究を通して、子どもにとって運動、音楽鑑賞（モーツァルト効果）、抱っこ、光、色、戸外や媒材への露出（フィンガーペイント、水遊び、砂遊び）、食べ物の味、その他さまざまな声、場所、言語、そして人などへの露出が有益であることが認められている。他方では、この種の研究の結論の多くに疑問を投げかける研究者もいる。もし脳内で神経伝達物質がシナプス間を結びつけるパターンが、実際にこのような体験の影響を受け、特定のタイプの知能だけを育むというのなら、こうした研究で取られた測定方法が間違っている可能性が高い。つまり不適当なタイプの知能が測定されている、というのがその根拠である。このような疑問に取り組む確かな研究には、計り知れないほど価値があるとわれわれは考える。

[6]Sandra Blakeslee, "The Power of Baby Talk," *New York Times,* April 20, 1997, http://query.nytimes.com/gst/fullpage.html?res=990CE3DB1F3FF933A15757C0A961958260.

[7]Daniel M. O'Brien, "Family and School Effects on the Cognitive Growth of Minority and Disadvantaged Elementary Students," prepared for presentation to the American Education Finance Association, March 18-20, 1999. この論文は以下に要約されている。George Farkas and L. Shane Hall, "Can Title I Attain Its Goals?" Brookings Papers on Education Policy, v. 2000.

[4]一つの産業の中に二つの破壊の段階が見られるのは、まったく珍しいことではなく、教育分野で予想される破壊のパターンと驚くほどよく似たパターンが実際に起こっている。コンピュータで言えば、ワークステーションのメーカー、たとえばシリコン・グラフィックス、サン・マイクロシステムズ、アポロ（ヒューレット・パッカードによって買収）などの起こした波が、ミニコンピュータ・メーカーを破壊した。ワークステーション・コンピュータは独自のアーキテクチャを持っていたため、カスタマイゼーションが容易ではなかった。また非常に高価で、典型的なマシンは今日の値段にして7万5,000ドルから10万ドルもした。破壊の第二波を代表する企業だったデルの製品アーキテクチャは、この上なくモジュール性が高く、このためにカスタマイゼーションが容易だった。デルのコンピュータは、一台1,000ドルを切る価格で販売された。

[5]2008年3月7日時点のSecondLife.comのホームページより引用。

[6]この分野の有力なネットワークとして、アジリックスのブレイン・ハニー（Brain Honey）がある。また商業システムにおけるこれらの段階を形質転換する存在として、本書で以前言及した企業は、ワイヤレス・ジェネレーションという。同社がIBMと共同開発中のウェブサイトでは、さまざまなタイプの知能を持つ生徒にいろいろな科目を教えるのに役立ちそうなツールを、教師たちが共有できるようになる。エジュファイアー（EduFire）もこの分野のリーダー企業であり、家庭教師が生徒と勉強に取り組む場を提供している。ほかの急成長中のプラットホームとしては、イマーシブ・エジュケーション（Immersive Education）が挙げられる。ユーザーはプラットフォームを利用して、セカンドライフに似ているが学習に特化した、バーチャルリアリティ環境を作ることができる。

[7]教師はたとえ自分の作品に対して著書権料を受け取らなくても、作品を公開するだろう。その証拠に今日でも、教師が指導計画を他の教師向けに公開するウェブサイトが数多く存在する。かれらの主な動機は利益の追求ではなく、生徒の学習効果を高めることにあるからだ。このようなユーザー・ネットワークの一つが、カリキ（Curriki）である。これはグローバル・エジュケーションと、サン・マイクロシステムズが始めたオンライン・プロジェクト、ラーニング・コミュニティのためになされた研究の結果生まれたネットワークである。

第6章

[1]このテーマに関心を持たれた読者のために有用な研究をいくつか挙げておく。ベティ・ハートとトッド・R・リズリー両博士は、1965年以来カンザスシティやカンザス大学、アイオワ大学での研究活動を通じて、認知能力が発達する仕組みに関する研究に取り組んでいる。かれらの著書には、かれら自身や同僚たちによるさまざまな研究の成果がまとめられている。*Meaningful Differences in the Everyday Experiences of Young American Children* (Baltimore: Paul H. Brooks Publishing Company, 1995).『Journal of Early Intervention』誌は、この著書を以下の言葉で推薦している。「本書は幼児期に対するわれわれの見方に革命をもたらすとまではいかなくても、幼児期の体験の

結びつきを熱く語ったことに、少なからず驚きを覚えたという。かれらは伝統的な学校とほぼ同等の比率で、つまり一日につき約150名の生徒を担当する。だがインターネット上では、生徒は一人ひとり本当の個人として扱われる。生徒は四六時中学業に励んでいるため、時を選ばず電話やメールで連絡してくる。学校でかつて素行不良だった生徒でさえ、立ち直っているようだという。一人しかいないクラスで素行不良になるのは難しいのだ（ロバート・ウェドルとの会話より。カーティス・ジョンソンが記録）。

[24]"Personalization in the Schools: A Threshold Forum," *Threshold,* Winter 2007, p. 13.

[25]スピアー教授の主要な研究成果の一つは、トヨタの従業員の仕事の取り組み方を導く原則、つまり「現行ルール」が、たとえば病院の運営からアルミニウム製錬のプロセス、集積回路の製造に至るまでの、きわめて幅広い状況に確実に適用可能だということだ。教授の研究に関心のある読者は、まず以下を読まれることをお勧めする。Steven Spear and H. Kent Bowen, "Decoding the DNA of the Toyota Production System," *Harvard Business Review,* September 1999.

第5章

[1]Clayton M. Christensen, *The Innovator's Dilemma* (Boston: Harvard Business School Press, 1997), pp. 29-59.邦訳『イノベーションのジレンマ 増補改訂版』(伊豆原弓訳、翔泳社、2001年)

[2]われわれの友人でノルウェー経営大学院のオイスタイン・フェルドスタッド教授には、このビジネスモデルの類型をご教示いただいたことに感謝する。これは教育だけでなく、さまざまな分野に適用できる非常に有用な概念である。そうした分野の一つに医療がある。フェルドスタッド教授は、これらのモデルにバリューショップ、バリューチェーン、バリューネットワークという、違う名称をつけている。だがクレイトン・クリステンセンは一九九五年に発表した破壊的イノベーションの研究以来、「バリューネットワーク」という用語を、これとはまったく異なる現象を指すものとして用いてきた。お互いに組み合わさり整合する経済モデルを持ったサプライヤーと顧客から成る、垂直的な商業システムである。クリステンセンの初期の研究を学んだ読者の混乱を避けるために、本書ではやむを得ずフェルドスタッド教授の概念を便宜上改称することにした。関心を持たれた読者には、かれの研究を読むことを強くお勧めする。たとえば以下を参照のこと。Óystein Fjeldstad and Espen Andersen, "Casting Off the Chains: The Value Shop and the Value Network," *European Business Forum,* June 2003.

[3]もちろん本によりけりだが、もし品質を一定と仮定すれば、これはどんな本の場合にもほぼ当てはまる。

上記のコルデリーの主張は、エジュケーション・イボルビングのウェブサイトに不定期に掲載される研究から引いたものである。www.educationevolving.org.

[19]"Students Getting Double Dose of the Three R's," Associated Press, August 4, 2006, http://cnn.com/2006/EDUCATION/08/04/double.doseeducation.ap/index.html,（アクセス確認日：2006年8月25日）

『タイム』誌の記事は次のように述べている。「ブラウン大学のマーティン・ウェストの研究によれば、1999年から2004年の間に読解の授業は平均で週40分間増えたのに対し、社会と理科はそれぞれ約17分間と23分間減ったという。だが理科と社会の授業時間については、失敗校の認定から逃れようと苦慮する学校では、より急激な減少が見られる。アリゾナ州サンルイスのアリゾナ・デザート小学校の生徒は、一日の6時間半のうち3時間を読み書きに、90分間を算数に費やしている。理科はもはや独立科目として教えられていない（中略）。読解と算数にこのようにピンポイントで関心を向けた結果、2004年に失敗校だった同校は、昨年には年間改善率目標（AYP）を達成し、アリゾナ州教育省により優秀校の"パフォーミング・プラス"の指定を受けたのである」。Claudia Willis and Sonja Steptoe, "How to Fix No Child Left Behind," *Time,* May 24, 2007, http://www.time.com/time/magazine/article/0,9171,1625192,00.html.

[20]以下を参照。Sam Dillon, "Online Schooling Grows, Setting Off a Debate," *New York Times,* February 1, 2008, http://www.nytimes.com/2008/02/01/education/01virtual.html?_r=1&ref=education&oref=slogin.

さらに、その他の法的措置も必ずしも助けにはなっておらず、むしろ完全な破壊の出現を阻んでいるケースさえある。たとえばミシガン州には、卒業条件としてオンラインコースの履修をすべての生徒に義務づける法律がある。州は生徒のオンラインクラスに人為的な要件や制限を設けることに慎重でなければならない。

[21]Picciano and Seaman, pp. 11, 16, and 17.

[22]Virtual ChemLab, http://chemlab.byu.edu/Tour.php（アクセス確認日: 2006年10月22日）Sam Dillon, "No Test Tubes? Debate on Virtual Science Classes." *New York Times,* October 20, 2006.

[23]これとは少し違うが、以前ミネソタ州教育長官を務め、現在エジュケーション・イボルビング・ネットワークのために働いているロバート・ウェドルから、2007年4月に50人ほどの教師と懇談したときの様子について聞いたことがある。教師たちは平均12年間の指導経験があり、ほとんどが高等学位を持っていたにもかかわらず、生徒数が減少している農村部の学校を解雇されたのだった。かれらは結束してブルー・スカイという名のオンラインのチャータード・スクールを立ち上げ、教師が大部分を占める理事会で運営した。ウェドルは、教師たちが一度も顔を合わせたことのない生徒たち一人ひとりとの

ものであり、プリンストン大学の経済学者ウィリアム・J・ボーモルの初期の研究を引いて説明することが多い。

ボーモルはよく知られているように、音楽演奏になぞらえた例え話を引き合いに出して、ベートーベンを演奏する弦楽四重奏団の生産性を高めるにはどうすればよいかと尋ねた。第二バイオリンを首にするか、それとも二倍の速さで曲を演奏するよう求めるべきだろうか？　ボーモルの例え話は以下の著書で読むことができる。William J. Baumol and William G. Bowen, *Performing Arts: The Economic Dilemma*（Cambridge, Massachusetts: MIT Press, 1966）.

学校教育も現行体制の下で同じわなに陥っている。スクールバスの燃料コストが上昇し、医療保険料が高騰し、校舎が老朽化するのをよそめに、依然として教員や事務職員の給与支払いに大金が費やされている。代わり映えしないサービスに支払う額が年々上昇していることに国民が抵抗を強める中、教育関係者は、特にほとんどの出費が行なわれる教室での活動を一体どのように変えるべきだろうか？「有料入場者」をもう一列増やしてはどうだろうか（実際、まさにその通りのことが行なわれる場合がある。つまり、学校教師が忌み嫌う「労働生産性」向上の一形態である）。実際にわれわれが目にするのは、学校の提供するサービスパッケージの、緩慢ではあるが着実な刈り込みである。課外活動の選択肢を削り、提供コースを削減するといったことだ。

ボーモルの悲観論は、とどめの一言なのだろうか？　いや、もし現在の伝統的な製造者的な観点を離れ、技術の可能性に目を向けるなら、そんなことはない、とエジュケーション・イボルビングの創設者テッド・コルデリーは言う。ボーモルの音楽演奏会の例えを引いて、かれはこんな風に問いかける。

> 代わりに聴衆とかれらの体験について考えてみたらどうだろう？　そうすればコンサートホールまでの外出のコストと質に目が向くだろう。つまり車を運転し、駐車し、世界級かどうか定かではない演奏を聴くためのチケット（聴衆につき一枚ずつ）を購入するのにかかる、金銭的、時間的コストだ。このコストに対して、世界級の演奏を自宅のリビングルームで、聴衆が何人いても追加料金なしで、何度でも繰り返し聴くことのできるCDを再生するコストと質とを比較するのだ。この場合、車の運転や駐車場の金がかからず、隣の席のプログラムをめくる音やおしゃべりに悩まされることもない。一年間にモーツァルトのピアノ協奏曲二一番を録音で聴く人たち全員のために、一流の演奏家による生演奏を手配するのに、一体どれほどのコストがかかるかを考えてみてほしい。そうすれば、生演奏から録音音楽への移行を、聴衆にとっての生産性向上と見なさないわけにはいかないだろう。なにしろ、品質向上とコスト削減が同時に実現するのだから。もちろん実体験を好む人たちには、コンサートホールに足を運んで生演奏を聴く選択肢は残されている。

この分析を教育に向けるとき、興味深い問題が持ち上がる。伝統的な分析は「演奏家」に焦点を当て、教師による指導を前提とする。ここでボーモルが提起した最も重要な問題に突き当たる。教師にどのような指示を与えるべきだろうか？　教科書を1章おきにとばすか？　二倍の速度で話すか？　だが、もし逆に「聴衆」側に目を向けて、デジタル電子技術を通して生徒を情報に直接結びつけることを考えた場合、それは学習体験の質を必然的におとしめることになるだろうか？　それとも仲介機能を排除し、学習の取り組みを生徒の手に移すことで、逆に質は向上するだろうか？

スの指導はデジタル方式で行なわれるものであって、人間が直に、または遠隔から教えるものではない。これに対してオンラインで提供されるコースは、この点に関しては中立的である。つまり授業はデジタル方式で提供される場合も教師が行なう場合もある。われわれが推奨するのは、デジタル方式とオンラインの両方を通じてコースを提供することだ。この方式では、学校が経済的利益だけでなく、指導面でも、また個別化が可能だという面でも、利益を実現することができるからだ。そしてオンラインコースを提供する企業が、収集したデータを用いてプログラムの改良を図ることができるというメリットもある。

[15]Richard Ingersoll, *Is There Really a Teacher Shortage?* Center for the Study of Teaching and Policy and The Consortium for Policy Research in Education, September 2003. Penelope M. Earley and Susan A. Ross, "Teacher Recruitment and Retention: Policy History and New Challenges," *Teacher Recruitment and Retention* (Amherst, Massachusetts: National Evaluation Systems, 2006) , p. 2. Andy Tompkins and Anne S. Beauchamp, "How Are States Responding to the Issue of Teacher Recruitment and Retention, and What More Needs to Be Done?" *Teacher Recruitment and Retention* (Amherst, Massachusetts: National Evaluation Systems, 2006), p. 31.

シスコシステムズの会長兼CEOジョン・チェンバーズも、この市場の移行の波に乗り、教育における技術の本格活用に備える必要について詳しく語っている。かれがフォーブズ・オンラインに寄せた記事を参照のこと。http://www.forbes.com/2008/01/23/solutions-education-chambers-oped-cx_sli_0123chambers.html.

[16]Bob Porterfield, "Retiree Health Care Costs Overwhelming: Governments Could Be Overwhelmed by Retiree Health Care Burden over the Next 3 Decades," The Associated Press. ABC News Internet Ventures, Septem-ber 24, 2006, http://abcnews.go.com/Health/WireStory?id=2485444&page=1. David Denholm, "New Accounting Rules to Identify Unfunded Pension, Benefit Liabilities," *Budget & Tax News,*The Heartland Institute, December 1, 2006, http://www.heartland.org/Article.cfm?artId=20235.

[17]2000年にロサンゼルスで開催された民主党全国大会では、4,338名の同党代議員のうち、NEA(全米教育協会)とAFT(アメリカ教員連盟)の組合役員が457名を占めた。前教育相のウィリアム・ベネットがかつて言ったように、全米教育協会は「民主党の心臓であり、中心である」。以下を参照のこと。The National Education Association, http://www.leaderu.com/orgs/probe/docs/nea.html(アクセス確認日: 2008年4月3日)

[18]労働集約的な産業が財政危機に直面すると、さらに多くの資金をかき集めることによって難局を乗り切ろうとすることはよく知られている。ここ10年ほどの風潮として、多くの産業部門がより少ない資源でより多くの成果を挙げているにもかかわらずである。経済学者にとってこの行動はなじみ深い

[9]ここで紹介した情報の一部は、クレイトン・クリステンセンの講義「成功する事業を構築し維持する」のために、トレント・カウフマンが2006年秋に行なった研究を基にしている。またフロリダ・バーチャルスクールのウェブサイトも参照のこと。http://www.flvs.net/index.php.

オンラインコースを提供する企業は枚挙にいとまがない。その一社が、最近新規株式公開（IPO）を成功させたK12である。

著者たちが観察したもう一つの興味深いシナリオは、ミネソタ州ヒューストンのある学校区が、教育サービスを補完するために自前のオンラインコースを開始した事例である。この学校区は少子化に伴い、年々生徒数の減少に悩まされていた。指導監督官キム・ロスの指導の下で、学校区は二つのオンラインコースを提供し始めた。一つは幼稚園から8年生まで、もう一つは高校レベルのコースである。参加者の人数は増加の一途をたどり、やがてこの学校区の従来型の学校の生徒数をはるかに凌駕するまでになった。『ミネアポリス・スター・トリビューン』紙の2006年の記事で、受講生の爆発的増加に対する州教育長アリス・シーグレンの説明を読むことができる。「微積分や中国語に興味を持つ生徒がいても、一人のために教師を雇うことはできない。（中略）だがオンラインコースを提供することはできるし、そうすればその生徒を学校区内に引き留めることができるのだ」。以下を参照。John Reinan, “Small-town Minnesota school is big on the Web,” *The Minneapolis Star Tribune,* November 10, 2006.

[10]Everett Rogers, *Diffusion of Innovations* (New York: Free Press of Glen-coe, 1962). 邦訳『イノベーションの普及』[第5版を翻訳]（三藤利雄訳、翔泳社、2007年）、マッキンゼーのリチャード・フォスターも、この現象を深く研究している。以下も参照。*The Attacker's Advantage* (New York: Summit Books, 1986). 邦訳『イノベーション—限界突破の経営戦略』（大前研一訳、阪急コミュニケーションズ、1987年）

[11]もう一つの例がAT&Tだ。同社は、携帯電話の台数は2000年になっても100万台にも満たないだろうというマッキンゼーの調査を鵜呑みにした。だがふたを開けてみれば、台数は7億4,000万台に達したのである。これはIBMの元CEOトーマス・ワトソンの「世界中で売れるコンピュータはせいぜい数台程度に過ぎない」という予測を彷彿とさせる。

[12]混合型のオンラインコースとは、授業の30から80パーセントがインターネットを通じて提供されるものを指す。

[13]「町」の学校の37パーセントが、オンラインコースへのアクセスを提供している。ちなみに「都市」の学校では25パーセント、都市周辺部の学校では24パーセントである。以下を参照のこと。National Center for Education Statistics, U.S. Department of Education, 2006.

[14]コンピュータベースのコースと、オンラインで提供されるコースは同じではない。コンピュータベー

得る、無消費の領域がたくさんある。本書はわが国の学校に焦点を置いているため、深く掘り下げることはできないが、関心のある読者はプレンスキーのウェブサイトを訪れて、さらに探求してほしい。http://www.marcprensky.com.

[6]受講は生徒一人が一つのコースを履修することと定義されるため、一人の生徒が複数のコースを受講する場合がある。

[7]Rhea R. Borja, "Students Opting for AP Courses Online: Enrollment Takes Off as High School Students Burnish College Resumes and E-Learning Opportunities Boom," *Education Week,* vol. 26, issue 31, March 30, 2007, pp. 1, 16, 18.

"Apex Learning Closes $6 Million to Expand Penetration of Digital Curriculum," Apex Learning, http://www.prnewswire.com/cgi-bin/stories.pl?ACCT=104&STORY=/www/story/11-29-2006/0004481813&EDATE=（アクセス確認日：2008年4月3日）

エイペックス・ラーニングは、オンラインAPコースを他のオンラインコース提供企業にもライセンス供与している。たとえばアイオワ・オンライン・アドバンスト・プレイスメント・アカデミーやミシガン・バーチャル・スクールなど。*Connecting Students to Advanced Courses Online: Innovations in Education,* Prepared by WestEd for U.S. Department of Education Office of Innovation and Improvement, 2007, p. 23.

[8]以下を参照のこと。Borja, "Students Opting for AP Courses Online."

また同様にマサチューセッツ州に本拠を置くバーチャル・ハイスクール（VHS）は、一九九六年にバーチャル授業を開始した。2003年に同校は120のコースを175校の3,200名の生徒に提供していた。現在では28州、23カ国にまたがる457校の9,111名の生徒が、241のコースを履修している。VHSには革新的な会員制モデルがある。会員の学校は年会費を支払ってコンソーシアムに参加する。コンソーシアムのほとんどの会員校が他の会員校にコースを提供する。生徒はたとえばチャールズ・ディケンズの文学、AP生物学、ベトナム戦争といったテーマのコースを履修することができる。VHSは、コースを提供するのに必要な最低限の履修人数を集められない農村部やいわゆる都市周辺部の学校で成功を収めた。VHSモデルは無消費を標的とすることで、遠隔教育を導入するための破壊的な道筋を提示して、学校区の経済的関心に訴える。VHSは生身の人間の教師と生徒間のバーチャルなやりとりを利用するという点で、デジタル媒体や自動化された媒体をもっと活用しているほかのプロバイダと異なる。だがVHSは、生徒中心に近い学習方式を教室に導入する道を提供した。この道は、無消費に対抗するという破壊的アプローチをとったおかげで切り拓かれたのだ。以下を参照のこと。"About Us," Virtual High School Web site, http://www.govhs.org/Pages/AboutUs-Home（アクセス確認日：2008年4月3日）

もう一つの例が、ジョージア・バーチャル・スクールである。同校は2005年の開講だが、2006年度にはすでに4,600名の受講生を擁し、18のAPコースを含む80のコースを提供していた。*Connecting Students to Advanced Courses Online: Innovations in Education,* p. 6.

イムズ』紙に、ニューヨーク州リバプールの学校区がラップトップを諦めたという話が掲載された。この記事は、カリフォルニア大学アーバイン校の教育学教授で*Laptops and Literacy: Learning in the Wireless Classroom*（New York: Teachers College Press, 2006）の著者でもある、マーク・ウォーショーの研究を引用している。ウォーショーも、ラップトップの利用とテスト得点との間に相関関係を認めなかったものの、次のように述べている。「ラップトップとインターネットの利用が違いを生むのは、イノベーション、創造性、自律性、自主研究である」。Winnie Hu, "Seeing No Progress, Some Schools Drop Laptops," *New York Times,* May 4, 2007, http://www.nytimes.com/2007/05/04/education/04laptop.html.

第4章

［1］アンソニー・G・ピッチャーノとジェフ・シーマンによる報告は、学校がどのような場合にオンライン学習を利用するべきかを正確に示すことで、この理論の予測を裏づけている。このことは、なぜ学校区がオンラインコースを利用しようとするのか、またこうした解決策の可能性と落とし穴が何であるかについて論じた、本章の主張の多くに確かな根拠を与えてくれる。Anthony G. Picciano and Jeff Seaman, *K-12 Online Learning: A Survey of U.S. School District Administrators,* Hunter College-CUNY, Babson Survey Research Group, The Sloan Consortium, 2007.

［2］Mark Schneider, *The Condition of Education 2007,* U.S. Department of Education, National Center for Education Statistics, May 31, 2007 briefing.

［3］*The Condition of Education 2005,* U.S. Department of Education, National Center for Education Statistics, 2005, http://nces.ed.gov/fastfacts/display.asp?id=91. Brian D. Ray, "Research Facts on Homeschooling," National Home Education Research Institute, July 10, 2006, http://www.nheri.org/content/view/199/.

［4］マイケル・ホーンが2007年11月26日に行なった、ユタ州エレクトロニック・ハイスクールの創設者リチャード・シッドウェイとのインタビュー。

［5］*The Condition of Education 2007,* U.S. Department of Education, National Center for Education Statistics, 2007, http://nces.ed.gov/fastfacts/display.asp?id=78.

また、生徒中心の技術が建設的な影響を及ぼすことのできる機会の多くが、学校制度のさらに外側に存在する。著名な思想家で技術が学習に及ぼし得る影響に関する著書のあるマーク・プレンスキーは、学校外の空間を「放課後」と呼ぶ。かれの言う放課後教育とは、生徒が教室外で、または宿題をしたり試験勉強をしているうちに学ぶ、すべてのことを指している。理科クラブやロボット工学クラブからブログ作成、インターネットを通じた人脈作り、ビデオゲームなど、子どもたちは学校外での学習に多くの時間を費やしている。ここには、建設的な効果をもたらし、学習に対する考え方を根本的に変え以下も参照。*America's Digital Schools* (The Greaves Group and The Hayes Connection, 2006).

[3]キューバン（前掲書）pp. 72 ,90.

教育技術が指導そのものを行なうために用いられておらず、ほとんどの場合、指導を補助するために、そして単なるツールとして用いられていることを示す別の証拠として、教育省による次の報告書を挙げる。*Effectiveness of Reading and Mathematics Software Products: Findings from First Student Cohort,* report to Congress, U.S. Department of Education (National Center for Education Evaluation and Regional Assistance, March 2007), p. xiv.

[4]キューバン（前掲書）pp. 52-67. また幼稚園から4年生までの教室は、活動センター的な作りになっているため、生徒中心により近い構造を持っている。そのため高学年に比べれば、移行が行なわれていないことはそれほど大きな問題ではないのかもしれない。ハワード・ガードナーなどは、若い年齢に多くのタイプの知能や学習スタイルを伸ばすことが重要だとしている。

[5]キューバン（前掲書）pp. 72-73, 90-91, 95, 133-134. キューバンの研究が発表されたのは2001年のことだったが、その後の7年間で事情はほとんど変わっていない。全米の学校を回ったわれわれ自身の経験が、かれの所見を裏づけている。またジョシュ・フリードマンがハーバード・ビジネス・スクールのクレイトン・クリステンセンの下で、2007年の冬学期に自主研究報告のために行なった、マサチューセッツ州アーリントンの学校区における特定のインタビューやケーススタディもこれを裏づける結果となっている。

[6]*Effectiveness of Reading and Mathematics Software,* p. xiii.

[7]またキューバンは、その他の技術が過去に導入された経緯についても調査を行なった。1950年代には、迫りくる教師不足の問題に対する解決策として、教育テレビの導入が歓迎された。だがこれは、20世紀前半に開発された教育映画と同様、学校での指導方法を大きく変えるためではなく、主として現在の指導法を維持する目的で導入され、たとえば教師に息抜きを与えるために用いられたのだった。キューバン（前掲書）pp. 137-138.

ビデオテープに録画した講義が効果を挙げている例として、司法試験予備校の最大手であるBAR/BRIが、司法試験を目指す学生を指導する目的で、教授による講義の模様を録画したビデオを制作している。このビデオのおかげで、たとえばトロントにいる学生の集団が、最良の指導を受けながらニューヨーク州司法試験を目指して勉強するといったことが可能になる。学生たちは毎日集まって、BAR/BRIのビデオを再生し、日替わりでさまざまな教授が行なうさまざまな試験分野に関する講義を聴講する。

[8]キューバン（前掲書）pp. 90-91, 95, 133-134, 178.

コンピュータベースの学習の有効性に関する教育省の報告書を追跡する形で、『ニューヨーク・タ校が自分たちの生徒を入学させれば、むしろホッとするはずだ。だが学校区学校が生徒の必要を満たしていないようなケース（中退者や幼稚園前の生徒など）を除けば、これは当てはまらない。この一例がワシントンDCのマヤ・アンジェルー・パブリック・チャーター・スクールである。同校はオーク・ヒルの刑務所内学校で学ぶ収監された青少年を引き受けている。ほとんどの州では、もし学校区が非加盟チャータード・スクールを相手にせず、学校区の生徒の流出を許すようなことがあれば、学校区は生徒数に応じて与えられる公的資金を減額されることになる。また大量の生徒がチャータード・スクールに移動する都市では、学校区学校の仕事が失われる。チャータード・スクールを無視する非対称的な動機は存在せず、したがって学校区や教員組合は、どのような形態のものであってもチャーター方式に反対する動機を持ち実際に反対もしている。チャータード・スクールについては第8章でふたたび取り上げ、学校区のために果たし得る有用な役割について論じることとする。

[24]"Elementary/Secondary Education: Table 5-1" *Participation in Education,* National Center for Education Statistics, http://nces.ed.gov/programs/coe/2007/section1/table.asp?tableID=667. "Elementary/Secondary Educa-tion: Table 6-1" *Participation in Education,* National Center for Education Statistics, http://nces.ed.gov/programs/coe/2007/section1/table.asp?tableID=668.

[25]これが現時点で本当に当てはまるかどうかに関しては、矛盾する証拠がたくさん挙がっているが、それでもいくつかの初期兆候が学校がいつか適応するだろうことを示唆している。2007年6月に発表されたある重要な自主研究は、落ちこぼれ防止法が施行されて以来、テスト得点が上昇していることを示している。以下を参照のこと。Amit R. Paley, "Scores Up Since 'No Child'Was Signed," *Washington Post,* June 6, 2007, p. A01.

本書執筆時点でまだ発表されていなかったある重要な著書は、落ちこぼれ防止法のきわめて有害な影響として、学校が重要な技能を教える代わりに、かつてないほど「テストのために勉強を教える」ことに傾倒している点を指摘する。この著書をぜひ読まれることをお薦めする。Tony Wagner, *The Global Achievement Gap*（New York: Basic Books, 2008）.

第3章

[1]U.S. Department of Education, *Getting America's Students Ready for the Twenty-First Century: Meeting the Technology Literacy Challenge*（Washington, DC: June 1996）キューバン『学校にコンピュータは必要か』（前掲書）, p. 16に引用。

[2]これらのデータはさまざまな研究者が独自に行なった試算から取った。特に以下を参照のこと。Evan Hansen, "Public Schools: Why Johnny Can't Blog," CNET News.com, November 12, 2003, http://news.com.com/2009-1023-5103805.html. この記事が引用しているのは、クオリティ・エジュケーション・データ社の統計である。キューバン（前掲書）p. 17を参照のこと。また

Information Report (Princeton: Educational Testing Service, June 2006).

この議論への反論は、MITのフランク・レヴィとハーバード大学のリチャード・J・マーネインの著書から引くことができる。ちなみにこの著書は、多くの文献に引用されている。著者たちは、コンピュータが人間よりうまくできる仕事は何か、そして人間がコンピュータよりもうまくできる仕事は何かという問いを投げかけている。後者に対するかれらの答は、問題を認識、解決する能力と、複雑な問題について人に説明し説得する能力である。このことは、高等教育の充実を図る必要性とまではいかなくとも、重要性を示唆しているように思われる。以下を参照のこと。Frank Levy and Richard J. Murnane, *The New Division of Labor: How Computers Are Creating the Next Job Market* (Princeton, New Jersey: Princeton University Press, 2004).

またさらに別の見解を持っているのが、サンディエゴのハイテック・ハイスクールで校長兼CEOを務めるラリー・ローゼンストックだ。2006年10月にかれはこう語ってくれた。「どんな事業体も、成功するためには何らかの中心的な指標を持ち、それに沿って改善を図らなければなりません。(中略) 高校にとってそれがどんな指標であるべきか、よくよく考えてみました。結果わたしが一番適切だと思うのは、自分に合った学士課程に進み、最後までやり抜く生徒の割合でしょうか」。サンディエゴのハイテック・ハイスクールへの代表派遣団に対する、ラリー・ローゼンストックの発言より。カーティス・ジョンソン記録(2006年10月17日)。

ゲイツ財団はこれに同意していると考えられる。なぜなら財団は、2020年までに低所得層およびマイノリティの生徒の80パーセントが高校を卒業することを主な目的として掲げているからだ。

[21]今日でさえこのような風潮は見られる。不動産価値は近隣の学校の評判に左右される。地域の学校の評判が良ければ住宅の魅力が高まり、したがって価値が上がる。この関係に注目する研究によれば、学校の評判はテストの平均点によって大部分決定されるのだという。ジェイ・マシューズが以下の記事の中で説明している。*The Washington Post,* "Finding Good Schools," March 13, 2007, www.washingtonpost.com/wp-dyn/content/article/2007/03/13/AR2007031300491.html.

[22]マーシャル・スミスとジェニファー・オデイによる研究が、1990年代以降の全米標準化運動の知的基盤になったと広く認識されている。Marshall S. Smith and Jennifer O'Day, "Systemic School Reform," *The Politics of Curriculum and Testing: The 1990 Yearbook of the Politics of Education Association,* eds. Susan Fuhrman and Betty Malen (New York: Falmer Press, 1991), pp. 233-267.

[23]だがチャータード・スクールについてはどうなのか、と疑問に思われる読者もいるだろう。1991年以来、40の州とコロンビア特別区の議会として機能するアメリカ連邦議会が、公立学校の創設と運営を学校区以外の事業体に認める法律を制定している。しかし多くの学校モデルを生み出したこの大転換にもかかわらず、チャータード・スクールは破壊にはなっていない。もしそうであったなら、先に説明した破壊モデルに従えば、学校区の公立学校はチャータード・スクールを相手にせず、こうした学

nology, Nation's Attempt to Create a Level Playing Field Has Had a Rocky History," *The Washington Post,* November 14, 2006, p. A06.

[16]Tyack and Cuban, p. 13.

[17]"A Nation at Risk," U.S. Department of Education, April 1983, www.ed.gov/pubs/NatAtRisk/intro.html.

[18]"A Nation at Risk," www.ed.gov/pubs/NatAtRisk/findings.html.

[19]ティアックとキューバンは、学校改善を図ろうとした人たちが、アウトプットではなく学校へのインプットをきわめて重視していたことを示している。かれらはこう述べている。「教育関係者は州政府に働きかけて、地域の学校が州補助金を受けるために、最小限の要件を満たすことを義務づけるようにした。この要件には、校舎の質と安全、教師の資格、学期の長さ、州教育課程基準との一致、そして壁に掛かった旗や絵の大きさまでもが含まれていた。また競争意識に訴えるものとして、学校を評価するための"スコアカード"が、大学教授たちの手で開発された。校庭の面積と設置遊具に始まり、生徒の机、地球儀や楽器、衛生状態、果ては"共同体意識"に至るまでの細かい明細事項があった。1925年までに34の州教育省が、法律や州教育委員会の規則、州教育長官の裁定に合わせて、4万校を"標準化"した。民間の認定機関も、特に中等学校のレベルで制度的な統一性を求めた。こうしたことのすべてが、進歩の御名の下に行なわれた」。以下を参照のこと。Tyack and Cuban, p. 20.

当時の試験はインプットとしても用いられた。いわゆる知能テスト、SAT（大学進学適性試験）やその他の標準テストの前身は、生徒の学習状況や教師の指導状況を評価するためではなく、生徒を能力別カリキュラムに分けるために用いられていた。以下を参照のこと。Tyack and Cuban, p. 58.

[20]どのような生徒にどのような知識やスキルを与えるべきかを判断する基準をめぐって論争が展開されているのと同じように、万人の目標としての大学の重要性についても広範にわたる論戦が繰り広げられている。たとえばポール・バートンは、2006年に教育試験サービス機関（ETS）に発表した報告書の中で次のように述べている。「教育改革者は、労働市場でどのような技能や能力が重視されているかを理解していないようだ。なぜなら高校改革の議論には、雇用側の見解——さまざまな調査によって報告されている——が反映されていないからだ」。バートンの研究は、雇用者の69パーセントが、いわゆるソフトなスキルを最も重視していたことを示唆する。つまり、定時に就業意欲を持って出勤することだ（p.13）。ほかに重視されるスキルには、十分な読み書き能力がある。成績はそれほど重視されない。またバートンは、アメリカ労働統計局による2001年から2012年までの期間における予測調査に言及している。この調査によれば、より一般的な44の職業について見た場合、求人の半数が短期訓練または実地訓練だけを応募条件としており、高等教育の学位を要求するものはわずか14だった。雇用者は成熟度を求めるが、高校のカリキュラムには若い人に年をとらせることはできない。以下を参照のこと。*High School Reform and Work: Facing Labor Market Realities,* ETS Policy

本的な思想的骨格はよく似通っていた。ただし生徒のふるい分けシステムはジェファーソンが望んだほど具体的ではなく、したがってまだ富裕層に有利だった。それでもフランスの政治思想家アレクシス・ド・トクヴィルは、アメリカに関する研究「アメリカにおける民主主義」（Democracy in America）の中で、アメリカの公立学校を取り上げ、富とは無関係に万人に門戸が開かれていることに言及している。これは早くも1832年のことだった。以下を参照のこと。Tyack and Cuban, p. 86.

[6]ドイツが呈した挑戦については以下を参照のこと。Tyack and Cuban,p.49 およびCuban, p.9.
またキューバンは、この新しい任務の起源が古い任務にあるとしている。キューバンによれば、マンは教育にも経済的な目的があることを認識していたが、かれにとって経済的側面は直接の目的ではなく、民主主義を強化し公教育への支援を強化するための手段だった。以下を参照のこと。キューバン(前掲書), p. 8.

[7]Tyack and Cuban, pp. 21, 86 and Spring, pp. 116-117.

[8]James Bryant Conant, *The Revolutionary Transformation of the American High School* (Cambridge, Massachusetts: Harvard University Press, 1959), p. 3.

[9]Conant, *Revolutionary Transformation*, pp.3-4. 以下も参照。James Bryant Conant, *The American High School Today: A First Report to Interested Citizens* (New York: McGraw-Hill, 1959)

[10]Tyack and Cuban, p. 20.

[11]Tyack and Cuban, pp. 22-26.

[12]"Crisis in Education, Part I: Schoolboys Point Up a U.S. Weakness," *Life,* March 24, 1958, pp. 27-35.

[13]"Advanced Placement Program," Wikipedia, http://en.wikipedia.org/wiki/Advanced_Placement_Program（アクセス確認日: 2007年2月20日）

[14]Tyack and Cuban, pp. 21, 40, 48, and 66.
2003年度に公立高校を予定通り卒業した生徒の割合は、全体の74パーセントだった。以下を参照のこと。"Elementary/Secondary Persistence and Progress," *Student Effort and Educational Progress,* National Center for Education Statistics, http://nces.ed.gov/programs/coe/2007/section3/table.asp?tableID=701.

[15]以下を参照。Jay Matthews, "Just Whose Idea Was All This Testing?: Fueled by Tech-

て破壊的なものが、別の企業にとっては持続的であり得る。たとえばパーソナル・コンピュータはミニ・コンピュータを破壊したが、アップルにとって、パソコン内部のイノベーションは持続的だった。また技術それ自体が破壊的であるように思われても、それが既存企業にとって持続的改良にあたるような方法で（つまり既存企業の経済モデルに則って利益を上げるのに役立つような方法で）用いられる時には、既存企業は反撃する動機を持つ。既存企業はこうした持続的イノベーションの戦いには、判で押したように必ず勝利を収めている。

[2]Clayton M. Christensen and Michael E. Raynor, *The Innovator's Solution* (Boston: Harvard Business School Press, 2003), pp. 31-72. 邦訳『イノベーションへの解』（櫻井祐子訳、翔泳社、2003年）。

[3]エール大学で創立三〇〇周年を記念して行なわれた民主的展望に関するセミナーで、当時のエール大学の学部長リチャード・H・ブロドヘッドが行なった講義は、まさにこの点を論じている。以下の講義録の3ページを参照のこと。Richard Brodhead, "Democracy and Education," www.yale.edu/terc/democracy/media/mar27.htm

ジョン・リーンハードもこれに関係した発言をしている。「かつて独学は、例外どころか当たり前のことだった。（中略）一九世紀アメリカの教育を受ける機会のなかった人たちの大半が驚くほど博識だった。南北戦争の兵士の書いた手紙の朗読を聞きさえすれば、当時のアメリカ人が言葉のリズムにどれほど耳を傾け、書物の表現方法や内容にどれほどの関心を寄せていたかをうかがい知ることができる」。John Lienhard, *How Invention Begins: Echoes of Old Voices in the Rise of New Machines* (New York: Oxford, 2006), p. 198.

[4]ブロドヘッドはとりわけ、ウェブスターが1987年に発表した次の随筆に注目している。"Of the Education of Youth in America" and Thomas Jefferson's proposed legislation in Virginia, a "Bill for the More General Diffusion of Knowledge." Brodhead, pp. 2-8.

ジョエル・スプリングは、公教育におけるウェブスターの役割について広範にわたる議論を展開している。たとえば1800年代初めにマサチューセッツ州議会での活躍によって、ホレス・マンの公立学校運動の地ならしをしたことなど。ウェブスターは国家主義的立場から非常に深い問題意識を持っていた。以下を参照のこと。Joel Spring, *The American School: 1642-1993,* 3rd ed. (New York: McGraw-Hill, 1994), pp. 33-36.

Larry Cuban, *Oversold and Underused: Computers in the Classroom* (Cambridge, Massachusetts: Harvard University Press, 2001), pp.7-8.邦訳『学校にコンピュータは必要か』（小田勝己、小田玲子、白鳥信義訳、ミネルヴァ書房、2004年）。

David Tyack and Larry Cuban, *Tinkering Toward Utopia: A Century of Public School Reform* (Cambridge, Massachusetts: Harvard University Press, 1995), p. 59.

[5]実際に導入されたものは、もちろんジェファーソンの構想ほど形式張ったものではなかったが、基

している。以下を参照のこと。Dianne L. Ferguson, "Teaching Each and Every One: Three Strategies to Help Teachers Follow the Curriculum While Targeting Effective Learning for Every Student," *Threshold,* Winter 2007, p. 7.

[16]Campbell et al., p. 127.

[17]公立学校にもモジュール性と個別化は多少は存在する。低学年では、生徒は一日のうちのある時間をさまざまなラーニング・センターを自由に回って、好きなように過ごすことができる。高校では、生徒は履修科目をかなり自由に選択することができ、こうした選択科目を通じて学習内容を個別化することはできる。だがそれをどのような方法で学ぶかということに関しては、ほとんど自由度がない。そのことこそが難題なのだ。

[18]Tyack and Cuban, p. 89.

また民族誌学者のハーブ・チルドレスが述べているように、アメリカの高校は、多種多様な認定専門家が子どもに部品を取りつけては別の専門家に次々と手渡ししていく、「添加物」工場である。代数を取りつける専門家もいれば、世界史やヘミングウェイを取りつける専門家もいる。高校はほかの何よりも、ある特定の集合のプロセスに傾倒しているとかれは推論する。この考え方については、本書でも第五章でバリューチェーン型ビジネスの概念を説明する際に掘り下げることとする。以下を参照のこと。Herb Childress, *Landscapes of Betrayal, Landscapes of Joy: Curtisville in the Lives of Its Teenagers* (New York: SUNY Press, 2000).

[19]「全員成功」(サクセス・フォア・オール)プログラムは、個別化を目指す「バッチ処理」システムの一例である。これは能力別編成の読解力プログラムであり、生徒をレベルに応じて指導するために、緊密なフィードバック・ループを通して生徒の評価とクラスを再編成を頻繁に行なう。だがこれは生徒の多様な学び方に対応したプログラムではない。横並び的な体制からのわずかな改善であり、マス・カスタマイゼーションの方向に向かってはいるが、それでもやはり学校教育の一枚岩的なパラダイムにとらわれている。

[20]ワイヤレス・ジェネレーションは、評価サービスの一環として、早期の読解力テストを簡単に行なう方法を教師に提供している。教師は携帯端末を使って読解力テストを行なう。テストが終わった時点で、生徒に関する豊富なデータが以前よりもはるかに楽な方法で収集できている。次に携帯端末をウェブサイトに同期するだけで、生徒やクラス全体の成績を入手し分析することができる。この情報を利用して、生徒のニーズにあった指導を行なうことができる。そしてワイヤレス・ジェネレーションは、この領域でも教師の手引きとなる製品を提供している。

第2章

[1]このことは重要な認識を提起する。つまり、破壊が相対的な用語だということだ。ある企業にとっ

[7]教師、学校管理者、教授、研究者として、公教育の世界に長年身を置いてきたジャック・フライミアーは、このようなやり方がなぜ自発的動機づけを促すのか、その理由についてさらなる洞察を与えてくれる。動機づけは個人的な問題であり、子どもは一人ひとり違うため、子どもによって違うものに動機づけられるのは当然である。したがって、自発的動機づけを促そうとする試みは、このような違いに働きかけない限り成功することはない。以下を参照のこと。Jack Frymier, "If Kids Don't Want to Learn You Probably Can't Make'em: Discussion with Jack Frymier" notes by Ted Kolderie (October 28, 1999), http://www.educationevolving.org/content_view_all.asp.

[8]Campbell et al., pp. 63-64.

[9]ガードナーの研究もこれを裏づける。学校や標準テストでは、言語的知能と論理・数学的知能が重視され、その他のタイプの知能が無視される傾向にある。またほとんどの教師は、一つか二つの知能に依存するあまり、その他の知能を排除する傾向にある。Campbell et al., pp. xx, xxiii.

『タイム』誌の高校中退者に関する記事によれば、高校の生徒の三割強を占める中退者のうち、88パーセントが中退時に及第点を取っていたという。中退者は中退する理由として退屈を挙げることが多い。Nathan Thornburgh, "Dropout Nation," *Time,* April 9, 2006, http://www.time.com/time/printout/0,8816,1181646,00.html.

[10]本書では「製品」という用語を単独で用いる場合もあるが、その文脈では「サービス」と同義である。相互依存性とモジュール性の概念とその含意は、製品にもサービスにも同じように当てはまる。本書では本文を単純化するために、ほとんどの場合「製品」という用語を使っている。

[11]David Tyack and Larry Cuban, *Tinkering Toward Utopia: A Century of Public School Reform* (Cambridge, Massachusetts: Harvard University Press, 1995), p. 25.

[12]Jennifer D. Jordan, "Special-Needs Students Apart," *Providence Journal,* February 8, 2007, http://www.projo.com/education/content/special_education21_01-21-07_P83O6B6.15f1fb4.html.

[13]Stacey Childress and Stig Leschly, "Note on U.S. Public Education Finance (B): Expenditures," HBS Case Note, November 2, 2006, p. 5.

[14]『Threshold』誌の記事は、成績不振の生徒のために個別化を試みる教師たちが、学級の他の生徒たちにそれほど関心を払わなくなる様子を描き出している。"Personalization in the Schools: A Threshold Forum," *Threshold,* Winter 2007, p. 13.

[15]『Threshold』誌の記事は、詳細で具体的な例をいくつか挙げて、この論点を生き生きと描き出

適性は個人が意欲的に取り組める課題を予測する判断材料となる。したがって、自らの適性プロフィールを理解する人は、自分が教育に費やす労力と時間が最も大きな見返りを生むと確信を持って予測することができる」。以下を参照のこと。"The Ball Aptitude Battery," Career Vision Web site, http://www.careervision.org/About/Ball AptitudeBattery.htm（アクセス確認日:2008年4月1日）

[2]これまで多くの研究者がさまざまな知能の分類やタイプを提唱している。分類の一例として、たとえばピーター・サロヴェイとジョン・メイヤーによる、こころの知能指数がある。以下を参照のこと。P. Salovey and J. D. Mayer, "Emotional intelligence," *Imagination, Cognition, and Personality* (1990), pp. 9, 185-211.

ダニエル・ゴールマンが最新作で提唱している社会的知能も分類方法の一つである。Daniel Goleman, *Social Intelligence: The New Science of Human Relationships* (New York: Bantam, 2006) . 邦訳『SQ生きかたの知能指数』（土屋京子訳、日本経済新聞出版社、2007年）。ロバート・スターンバーグは、多元的知能の理論を発展させ、文化依存的で従来の指標よりも幅広い、かれ自身による知能の定義をもとに、創造的知能、分析的知能、実践的知能という三つのタイプの知能を特定している。R. J. Sternberg, *Beyond IQ: A Triarchic Theory of Human Intelligence* (New York: Cambridge University Press, 1985).

また別の系統の研究として、サリー・シェイウィッツが失読症という特定集団の人たちを対象に研究を行ない、かれらの学び方が他の人とどう違うかを解明する新しい可能性を切り拓いた。シェイウィッツは、脳の磁気共鳴画像（MRI）の相関関係を用いることによって、失読症の人の脳の機能がそうでない人と実際に異なることを示した。以下を参照のこと。Sally Shaywitz, *Overcoming Dyslexia: A New and Complete Science-Based Program for Reading Problems at Any Level* (New York: Random House, 2003). 邦訳『読み書き障害（ディスレクシア）のすべて——頭はいいのに、本が読めない』（藤田あきよ、加藤醇子訳、PHP研究所、2006年）。

[3]Howard Gardner, *Multiple Intelligences* (New York: Basic Books, 2006), p. 6. 邦訳『多元的知能の世界——MI理論の活用と可能性』（黒上晴夫訳、日本文教出版、2003年）。

またガードナーは最近発表した素晴らしい著書の中で、自らの研究に対する最も強力な反論をできる限り忠実に要約し、それに対して反論を述べている。以下を参照のこと。Ed. Jeffrey A. Schaler, *Howard Gardner Under Fire: The Rebel Psychologist Faces His Critics* (Chicago:Open Court, 2006).

[4]以下を参照のこと。Linda Campbell, Bruce Campbell, and Dee Dickinson, *Teaching and Learning through Multiple Intelligences* (Boston: Pearson, 2004), p. xx.

[5]Campbell et al., p. xix.

[6]Campbell et al., p. xxi.

の文化背景において重要な知識を学んでいたのだ（中略）。しかしケニアの農村部の子どもたちにとって、環境の中で生き残り人生で成功するために必要な知能と、学校で成功するために必要な知能は必ずしも一致しない。そしてかれらにとっては後者より前者の方が大切なのだ」。言い換えれば、子どもたちは外部からの動機づけのあること、必要性のあることを学んだ。当面の生活にとってはその方が重要だったからだ。以下を参照のこと。Robert J. Sternberg, "Who Are the Bright Children? The Cultural Context of Being and Acting Intelligent," *Educational Researcher,* vol. 36, no. 3, pp. 149-150.

[14]この点をめぐって長年論争が繰り広げられている。一方の言い分については、リチャード・ロススタインの前掲書（*Class and Schools*）を参照せよ。ロススタインは、学校がこのような問題を単独で解決することはできず、たとえば医療政策の変更、幼児教育の改善などが必要だと主張する。他方、アビゲイルとステファン・サーンストロムの著書*No Excuses: Closing the Racial Gap in Learning*は反対の立場を取る。たとえば「知識こそ力プログラム」（KIPP）などの学校は「言い訳をしない」、つまり医療や子育ての失敗に原因があるとは考えない。こうした学校は、ロススタインが不可能だと論じることを実行に移し、成績不良の生徒を成績優秀者に変えているのだという。ロススタインは著書の中で特にこの概念を取り上げ、多面的な観点から反論している。第一に、少数の例外的事例だけでは何も証明することはできない。この例として、かれはまず近隣の公立学校の生徒の中でも最も成績が悪く、最も貧しいと考えられている、KIPP学校の児童に関する調査を行なった。だがかれは近隣の学校の教師への聞き取り調査から、実は最も潜在能力の高い児童がKIPP学校に送り込まれていることを発見した。この結果と、KIPPが親の関与を強要するという事実——こうした親が平均的な親よりも学校に深く関わっていることを示す契約書に記入、署名しているという、まさにその事実——から、ロススタインはKIPPが公正なサンプルではないと考える。そしてかれはKIPPが中学校であるため、卒業生が大学に進学し、長期的に成功する確率が高いという証拠が存在しないと主張する。またAVID（経済的に恵まれず学力が劣る生徒のための大学進学準備用プログラム）を取り上げ、これをサーンストロムの主張が正しい例として用いることはできないと主張する。なぜなら志願者は面接を受け、そこで成績は悪くても最も潜在能力の高い子どもたちが選ばれるからだという。以下を参照のこと。Richard Rothstein, *Class and Schools: Using Social, Economic, and Educational Reform to Close the Black-White Achievement Gap*（New York: Teachers College, Columbia University, 2004）. Abigail Thernstrom and Stephan Thernstrom, *No Excuses: Closing the Racial Gap in Learning*（New York: Simon & Schuster, 2003）.

第1章

[1]たとえばボール財団は、本書で用いる主要な理論とはまた違った理論を提唱する。財団は、人間のさまざまな適性や、それが学習に及ぼす影響に関する重要な研究を進めている。ボール財団のウェブサイトでは、「ボール適性集団」について、次のような説明がなされている。「個人の適性とは、その個人が最も短期間のうちに、最も容易に習得できると期待される技能を特定する主な要因である。またそのことから、

[11]C. M. Christensen, T. Craig, and S. Hart, "The Great Disruption," *Foreign Affairs,* vol. 80, March/April 2001, pp. 80-95.

[12]親や生徒はこうした次元の高いテーマや技能に関する科目を、自分たちの人生と関係がないものとみなしているという。この報告を発表したパブリック・アジェンダによれば、この傾向は、全国調査の結果と一致しているという。興味深いことに、生徒やその親は、こうした科目が大学受験に役立つ場合には、強く求める傾向にあった。以下を参照のこと。Alison Kadlec and Will Friedman with Amber Ott, Important, But Not for Me: Parents and Students in Kansas and Missouri Talk about *Math, Science, and Technology Education,* Public Agenda, 2007.（以下に要約されている。Meris Stansbury, "Parents, Kids Don' t See Need for Math, Science Skills," *eSchool News,* September 21, 2007.）

いくつかの調査報告が、アメリカの科学者人口の増加を阻む不利な条件がほかにもあることを示している。『The Chronicle of Higher Education』誌の記事は、アメリカの優秀な学生が「養成期間の長さ、研究職の不足、研究助成金をめぐる熾烈な競争」などから、科学系分野の職を避けているという証拠を挙げている。常勤の仕事ではなく、一時的なポスドクの仕事に就き、雇用の先行きや金銭面での不安を抱える博士号取得者が増えている。問題を早く察知して、在学中に理工系を抜け出す学部生も多い。渡りに船とばかりに、商業分野での別の機会に飛びつく学生もいる。以下を参照のこと。Richard Monastersky, "The Real Science Crisis: Bleak Prospects for Young Researchers," *The Chronicle of Higher Education,* September 21, 2007.

また別の記事は次のように述べている。「有能なアメリカ人の多くがなぜ理工系を避けるかと言えば、この分野の職業の実態が扇動的な報道よりもはるかにひどく、リスクが大きいため、報われない職業選択となる可能性があるからだ。わが国が農業の耕作や収穫を外国人労働力に依存する理由は、経済学をかじったことのない人にも簡単に理解できるだろう。賃金が低く労働条件があまりにも劣悪なため、貧しい外国人でもなければ向上の可能性を見出せない（中略）。アメリカの理工系の教室や研究所や教員陣が、定員を埋めるのを外国人に頼っている理由も同じように明白である」。さらに、卒業3年以内に年俸10万ドルを得られるロースクールに進むか、5年から7年後に4万ドルの年俸を得られるかもしれない博士号取得の道を選ぶかを迷っている学生の職業選択について論じている。「有望な仕事を求めて発展途上国からやって来る大勢の若い労働者にとって、アメリカでの科学職は、本国での機会に比べればずっと魅力的である」。以下を参照のこと。Dan Greenberg, "No Mystery Why Americans Shun Science Careers," *The Chronicle of Higher Education,* December 17, 2007.

[13]ケニアのウセンゲにおける研究で、土地固有の環境に対する子どもたちの適応能力を調べる試験が行なわれた。その結果、子どもたちが寄生虫病を認識し克服する方法といった、その風土の中で生き残る方法について、豊富な知識を持っていることがわかった。この種の知識を測るテストで子どもたちが挙げた得点は、学校で教わるような学問的知識を測るテストの得点と逆相関を示した。前者の成績は良く後者は悪かった。ロバート・スターンバーグは、こう述べている。「学力テストから判断する限り、ケニアの農村部の子どもたちはそれほど利口ではないように思われる。だが実はかれらは自ら

for an Edge," *The Washington Post,* Monday, March 19, 2001, p. B01.これはクリステンセン自身の所見でもある。

[7]この計算には私立学校の就学率が絡むことは、われわれも認識している。この率は、チャールストンの白人生徒の間ではかなり高い。もっともこのことは「生徒が悪い」議論にも関わってくる。それでもさまざまな例外的事例が、教員組合の存在が学校の成功にとって重要な中心的要因だと主張することが不可能であることを示している。

[8]どんな国も程度の差こそあれ、アメリカと同じ問題を抱えている。第一に、魔法のように包括的な「教育の目的」に万人が合意している国はない。またアメリカがテスト得点の低さにやきもきする一方、日本人は丸暗記式の指導方式が創造性を抑制することを懸念している。もしかしたらアメリカの生徒が権威を疑い、「なぜ」を問いかける意欲を持っていることは、テストではとらえられないプラスの点なのかもしれない。第二に、どの国も全国民に満足のいく教育を施してはいない。

[9]『エコノミスト』誌の記事が、この所見の信憑性を高めている。「アメリカのハイテク産業を動かしているのは外国人の頭脳だ」と同誌は指摘する。「シリコンバレーの1995年以降の新興企業のほぼ三分の一が、インド人か中国人によって創設されている。アメリカの一流大学の、特に理工学部を動かしているのもかれらだ。コンピュータ科学と工学技術の博士号取得者の約40パーセントが外国生まれである」。だが本書でも指摘するように、アメリカは外国生まれの人材を引きつけることができなくなっている。同誌の記事は、アメリカの移民法が才能あふれる労働者の入国を遅らせ、その結果かれらの関心を削いでいると指摘する。さらに、「オーストラリア、カナダ、イギリス、ドイツ、そしてフランスさえ」を含む諸国が、こうした人材を欲しているのだという。「他方、インドと中国の経済は急成長を遂げている……。かつてインド人や中国人は、アメリカで就職する機会を得るためとあれば、どんな屈辱にも耐えた。だが今では本国での選択肢がますます広がっているのだ」。以下を参照のこと。"American Idiocracy: Why the Immigration System Needs Urgent Fixing," *The Economist,* March 24-30, 2007, p. 40.

[10]社会科学者が生徒の「自発的努力」と呼ぶものを理解するための手がかりとして、動機づけの源泉に注目が集まっている。クレアモント大学院大学の心理学教授にして、ポジティブ心理学の主唱者であるミハイ・チクセントミハイは、「フロー」に関する著書で最も有名である。チクセントミハイは『ワイヤード』誌（2006年9月号）とのインタビューで、「フロー」を「活動それ自体を目的として、完全にその活動に没頭すること。自我意識が失われ、時間の流れは速くなる。すべての活動、動き、思考が、まるでジャズを演奏するかのようにその前の状態と必然的につながっている。あなたの存在全体がその活動に没頭し、最大限の技能を使っている状態」であると述べている。この概念は自発的動機づけについて考えるもう一つの方法を与えてくれる。以下を参照のこと。"Go With the Flow," *Wired,* September 2006, Issue 4.09.

注

序章

[1]これらの広く共有された目標を言葉に表すのを手伝ってくれた、友人のデニス・ハンターに感謝する。本書のために研究を重ねてきた数年の間に、大勢の人が学校への大きな期待を語ってくれた。ここに挙げたのは、もちろん完全な全体集合でも、このような期待をとらえるための科学的手法でもなく、目標を実現しようとする次世代の人たちを、学校がどのような形で手助けをすることを国民の多くが望んでいるか、その精神と意図をとらえようとする試みである。

[2]ポートランドと同様、カーライルの生徒の半数以上が、給食費免除・減額措置を受けている。

[3]教育関係者のほとんどが、この議論の限界を認識してからは主張を取り下げているが、いまだ政治家や評論家の多くから同じ意見が聞かれるほか、学校にとってコンピュータ投資がきわめて重要だという民意が多くの世論調査の結果からうかがえる。実際、本書で論じるように、コンピュータは学校改善において重要な役割を果たし得るが、単にコンピュータの台数を増やすだけでなく、その使われ方、導入され方がはるかに重要なのだ。

[4]"Elementary/Secondary Education: Table 5-1" *Participation in Education,* National Center for Education Statistics,
http://nces.ed.gov/programs/coe/2007/section1/table.asp?tableID=667. "Elementary/Secondary Education: Table 6-1" *Participation in Education,* National Center for Education Statistics,
http://nces.ed.gov/programs/coe/2007/section1/table.asp?tableID=668.

[5]たとえば学年末の読解力が基準を超えていた幼稚園児の割合で比較すると、わずか五年前はアフリカ系アメリカ人とヒスパニックが大半を占めるレッド・ゾーンの学校は、白人生徒が大半を占めるグリーン・ゾーンの学校を大きく下回っていたが、今ではほぼ並んでいる。Montgomery County Public Schools presentation, Harvard Public Education Leadership Conference, June 20, 2007.

[6]以下を参照のこと。Michael Alison Chandler, "Asian Educators Looking to Loudoun

書籍

人名

企業・サービス名

た

な

は

さ

索引

事項索引

英数

あ

か

本書内容に関するお問い合わせについて

このたびは翔泳社の書籍をお買い上げいただき、誠にありがとうございます。弊社では、読者の皆様からのお問い合わせに適切に対応させていただくため、以下のガイドラインへのご協力をお願い致しております。左記項目をお読みいただき、手順に従ってお問い合わせください。

ご質問される前に

弊社Webサイトの「正誤表」をご参照ください。これまでに判明した正誤や追加情報が掲載されています。

正誤表◆http://www.shoeisha.co.jp/book/errata/

ご質問方法

弊社Webサイトの「刊行物Q&A」をご利用ください。

刊行物Q&A◆http://www.shoeisha.co.jp/book/qa/

インターネットをご利用でない場合は、FAXまたは郵便にて、左記"愛読者サービスセンター"までお問い合わせください。

電話でのご質問は、お受けしておりません。

回答について

回答は、ご質問いただいた手段によってご返事申し上げます。ご質問の内容によっては、回答に数日ないしはそれ以上の期間を要する場合があります。

ご質問に際してのご注意

本書の対象を越えるもの、記述個所を特定されないもの、また読者固有の環境に起因するご質問等にはお答えできませんので、あらかじめご了承ください。

郵便物送付先およびFAX番号

送付先住所◆〒160-0006 東京都新宿区舟町5
FAX番号◆03-5362-3818
宛先◆(株)翔泳社 愛読者サービスセンター

◆本書に記載されたURL等は予告なく変更される場合があります。
◆本書に記載されている会社名、製品名はそれぞれ各社の商標および登録商標です。

著者紹介◆

クレイトン・クリステンセン Clayton M. Christensen

1975年ブリガムヤング大学経済学部を首席で卒業後、77年英国オックスフォード大学で経済学修士、79年ハーバード大学ビジネススクールで経営学修士取得。

卒業後、米国ボストン・コンサルティング・グループにて、主に製品製造戦略に関するコンサルティングを行ないながら、ホワイトハウスフェローとして、エリザベス・ドール運輸長官を補佐。

84年ＭＩＴの教授らとともに、セラミック・プロセス・システムズ・コーポレーションを起業し、社長、会長を歴任。

92年同社を退社し、ハーバード大学ビジネス・スクールの博士課程に入学し、わずか2年で卒業した（経営学博士号取得）。

その博士論文は、最優秀学位論文賞、ウィリアム・アバナシー賞、ニューコメン特別賞、マッキンゼー賞のすべてを受賞。

コンサルティングファーム、イノサイトを創設。

主な著書に『イノベーションのジレンマ〔増補改訂版〕』、『イノベーションへの解』、『技術とイノベーションの戦略的マネジメント』『イノベーションへの解 実践編』〔いずれも翔泳社〕などがある。

マイケル・ホーン Michael B. Horn

イェール大学で学士号を、ハーバード大学でＭＢＡを取得。

非営利シンクタンクのイノサイト・インスティテュートをクリステンセンと共同創設し、エグゼクティブディレクターとして就任。

カーティス・ジョンソン Curtis W. Johnson

執筆家およびコンサルタント。

大学の学長、政策研究組織の所長などを経て、ミネソタ州のアーンカールソン知事の主任補佐官を務めた。早くから学校改革を発議していた。

監修者紹介◆

根来龍之〔ねごろ たつゆき〕

早稲田大学ビジネススクール教授・経営戦略モジュール責任者、早稲田大学ＩＴ戦略研究所所長。経営情報学会会長、Systems Research誌Editorial Board、国際ＣＩＯ学会誌編集長、ＣＲＭ協議会副理事長。京都大学卒業（社会学専攻）、慶應義塾大学大学院経営管理研究科修了（ＭＢＡ）。

主な著書に、『代替品の戦略』〔東洋経済新報社〕、『ｍｉｘｉと第二世代ネット革命』〔編著、東洋経済新報社〕、『デジタル時代の経営戦略』〔共著、メディアセレクト社〕など多数。

訳者紹介◆

櫻井祐子〔さくらい ゆうこ〕

翻訳者。雙葉学園、京都大学経済学部卒業、オックスフォード大学大学院経営学研究科修了。東京三菱銀行（現三菱東京ＵＦＪ銀行）などを経て現職。

訳書に、クリステンセン『イノベーションへの解』、ウェンガー他『コミュニティ・オブ・プラクティス』、レイナー『戦略のパラドックス』〔翔泳社〕、フィングルトン『巨龍・中国がアメリカを喰らう』〔早川書房〕、オヒギンズ、ダウンズ『ダウの犬投資法』、ブラウン『ギャンブルトレーダー』〔パンローリング〕などがある。

教育×破壊的イノベーション

教育現場を抜本的に変革する

2008年11月19日　初版第1刷発行
2018年1月10日　初版第4刷発行

著者◆
クレイトン・クリステンセン、マイケル・ホーン、カーティス・ジョンソン

解説◆
根来龍之

訳者◆
櫻井祐子

発行人◆
佐々木幹夫

発行所◆
株式会社 翔泳社
[http://www.shoeisha.co.jp]

印刷・製本◆
大日本印刷株式会社

装幀◆日下充典
本文デザイン◆KUSAKAHOUSE

ISBN978-4-7981-1773-7 Printed in Japan

本書へのお問い合わせについては、272ページに記載の内容をお読みください。
落丁・乱丁はお取り替えいたします。03-5362-3705までご連絡ください。